开启社会心理学的"文化自觉"

文化自觉之心

方文 / 著

Culturing Cultural
Self-awareness

中国人民大学出版社
·北京·

前　言
开启社会心理学的"文化自觉"

只有一门社会心理学。它关注人之认知、情感和行为潜能的展现如何受他人在场（presence of others）的影响；其使命就是激励每个活生生的个体去挣脱约拿情结（Jonah complex）的羁绊，以缔造其动态、特异而完整的丰腴生命。但他人在场已脱离奥尔波特（G. W. Allport）原初的实际在场（actual presence）、想象在场（imagined presence）和隐含在场（implied presence）的微观含义，叠合虚拟在场（virtual presence）这种新形态，从共时—历时和宏观—微观两个维度进行重构，以涵括长青的研究实践和不断拓展的学科符号边界（方文，2008：137）。社会心理学绝不是哪个学科的附属亚学科，它只是以从容开放的胸怀，持续融会心理学、社会学、人类学、进化生物学和认知神经科学的智慧，逐渐建构和重构自主独立的学科认同和概念框架，成为人文社会科学的一门基础学问。

在不断建构和重构的学科历史话语体系中，社会心理学有不同版本的诞生神话（the myth of birth），如1897年特里普利特（Triplett）有关社会促进或社会助长（social facilitation）的实验研究，1908年两本偶然以社会心理学为题的教科书，或1924年亨利·奥尔波特（F. H. Allport，奥尔波特胞兄，以下称之为大奥尔波特）的权威教材。这些诞生神话，蕴含可被解构的意识形态偏好和书写策略。援引学科制度视角（方文，2001），这门新生的社会/行为科学的学科合法性和学科认同，在1930年代中期于北美得以完成。而北美的社会心理学，在第二次世界大战期间及战后声望日盛，成就其独断的符号霸权。当代社会心理学的学科图景和演进画卷，舒展在此脉络中。

一、1967 年：透视当代社会心理学的时间线索

　　黑格尔说过，哲学就是哲学史。哲人道破学科史研究的秘密：滋养学术品位。但在社会/行为科学的谱系中，学科史研究一直地位尴尬，远不及人文学科。研究学科史的学者，或者被污名化：自身没有原创力，只能去总结梳理他人的英雄故事；或者被认为是研究之余进行闲暇游戏如自身成长过程的记录的学问大家。而在大学的课程设计中，社会/行为科学学科史也只是附属课程，大多数被简化为具体课程中的枝节，在导论里一笔带过。

　　学科史研究，对学术品位的滋养，从几方面展开。第一，它在无情的时间之流中确立学科演化路标，即学科的英雄谱系和经典谱系。面对纷繁杂乱的研究时尚或招摇撞骗的学界名流，它是最简洁而高效的解毒剂。第二，它作为学科集体记忆档案，是学科认同建构的基本资源。当学子们领悟到自己正置身于那些非凡而勤奋的天才所献身的理智事业时，自豪和承诺油然而生。而学科脉络中后继的天才，就从中破茧而出。第三，它也是高效的学习捷径。尽管可向失败和愚昧学习，但成本过高；而向天才及其经典学习，是最佳的学习策略。第四，它还可能为抽象的天才形象注入温暖的感性内容。而这感性，也正是后继者求知的信心和努力的动力。

　　已有四种通常线索、视角或策略，被用来观照当代社会心理学的演化。学科编年史，或者学科通史是第一种策略，也是最为常用的策略；学派的更替是第二种策略；不同年代研究主题的变换是第三种策略；而不同年代权威教科书的内容变迁，则是第四种策略。

　　还有一些新颖的策略正在被尝试。支撑学科理智大厦的核心概念或范畴在不同时期杰出学者视域中的意义演化，即概念史或范畴史，是一种新颖独特但极富难度的视角；而学科制度视角，则以学科发展的制度建设为核心，也被构造出来（方文，2001）。这些视角或策略为洞悉学科的理智进展提供了

丰厚洞识。

而历史学者黄仁宇先生则以核心事件和核心人物的活动为主线，贡献了其大历史的观念。黄先生聚焦在"无关紧要的一年"（A Year of No Significance）——1587年，即万历十五年（黄仁宇，2007），条分缕析，洞悉当时强大的帝国大明王朝若干年后崩溃的所有线索，在这一年六位人物的活动事件中都可以找寻踪迹。

剥离其悲哀意味，类似地，当代社会心理学的命运也可标定一个"无关紧要的一年"：1967年。它关联两个基本事件和三个英雄人物。

首先是两个基本事件。第一是1967年前后"社会心理学危机话语"的兴起，第二是1967年前后开始的欧洲社会心理学的理智复兴。危机话语的兴起及其应对，终结了方法学的实验霸权，方法多元和方法宽容逐渐成为共识。而欧洲社会心理学的理智复兴，则终结了北美主流"非社会的"社会心理学（asocial social psychology），"社会关怀"成为标尺。而这两个事件之间亦相互纠缠，共同形塑了其当代理论形貌和概念框架（Moscovici & Marková, 2006）。

还有三个英雄人物。主流社会心理学的象征符码，"社会心理学的教皇"（the pope of social psychology）费斯廷格（Leon Festinger, 1919—1989），在1967年开始对社会心理学萌生厌倦之心，正准备离开斯坦福大学和社会心理学。一年后，费斯廷格终于成行，从斯坦福大学来到纽约的新社会研究学院（New School for Social Research），主持有关运动视觉的项目。费斯廷格对社会心理学的离弃，是北美独断的符号霸权终结的先兆。

而在同一年，主流社会心理学界还不熟悉的泰弗尔（Henri Tajfel, 1919—1982），这位和费斯廷格同年出生的天才，从牛津大学来到布里斯托大学。他从牛津大学的讲师被聘为布里斯托大学社会心理学的讲席教授（chair professor of social psychology）。

而在巴黎，和泰弗尔同样默默无闻的另一位天才莫斯科维奇（Serge Moscovici, 1925—2014）正在孕育少数人影响（minority influence）和社会表征（social representation）的思想和研究。

1967年，泰弗尔团队和莫斯科维奇团队作为欧洲社会心理学理智复兴的创新引擎，在"社会关怀"的旗帜下开始了一系列独创性的研究。社会心理学的当代历史编纂家，会铭记这一历史时刻。当代社会心理学的世界图景从那时开始慢慢重构，北美社会心理学独断的符号霸权开始慢慢解体，而我们置身于其中的学科成就，在新的水准上也得以孕育和完善。

二、统一的学科概念框架的建构：解释水平

教科书的结构，是学科概念框架的原型表征。在研究基础上获得广泛共识的学科结构、方法体系和经典研究案例，作为学科内核构成教科书的主体内容。教科书作为学科发展成熟程度的重要指标，是学科知识传承、学术社会化和学科认同建构的基本资源和主要媒介。特定学科的学子和潜在研究者，首先是通过教科书而获得有关学科的直观感受和基础知识。而不同年代权威教科书的内容变迁，实质上负载着特定学科理智演化的基本线索。

在杂多的教科书当中，有几条标准可帮助辨析和鉴别其优劣。第一，教科书的编/作者是否是第一流的研究者。随着学科的成熟，中国学界以往盛行的"教材学者"已经淡出，而使他们获得声望的所编教材，也逐渐丧失价值。第二，教科书的编/作者是否饱含理论关怀。没有深厚的理论关怀，即使是第一流的研究者，也只会专注于自己所感兴趣的狭隘领域，没有能力公正而完备地展现和评论学科发展的整体面貌。第三，教科书的编/作者是否有"文化自觉"的心态。如果怀有文化中心主义的傲慢，编/作者就无法均衡、公正地选择研究资料，而呈现出对自身文化共同体的"单纯暴露效应"（mere exposure effect），缺失对文化多样性的感悟。

直至今日，打开绝大多数中英文社会心理学教科书的目录，只见不同研究主题杂乱无章地并置，而无法明了其逻辑连贯的理智秩序。学生和教师大都无法领悟不同主题之间的逻辑关联，也无法把所学所教内容图式化，使之成为自身特异的知识体系中可随时启动的知识组块和创造资源。这种混乱，是对社会心理学学科身份的误识，也是对学科概念框架的漠视。

如何统合纷繁杂乱但生机活泼的研究实践、理论模式和多元的方法偏好，使之归于逻辑统一而连贯的学科概念框架？有深厚理论关怀的社会心理学大家，都曾致力于这个难题。荣誉最终归于比利时出生的瑞士学者杜瓦斯（W. Doise）。

在杜瓦斯之前，美国社会心理学者，2007 年库利—米德奖（Cooley-Mead Award）得主豪斯也曾试图描绘社会心理学的整体形貌（House，1977）。豪斯所勾画的社会心理学是三头怪物：社会学的社会心理学（sociological social psychology，SSP）、实验社会心理学（experimental social psychology，ESP）及情景社会心理学或社会结构和人格研究（contextual social psychology，CSP；social structure and personality）。曾经被误解为两头怪物的社会心理学，因为豪斯更加让人厌烦和畏惧。

但如果承认行动者的能动性，即使是在既定的社会历史语境中的能动性，在行动中对社会过程和社会实在进行情景界定和社会建构的社会心理过程的首要性，就凸显出来。换言之，社会心理过程在主观建构的意义上对应于社会过程。

杜瓦斯在《社会心理学的解释水平》这部名著中，以解释水平为核心，成功重构了社会心理学统一的学科概念框架。杜瓦斯细致而合理地概括了社会心理学解释的四种理想型或四种解释水平，而每种解释水平分别对应不同的社会心理过程，生发相对应的研究主题（Doise，1986：10–17）。

（1）水平 1：个体内水平（the intra-personal or intra-individual level）。它是最为微观也最为心理学化的解释水平。个体内水平，主要关注个体在社会情境中组织其社会认知、社会情感和社会经验的机制，并不直接处理个体和社会环境之间的互动。

以个体内水平为核心的个体内过程，可涵括基本研究主题：具身性（embodiment）、自我、社会知觉和归因、社会认知和文化认知、社会情感、社会态度等。

在这一解释水平上，社会心理学者已经构造出一些典范理论模型，如费斯廷格的认知失调论（the theory of cognitive dissonance），态度形成和改变的双过程模型（dual process models）如精致化可能性模型（elaboration likelihood model，ELM）与启发式加工—系统加工模型（heuristic-systematic model，HSM），以及希金斯的知识启动和激活模型（Higgins，1997，2012）。

（2）水平 2：人际和情景水平（the interpersonal and situational level）。它主要关注在给定的情景中所发生的人际过程，而并不考虑在此特定的情景之外个体所占据的不同的社会位置（social positions）。

以人际水平为核心的人际过程，可涵括基本研究主题：亲社会行为、攻击行为、亲和和亲密关系、竞争与合作等。其典范理论模型是费斯廷格的社会比较论。

（3）水平3：社会位置水平（the social positional level）或群体内水平。它关注社会行动者在社会位置中的跨情景差异（inter-situational differences），如社会互动中的参与者特定的群体资格或范畴资格（different group or categorical membership）。

以群体水平为核心的群体过程，可涵括基本研究主题：大众心理、群体形成、多数人的影响和少数人的影响、权威服从、群体绩效、领导—部属关系等。其典范理论模型是莫斯科维奇有关少数人影响的众从模型（conversion theory）、多数人和少数人影响的双过程模型和社会表征论。

（4）水平4：意识形态水平（the ideological level）或群际水平。它是最为宏观也最为社会学化的解释水平。它在实验或其他研究情景中，关注或考虑研究参与者所携带的信念、表征、评价和规范系统。

以群际水平为核心的群际过程，可涵括基本研究主题：群际认知如刻板印象，群际情感如偏见，群际行为如歧视及其应对，还有污名。

在过去的40多年中，群际水平的研究已有突破性的进展。主宰性的理论范式由泰弗尔的社会认同论（social identity theory，SIT）启动，并深化到文化认同的文化动态建构论（dynamic constructivism of culture）（Chiu & Hong，2006；Hong et al.，2000；Wyer，Chiu，& Hong，2009）和偏差地图模型（behaviors from intergroup affect and stereotypes map，BIAS Map）（Cuddy et al.，2007；Fiske et al.，2002）中。

社会理论大家布尔迪厄曾经讥讽某些社会学者的社会巫术或社会炼金术，他们把自身的理论图式等同于社会实在本身。英雄所见！杜瓦斯尤其强调的是，社会实在在任何时空场景下都是整体呈现的，而不依从于解释水平。社会心理学的四种解释或分析水平只是逻辑工具，绝不是社会实在的四种不同水平；而每种分析水平，都有其存在的合理性，它们都只是对于整体的社会实在某种面向的研究；对于整体的社会实在的整体把握和解释，有赖于四种不同的分析水平在同一水平或不同水平上的联合（articulation）（Doise，1986：11-16）。

这四种不同面向和不同层次的社会心理过程，从最为微观也最为心理学化的个体内过程，到最为宏观也最为社会学化的群际过程，是对整体的社会过程不同面向和不同层次的相应表征。

以基本社会心理过程为内核，就可以勾画社会心理学逻辑连贯的概念框架，它由以下五部分组成：

（1）社会心理学的历史演化、世界图景和符号霸权分层。

（2）社会心理学的方法体系。

（3）不断凸现的新路径。它为生机勃勃的学科符号边界的拓展预留空间。

（4）基本社会心理过程。

（5）社会心理学在行动中：应用实践的拓展。

社会心理学的基础研究，从第二次世界大战开始，就从两个方面向应用领域拓展。第一，在学科内部，应用社会心理学作为现实问题定向的研究分支，正逐渐地把基础研究的成果用来直面和应对更为宏大的社会问题，如健康、法律、政治、环境、宗教和组织行为方面。

第二，社会心理学有关人性、心理和行为的研究，正对其他学科产生深刻影响。行为经济学家泰勒（R. H. Thaler）因有关心理账户和禀赋效应的研究而获得 2017 年诺贝尔经济学奖。这是社会心理学家在近 50 年中第四次获此殊荣（这里没有算上认知神经科学家伦敦大学学院的奥基夫和挪威科技大学的莫泽夫妇因有关大脑的空间定位系统的研究而获得 2014 年诺贝尔生理学或医学奖）。在此之前，社会心理学家洛伦茨（K. Lorenz）、廷伯根（N. Tinbergen）和冯·弗里契（K. von Frisch）因有关动物社会行为的开创性研究于 1973 年分享诺贝尔生理学或医学奖。西蒙（H. Simon，自取中文名为司马贺）有关有限理性（bounded rationality）和次优决策或满意决策（sub-optimum decision-making or satisficing decision-making）的研究而获得 1978 年诺贝尔经济学奖。而卡尼曼（D. Kahneman）因为有关社会行动者在不确定境况中的判断启发式及其偏差的研究与另一位学者分享 2002 年诺贝尔经济学奖。

在诺贝尔奖项中，并没有社会心理学奖。值得强调的是，这些荣膺大奖的社会心理学家，也许只是十年一遇的杰出学者，还不是百年一遇的天才。天才社会心理学家如费斯廷格、泰弗尔、莫斯科维奇和特里弗斯（R. Trivers）等，他们的理论，在不断地触摸人类物种智慧、情感和欲望的限度。在这个意义上，也许任何大奖包括诺贝尔奖，都无法度量他们持久的贡献。但无论如何，不断获奖的事实，从一个侧面明证了社会心理学家群体的卓越成就，以及社会心理学的卓越研究对于其他人文社会科学研究的典范意义。

杜瓦斯的阐释，是对社会心理学统一概念框架的典范说明。纷繁杂乱的研究实践和理论模式，从此可以被纳入逻辑统一而连贯的体系之中。社会心理学直面社会现实的理论雄心由此得以释放，它不再是心理学、社会学或其他什么学科的亚学科，而是融会相关理智资源的自主学科。

三、当代社会心理学的主宰范式

已有社会心理学大家来系统梳理当代社会心理学的理智进展（如乐国安，2009；周晓虹，1993；Burke，2006；Kruglanski & Higgins，2007；Van Lange et al.，2012）。以杜瓦斯所勾画的社会心理学的概念框架为心智地图，也可尝试粗略概括支配当代社会心理学的主宰范式，这些主宰范式主要体现在方法创新和理论构造上，而不关涉具体的学科史研究、实证研究和应用研究。

1. 方法学领域：社会建构论和话语社会心理学的兴起

作为学科内外因素剧烈互动的结果，"社会心理学危机话语"在1960年代末期开始登场，到1980年代初尘埃落定（方文，1997）。在这段时间，社会心理学教科书、杂志和论坛中充塞种种危机论的悲观论调，甚至有的更为激进——"解构社会心理学"（Parker & Shotter，1990）。"社会心理学危机话语"实质上反映出社会心理学家群体自我批判意识的兴起。这种自我批判意识的核心主题，就是彻底审查社会心理学赖以发展的方法学基础即实验程序。

危机过后，社会心理学已经迈入方法多元和方法宽容的时代。实验的独断主宰地位已经消解，方法体系中的所有资源正日益受到均衡的重视。有不同理智传统和方法偏好的社会心理学者，通过理智接触，正消解相互的刻板印象、偏见甚至是歧视，逐渐趋于友善对话甚至是合作。同时，新的研究程序和文献评论技术被构造出来,并逐渐产生重要影响。

其主宰性的理论视角就是社会建构论(如 Gergen,2001),主宰性的研究路径就是话语社会心理学(波特,韦斯雷尔,2006;Potter & Wetherell,1987;Van Dijk,1993)和修辞学(rhetoric)(Billig,1996),而新的研究技术则是元分析(meta-analysis)(Rosenthal & DiMatteo,2001)。近期,行动者中心的计算机模拟(agent-based simulation)(Macy & Willer,2002)和以大数据处理为基础的计算社会科学(computer social science)(罗玮,罗教讲,2015;Macy & Willer,2002),也开始渗透进社会心理学的研究。

2. 不断凸现的新路径:进化路径、文化路径和社会认知神经科学

社会心理学一直在不断地自我超越,以开放自在的心态融会他学科的资源,持续拓展学科符号边界。换言之,社会心理学家群体不断地实践新的研究路径(approaches or orientations)。进化路径、文化路径和认知神经科学是其中的典范路径。

进化路径和文化路径的导入,关联持续困扰的基本理论论争:是否存在统一而普遍的规律和机制以支配人类物种的社会心理和社会行为?人类物种的社会心理和社会行为是否依存其发生的社会文化语境的差异而呈现出特异性和多样性?这个基本理论论争,又可称为普遍论和特异论(universalism vs. particularism)之论争。

依据回答这个论争的不同立场和态度的差异,作为整体的社会心理学家群体可被纳入三个不同的类别或范畴之中。第一个类别是以实验定向为代表的主流社会心理学家群体。他们基本的立场和态度是漠视这个问题的存在价值,或视之为假问题。他们自我期许以发现普遍规律为己任,并把这一崇高天职视为社会心理学的学科合法性和学科认同的安身立命之所。因为他们持续不懈的努力,社会心理学的学子们在其学科社会化的过程中,不断遭遇和亲近跨时空的典范研究和英雄谱系。

第二个类别是以文化比较研究为定向的社会心理学家群体。不同文化语境中社会心理和社会行为的特异性和多样性,使他们刻骨铭心。他们坚定地主张特异论的一极,并决绝地质疑普遍论的诉求。因为他们同样持续不懈的努力,社会心理和社会行为的文化嵌入性(the cultural embeddedness)的概念开始深入人心,并且不断激发文化比较研究和本土化研究的热潮。奇妙的

是，文化社会心理学的特异性路径，从新世纪开始逐渐解体，而迈向文化动态建构论（Chiu & Hong, 2006; Hong et al., 2000）和文化混搭研究（cultural mixing/polyculturalism）（赵志裕和吴莹，2015/2017；Morris et al., 2015）。

文化动态建构论路径，关涉每个个体的文化命运，如文化认知和知识激活、文化认同和文化融合等重大主题。我们每个个体宿命般地诞生在某种在地的文化脉络而不是某种文化实体中。经过生命历程的试错，在文化认知的基础上，我们开心眼，滋心灵，育德行。但文化认知的能力，是人类物种的禀赋，具有普世性。假借地方性的文化资源，我们成长为人，并不断地修补和提升认知力。我们首先成人，然后才是中国人或外国人，黄皮肤或黑白皮肤，宗教徒或非信徒。

倚靠不断修补和提升的认知力，我们逐渐穿越地方性的文化场景，加工异文化的体系，建构生动而动态的"多元文化的心智"（multicultural mind）（Hong et al., 2000）。异质的"文化病毒"，或多元的"文化神灵"，都"栖居"在我们的心智中，而表现出领域—特异性。几乎没有"诸神之争"，它们在我们的心灵中，都各就其位。

这些异质的"文化病毒"，或多元的"文化神灵"，它们不是暴君，也做不成暴君，绝对主宰不了我们的行为。因为先于它们，从出生时起，我们就被植入了自由意志的天赋。我们所终生刻苦的文化修行，只是手头待命的符号资源或"工具箱"（Swidler, 1986）。并且在行动中，我们练习"文化开关"的转换技能和策略，并能累积性地创造新工具或新的"文化病毒"（Sperber, 1996）。

第三个类别是在当代进化生物学的理智土壤中生长而壮大的群体，即进化社会心理学家群体。他们蔑视特异论者的"喧嚣"，而把统一理论建构的雄心拓展至包括人类物种的整个动物界，以求揭示支配整个动物界的（社会心理）和社会行为的秩序和机制。以进化历程中的利他难题和性选择难题为核心，以有机体遗传品质的适应性（fitness）为逻辑起点，从1964年汉密尔顿（J. Hamilton）开始，不同的宏大理论（grand theories）如亲属选择论（kin selection/inclusive fitness）、直接互惠论（direct reciprocal altruism）和间接互惠论（indirect reciprocal altruism）在利他难题上，亲本投资论（the theory of parental investment)（Trivers，2002）在性选择难题上被构造出来。而进化定向的社会心理学者把进化生物学遗传品质的适应性转化为行为和心智的适应性，进化社会心理学作为新路径和新领域得以成就（如巴斯，2011，2018；Buss，2016）。

认知神经科学和社会认知的融合，催生了社会认知神经科学。以神经科学的新技术如功能性磁共振成像技术（the functional magnetic resonance imaging，fMRI）和正电子发射断层扫描技术（positron emission tomography，PET）为利器，社会认知的不同阶段、不同任务以及认知缺陷背后的大脑对应活动，正是最热点前沿（如 Eisenberger，2015；Eisenberger et al.，2003；Greene et al.，2001；Ochsner，2007）。

3. 个体内过程：社会认知范式

在个体内水平上，从 1980 年代以来，以"暖认知"（warm cognition）或"具身认知"（embodied cognition）为核心的"社会认知革命"（李其维，2008；赵蜜，2010；Barsalou，1999，2005）有重要进展。其典范的启动程序（priming procedure）为洞悉人类心智的"黑箱"贡献了简洁武器，并且渗透在其他水平和其他主题的研究中，如社会动机、文化认知、群体认知（Higgins，2012；Yzerbyt et al.，2004）和偏差地图（高明华，2010；佐斌等，2006；Fiske et al.，2002；Cuddy et al.，2007）。

卡尼曼有关行动者在不确定境况中的判断启发式及其偏差的研究（卡尼曼等，2008；Kahneman et al.，1982），和泰勒有关禀赋效应和心理账户的研究（泰勒，2013，2016），使社会认知的路径贯注在经济判断和决策领域中，行为经济学开始凸显。

4. 群体过程：社会表征范式

人际过程的研究，充塞着杂多的中层理论模型和微小理论，并受个体内过程和群体过程研究的挤压。最有理论综合潜能的可能是以实验博弈论为工具的有关竞争和合作的研究。

当代群体过程的革新者是莫斯科维奇。在北美有关群体规范形成、从众以及权威服从的研究传统中，莫斯科维奇洞悉了群体秩序和群体创新的辩证法。莫斯科维奇的团队从 1969 年开始，在多数人的影响之外，专注少数人影响的机制。他以少数人行为风格的一致性为基础的众从模型，以及在此基础上不断完善的多数人和少数人影响的双过程模型（如 De Deur et al.，2001；Nemeth，2018），重构了群体过程研究的形貌。莫斯科维奇有关少数人影响的研究经历，佐证了其理论的可信性与有效性（Moscovici，1996）。

而社会表征论则是莫斯科维奇对当代社会心理学的另一重大贡献（Moscovici，2000）。他试图超越北美不同版本内隐论（implicit theories）的还原主义和个体主义逻辑，解释和说明常识在社会沟通实践中的生产和再生产过程。社会表征论从 1990 年代开始，激发了丰富的理论探索和实证研究（如管健，2009；赵蜜，2017；Doise et al.，1993；Jovchelovitch，2007；Liu，2004；Marková，2003），并熔铸在当代社会理论中（梅勒，2009）。

5. 群际过程：社会认同范式及其替代模型

泰弗尔的社会认同论革新了当代群际过程的研究。泰弗尔首先奠定了群际过程崭新的知识基础和典范程序：建构主义的群体观、对人际—群际行为差异的精妙辨析以及最简群体范式（minimal group paradigm）的实验程序。从 1967 年开始，经过十多年持续不懈的艰苦努力，泰弗尔和他的团队构造了以社会范畴化、社会比较、认同建构和认同解构/重构为核心的社会认同论。社会认同论，超越了前泰弗尔时代北美盛行的还原主义和个体主义的微观—利益解释路径，基于行动者的多元群体资格来研究群体过程和群际关系（Brown，2007，2010；Tajfel，1970，1981；Tajfel & Turner，1986）。

在泰弗尔于 1982 年辞世之后，社会认同论在其学生特纳（J. C. Turner）的领导下，有不同版本的修正模型，如不确定性—认同论（uncertainty-identity theory）（Hogg，2007）和最优特异性模型（optimal distinctiveness model）。其中最有影响的是特纳等的自我归类论（self-categorization theory）（Turner et al.，1987）。在自我归类论中，特纳构造了一个精妙构念——元对比原则（meta-contrast principle），它是行为连续体中范畴激活的基本原则（Turner et al.，1987：51-52）。所谓元对比原则，是指在群体中，如果群体成员之间在某个特定维度上的相似性权重弱于另一维度的差异性权重时，群体中沿着这个有差异的维度就分化为两个群体，群际关系因此从群体过程中凸显。特纳的元对比原则，有两方面的重要贡献。其一，它完善了特纳恩师的人际—群际行为差别的观念，使之转换为人际—群际行为连续体；其二，它卓有成效地解决了内群行为和群际行为的转化问题。

但社会认同论仍存在基本理论困扰：内群偏好（ingroup favoritism）和外群敌意（outgroup hostility）难题。不同的修正版本都没有妥帖解决这个基本问题。倒是当代社会认知的大家费斯克及其团队从群体认知出发，在刻板印象内容模型（stereotype content model，STM）（Fiske et al., 2002）中巧妙解决了这个难题，并在偏差地图（Cuddy et al., 2007）中把刻板印象（群际认知）、偏见（群际情感）和歧视（群际行为）融为一体。

典范意味着符号霸权，但同时也是超越的目标和击打的靶心。在社会认同范式的笼罩下，以自尊假设和死亡显著性（mortality salience）为核心的恐惧管理理论（terror management theory，TMT）（张阳阳，佐斌，2006；Greenberg et al., 1997）、社会支配论（social dominance theory）（Sidanius and Pratto, 1999）和系统合理化理论（system justification theory）（Jost & Banaji, 1994）被北美学者构造出来，尝试替代解释群际现象。它有两方面的意涵。其一，它意味着人格心理学对北美社会心理学的强大影响力；其二，则意味着北美个体主义和还原主义的精神气质期望在当代宏观社会心理过程中的借尸还魂，而这尸体就是腐败达半世纪的权威人格论及其变式。

四、铸就中国社会心理学的"社会之魂"

中国当代社会心理学自 1978 年恢复重建以来，"本土行动、全球情怀"可道其风骨。立足于本土行动的研究实践历经二十余载，催生了"文化自觉"的信心和勇气。中国社会心理学者的全球情怀，也从 21 世纪开始凸显。

1. "本土行动"的研究路径

所有国别中的社会心理学研究，首先都是本土性的研究实践。中国当代社会心理学的研究也不例外，其"本土行动"的研究实践，包括以下两类研究路径。

（1）中国文化特异性路径。

以中国文化特异性为中心的研究实践，已经取得一定的成就。援引解释水平的线索，可从个体、人际、群体和群际层面进行概要评论。在个体层面，受杨国枢的中国人自我研究的激发，金盛华和张建新尝试探究自我价值定向理论和中国人人格模型；王登峰采用中文词汇学路径，构造了中国人人格结构的"大七模型"，以与西方的"大五模型"相区别；彭凯平的分析思维—辩证思维、侯玉波的中国人思维方式以及杨中芳的"中庸"思维研究，期望揭示中国人独特的思维方式和认知特性；刘力有关中国人的健康表征，汪新建和李强团队的心理健康和心理咨询研究，深化了对中国人健康和疾病观念的理解。而周欣悦的思乡研究、金钱启动研究和控制感研究，也有一定的国际影响。

在人际层面，黄光国基于儒家关系主义探究了"中国人的权力游戏"，并激发了翟学伟和佐斌等有关中国人的人情、面子和里子研究；叶光辉的孝道研究，增进了对中国人家庭伦理和日常交往的理解。在群体层面，梁觉的社会通则，王垒、王辉、张志学、孙健敏和郑伯埙等有关中国组织行为和领导风格的研究，尝试探究中国人的群体过程和组织过程。而在群际层面，杨宜音的"自己人"和"关系化"的研究，展现了中国人独特的社会分类逻辑。沙莲香有关中国民族性的系列研究，也产生了重大影响。

上述研究增强了中国社会心理学共同体的学术自信。但这些研究也存在有待完善的共同特征。第一，这些研究都预设一种个体主义文化—集体主义文化的二元对立，而中国文化被假定和西方的个体主义文化不同，位于对应的另一极。第二，这些研究的意趣过分执着于中国文化共同体相对静止而凝固的面向，有的甚至隐含汉族中心主义和儒家中心主义倾向。第三，这些研究的方法程序大多是访谈或问卷/量表依赖。第四，这些研究相对忽视了当代中国社会的伟大变革对当代中国人心的塑造作用。

（2）稳态社会路径。

稳态社会路径对理论论辩没有丝毫兴趣，但它是大量经验研究的主宰偏好。其问题意识，源于对西方主流学界尤其是北美社会心理学界的追踪、模仿和复制，并常常伴随中西文化比较的冲动。在积极意义上，这种问题意识不断刺激国内学子研读和领悟主流学界的进展；但其消极面是使中国社会心理学的精神品格蜕变为北美研究时尚的落伍追随者。北美社会已经是高度稳态的程序社会，因而其学者问题意识的生长点只能是稳态社会的枝节问题。而偏好稳态社会路径的中国学者，所置身的是急剧的社会变革和转型。社会心理现象的表现形式、成因、后果和应对策略，在稳态社会与转型社会之间，存在质的差异。

稳态社会路径的方法论偏好,可归结为真空中的个体主义。活生生的行动者,在研究过程中被人为剔除了其丰富的转型社会的特征,而被简化为高度同质的原子式的个体。强调社会关怀的社会心理学,蜕变为"非社会的"社会心理学。而其资料收集程序,乃是真空中的实验或问卷。宏大的社会现实,被歪曲或简化为人为的实验室或田野中漠不相关的个体之间虚假的社会互动。社会心理学的"社会"之魂由此被彻底放逐。

2. 超越西方"怪异心理学"的全球情怀

中国社会伟大的变革,给中国社会心理学者提供了千载难逢的社会实验室。一种以中国社会转型为中心的研究实践,从 21 世纪开始焕发生机。其理论抱负不是中西文化比较的冲动,也不是为西方模型提供中国样本资料,而是要真切地面对中国伟大的变革现实,以系统描述、理解和解释置身于社会转型中的中国人心理和行为的逻辑和机制。其直面的问题是本土—本真性的,但系统地萌生国际情怀,力图超越西方的"怪异心理学"(western, educated, industrialized, rich, and democratic psychology, WEIRD psychology)(Henrich et al., 2010),后者因其研究样本局限于西方受过良好教育的工业化背景的富裕社会而饱受诟病。

乐国安团队有关网络集体行动的研究,周晓虹有关农民群体社会心理变迁、"城市体验"和"中国体验"的研究,杨宜音和王俊秀团队有关社会心态的研究,方文有关群体符号边界、转型心理学和社会分类权的研究(方文,2013,2014,2016,2017),高明华有关教育不平等的研究(高明华,2013),赵德雷有关社会污名的研究(赵德雷,2015),赵蜜有关政策社会心理学和儿童贫困表征的研究(赵蜜,2019;赵蜜,方文,2013),彭泗清团队有关文化混搭的研究,都尝试从不同侧面捕捉中国社会转型对中国特定群体的塑造过程。这些研究的基本品质,在于研究者对社会转型的不同侧面的高度敏感性,并以之为基础来构造自己研究的问题意识。其中,赵志裕和康萤仪的文化动态建构论模型有重要的国际影响。

3. 群体地图与中国体验等紧迫的研究议题

面对空洞的宏大理论和抽象经验主义的符号霸权,米尔斯呼吁社会学者应以持久的人类困扰和紧迫的社会议题为枢纽,重建社会学的想象力。而要滋养和培育中国当代社会心理学的想象力和洞察力，铸就社会心理学的"社会之魂"，类似地，必须检讨不同样式的生理决定论和还原论，直面生命持久的心智困扰和紧迫的社会心理议题。

不同样式的生理决定论和还原论，总是附身招摇的研究时尚，呈现不同的惑人面目，如认知神经科学的殖民倾向。社会心理学历经艰难地理智探索，终于从生理/本能决定论中破茧而出，却持续受到认知神经科学的侵扰。尽管大脑是所有心智活动的物质基础，尽管所有的社会心理和行为都有相伴的神经相关物，尽管社会心理学者对所有的学科进展都有持续的开放胸怀，但人类复杂的社会心理过程无法还原为个体大脑的结构或功能。而今天的研究时尚，存在神经研究替代甚至凌驾完整动态的生命活—动研究的倾向。又如大数据机构的营销术。据称大数据时代已经来临，而所有生命活—动的印迹，通过计算社会科学，都能被系统挖掘、集成、归类、整合和预测。这类似于乔治·奥威尔所著《1984》中老大哥的眼神，宛然令人恐怖的数字乌托邦迷思。完整动态的生命活—动，不是数字，也无法还原为数字，无论基于每个生命从出生时起就被永久植入的自由意志，还是自动活动与控制活动的分野。

铸就中国当代社会心理学的"社会之魂"，必须直面转型中的中国社会紧迫的社会心理议题。

（1）数字时代人类社会认知能力的演化。方便获取的数字文本，便捷的文献检索和存储方式，彻底改变了生命学习和思考的语境。人类的社会认知过程的适应和演化是基本难题之一。"谷歌效应"（the Google effect）(Sparrow et al., 2011) 已经初步揭示便捷的文献检索和存储方式正破坏长时记忆系统。

（2）"平庸之恶"风险中的众从。无论是米尔格拉姆（S. Milgram）的权威服从还是津巴多（P. Zimbardo）的"路西法效应"，无论是二战期间纳粹德国的屠"犹"还是日本法西斯在中国和东南亚的暴行，无论是当代非洲的种族灭绝还是不绝如缕的恐怖活动，如何滋养和培育超越从众和"平庸之恶"的众从行为及内心良知，都值得探究。它还涉及如何汇集民智、民情和民意的"顶层设计"。

（3）中国社会的群体地图。如何系统描述、理解和解释中国人的所知、所感、所行，必须从结构层面深入到人心层面，系统探究社会转型中不同群体的群体构成特征、群体认知方式、情感模式、惯例行为模式和生命期盼。

（4）中国体验与心态模式。如何系统描绘社会变革语境中中国民众人心秩序或"中国体验"与心态模式的变迁，培育慈爱之心和公民美德，对抗非人化（dehumanization）或低人化（infra-humanization）趋势，也是紧迫的研究议程之一。

五、本书的机缘

本书《文化自觉之心》是陋作《学科制度和社会认同》（方文，2008）的修订本。在此特别感激中国人民大学出版社和潘宇博士的恩惠，以及盛杰编辑的精心周到。当初陋作的整理，缘于潘老师的指点，也是在潘老师的激励下，我才有了出版陋作的勇气。12年后的今天来修订这本陋作，时空场景变换，心智、眼界和自我期许迥然有别。这12年中所写就的自己满意的部分论文，也想借此珍贵机会编进修订本中。这样，原来的书名，就无法涵括所有文本。《文化自觉之心》，私自默想，实有双关之意。第一，它和"心"有关，是本社会心理学方面的论著。第二，它期许能禀赋文化自觉之心胸，既不自卑，也不自傲。这些文本被粗浅地归于三个类别中，或学科史的论题，或几项实证研究，或中层理论的探险。

德国哲人莱辛尝言，作者文本，犹如离弦之箭，生死自主，不由作者本意。自我期许和读者评价之间的沟壑，所有吐字人都心有戚戚。学术只应是天才快乐的志业。平常如我，长伴心智上的持续苦痛和焦虑。唯一可宽慰的，已经尽力。还是清心自在地恭候嘲笑声吧。恩师李伯黍先生也曾教诲弟子：文章境界有三，切肤、切肉和切骨。唯愿愚拙弟子在挣扎中初度切肉之境界。

从2000年开始，我的研究幸运地持续获得国家社会科学基金（2000，2003，2008，2014，2020）和教育部人文社会科学重点研究基地重大项目基金（2006，2011，2016）的资助。最近获得资助的项目是2020年度国家社会科学基金一般项目"宗教和灵性心理学的跨学科研究"（项目批准号为20BZJ004）和2016年度教育部人文社会科学重点研究基地重大项目"阻断贫困再生产：儿童贫困后效、实验干预与政策反思"（项目批准号为16JJD840001）。谨此致谢。

参考文献

巴斯. 欲望的演化：修订版. 谭黎，王叶，译. 北京：中国人民大学出版社，2011.

巴斯. 进化心理学：心理的新科学. 张勇，蒋柯，译. 北京：商务印书馆，2018.

波特，韦斯雷尔. 话语和社会心理学：超越态度与行为. 肖文明，吴新利，张擘，译. 北京：中国人民大学出版社，2006.

方文. 社会心理学百年进程. 社会科学战线，1997（2）：240-249.

方文. 社会心理学的演化：一种学科制度视角. 中国社会科学，2001（6）：126-136.

方文. 学科制度和社会认同. 北京：中国人民大学出版社，2008.

方文. 转型心理学. 北京：社会科学文献出版社，2014.

方文. 社会分类权. 北京大学学报（哲学社会科学版），2017（5）：78-88.

方文. 中国社会转型：转型心理学的路径. 北京：中国人民大学出版社，2013.

方文. 挣扎：转型社会的行动逻辑. 北京：中国人民大学出版社，2016.

高明华. 刻板印象内容模型的修正与发展：源于大学生群体样本的调查结果. 社会，2010（5）：193-216.

高明华. 教育不平等的身心机制及干预策略：以农民工子女为例. 中国社会科学，2013（4）：60-80.

管健. 社会表征理论的起源与发展：对莫斯科维奇《社会表征：社会心理学探索》的解读. 社会学研究，2009（4）：228-242.

黄仁宇. 万历十五年. 北京：中华书局，2007.

卡尼曼，斯洛维奇，特沃斯基. 不确定状况下的判断：启发式和偏差. 方文，吴新利，张擘，等译. 北京：中国人民大学出版社，2008.

李其维. "认知革命"与"第二代认知科学"刍议. 心理学报，2008（12）：1306-1327.

罗玮，罗教讲. 新计算社会学：大数据时代的社会学研究. 社会学研究，2015（3）：222-241.

梅勒. 理解社会. 赵亮员，白小瑜，王璜，等译. 北京：北京大学出版社，2009.

Rupert Brown. 群体过程. 胡鑫，庆小飞，译. 北京：中国轻工业出版社，2007.

泰勒. 赢者的诅咒：经济生活中的悖论与反常现象. 陈宇峰，曲亮，等译. 北京：中国人民大学出版社，2013.

泰勒. "错误"的行为. 王晋，译. 北京：中信出版集团，2016.

乐国安. 社会心理学理论新编. 天津：天津人民出版社，2009.

杨宜音. 中国社会心理学评论：第九辑. 北京：社会科学文献出版社，2015.

张阳阳，佐斌. 自尊的恐惧管理理论研究述评. 心理科学进展，2006（2）：273-280.

赵德雷. 农民工社会地位认同研究：以建筑装饰业为视角. 北京：知识产权出版社，2015.

赵蜜. "以身行事"：从西美尔风情心理学到身体话语. 开放时代，2010（1）：150-158.

赵蜜. 社会表征论：发展脉络及其启示. 社会学研究，2017（4）：218-241.

赵蜜. 儿童贫困表征的年龄与城乡效应. 社会学研究，2019（5）：192-216.

赵蜜，方文. 政策过程中的互依三角：以村民自治制度为例. 社会学研究，2013（6）：169-192.

杨宜音. 中国社会心理学评论：第十辑. 北京：社会科学文献出版社，2017.

周晓虹. 现代社会心理学史. 北京：中国人民大学出版社，1993.

佐斌，张阳阳，赵菊，等. 刻板印象内容模型：理论假设及研究. 心理科学进展，2006（1）：138-145.

Barsalou, L. W. (1999). Perceptual Symbol Systems. *Behavioral and*

Brain Science, 22, 577-660.

Barsalou, L. W. et al. (2005). Embodiment in Religious Knowledge. *Journal of Cognition and Culture*, 5, 14-57.

Brown, R. (2010). *Prejudice* (2nd ed.). Oxford, UK: Blackwell.

Buss, D. M. (2016). *The Evolution of Desire* (revised and updated edition). New York: Basic Books.

Billig, M. (1996). *Arguing and Thinking: A Rhetorical Approach to Social Psychology* (2nd ed.). Cambridge Univeristy Press.

Burke, P. J. (Ed.). (2006). *Contemporary Social Psychological Theories*. Stanford University Press.

Chiu, C.-y. (赵志裕), & Hong, Y.-y. (康萤仪) (2006). *Social Psychology of Culture*. New York: Psychology Press.

Cuddy, A. J. C. et al. (2007). The Bias Map: Behaviors from Intergroup Affect and Stereotype. *Journal of Personality and Social Psychology*, 92 (4), 631-648.

De Deru, C. K. W. et al. (Eds.). (2001). *Group Consensus and Minority Influence*. Oxford: Blackwell.

Doise, W. (1986). *Levels of Explanation in Social Psychology*. Cambridge Univeristy Press.

Doise, W. et al. (1993). *The Quantitative Analysis of Social Representation*. Harvester Wheatsheaf.

Eisenberger, N. I. (2015). Social Pain and the Brain: Controversies, Questions and Where to Go from Here. *Annual Review of Psychology*, 66, 601-629.

Eisenberger, N. I. et al. (2003). Does Rejection Hurt? An fMRI Study of Social Exclusion. *Science*, 302, 290-292.

Fiske, S. T. et al. (2002). A Model of Stereotype Content: Competence and Warmth Respectively Follow from Perceived Status and Competition. *Journal of Personality and Social Psychology*, 82 (6), 878-902.

Gergen, K. (2001). *Social Construction in Context*. Sage.

Greenberg, J. et al. (1997). Terror Management Theory of Self-esteem and Cultural Worldviews: Empirical Assessments and Conceptual Refinements. In P. M. Zanna (Eds.). *Advances in Experimental Social Psychology* (Vol. 29, pp. 61–139). San Diego, CA: Academic Press.

Greene, J. D. et al. (2001). An fMRI Investigation of Emotional Engagement in Moral Judhment. *Science*, 293 (14), 2105–2108.

Henrich, J., Heine, S. J., & Norenzayan, A. (2010). The Weirdest People in the World?. *Behavioral and Brain Sciences*, 33, 61–83, 111–135.

Higgins, E. T. (2012). *Beyond Pleasure and Pain: How Motivation Works*. Oxford University Press.

Higgins, E. T. (1996). Knowledge Activation: Accessibility, Applicability and Salience. In E. T. Higgins, & A. E. Kruglanski (Eds.). *Social Psychology: Handbook of Basic Principles* (pp. 133–168). New York: Guilford Press.

Hogg, M. A. (2007). Uncertainty-Identity Theory. *Advances in Experimental Social Psychology*, 39, 69–126.

Hong, Ying-yi et al. (2000). Multicultural Minds. *American Psychologist*, 55 (7), 709–720.

House, J. S. (1977). The Three Faces of Social Psychology. *Sociometry*, 40 (2), 161–177.

Jovchelovitch, S. (2007). *Knowledge in Context: Representations, Community and Culture*. New York: Routledge.

Jost, J. T., & Banaji, M. R. (1994). The Role of Stereotyping in System-justification and the Production of False Consciousness. *British Journal of Social Psychology*, 33 (1), 1–27.

Kahneman, D. et al. (Eds.). (1982). *Judgment Under Uncertainty: Heuristics and Biases*. Cambridge Univeristy Press.

Kruglanski, A. E., & Higgins E. T. (Eds.). (2007). *Social Psychology: Handbook of Basic Principles* (2nd ed.). New York: Guilford Press.

Liu, L. (刘力) (2004). Sensitising Concept, Themata and Shareness:

A Dialogical Perspective of Social Representations. *Journal for the Theory of Social Behaviour*, 34, 249-264.

Macy, M. W., & Willer, R. (2002). From Factors to Actors: Computational Sociology and Agent-based Modeling. *Annual review of sociology*, 28, 143-166.

Marková, I. (2003). *Dialogicality and Social Representations*. Cambridge University Press.

Morris, M. W. et al. (2015). Polycultual Psychology. *Annual Review of Psychology*, 66, 631-659.

Moscovici, S. (1996). Just Remembering. *British Journal of Social Psychology*, 35, 5-14.

Moscovici, S. (2000). *Social Representations: Explorations in Social Psychology*. Cambridge: Polity.

Moscovici, S., & Marková, I. (2006). *The Making of Modern Social Psychology: The Hidden Story of How An International Social Sience Was Created*. Cambridge: Polity.

Nemeth, C. (2018). *In defence of troublemakers*. Basic Books.

Ochsner, K. (2007). Social Cognitive Neuroscience: Historical Development, Core Principles and Future Promise. In A. E. Kruglanski, & E. T. Higgins (Eds.). *Social Psychology: Handbook of Basic Principles* (pp. 39-66). New York: Guilford Press.

Parker, I., & Shotter, J. (Eds). (1990). *Deconstructing Social Psychology*. Routledge.

Potter, J., & Wetherell, M. (1987). *Discourse and Social psychology*. Sage.

Rosenthal, R., & DiMatteo, M. R. (2001). Meta Analysis: Recent Developments in Quantitative Methods for Literature Review. *Annual Review of Psychology*, 52, 59-82.

Sidanius, J., & Pratto, F. (1999). *Social Dominance: An Intergroup Theory of Social Hierarchy and Oppression*. Cambridge Univeristy Press.

Sperber, D. (1996). *Explaining Culture: An Naturalistic Approach*. Blackwell.

Swidler, A. (1986). Culture in Action: Symbols and Strategies. American Sociological Review, 51, 273-286.

Tajfel, H. (1970). Experiments in Intergroup Discrimination. *Scientific American*, 223, 96-102.

Tajfel, H. (1981). *Human Groups and Social Categories: Studies in Social Psychology*. Cambridge University Press.

Tajfel, H., & Turner, J. C. (1986). The Social Identity Theory of Intergroup Behavior. In S. Worchel et al. (Eds.). *Psychology of Intergroup Relations* (2nd ed., pp. 7-24). Chicago: Nelson-Hall.

Trivers, R. (2002). *Natural Selection and Social Theory: Selected Papers of Robert Trivers*. Oxford University Press.

Turner, J. C. et al. (1987). *Rediscovering the Social Group: A Self-Categorization Theory*. Oxford: Blackwell.

Von Dijk, T. A. (1993). *Elite Discourse and Racism*. Sage.

Van Lange, P. A. M. et al. (Eds.). (2012). *Theories of Social Psychology*. Sage.

Wyer, R. S., Chiu, C. -y., & Hong, Y. -y. (2009). *Understanding Culture: Theory, Research and Application*. New York: Psychology Press.

Yzerbyt, V. et al. (2004). *The Psychology of Group Perception*. New York and Hove: Psychology Press.

目 录

上编 学科史自觉：学科制度视角

第1章 社会心理学的演化：一种学科制度视角
5 　一、学科制度：制度精神和制度结构
10 　二、学科制度视角：主流社会心理学的基本问题分析
15 　三、欧洲社会心理学的学科制度建构
18 　四、学科发展：理智视角和学科制度视角

第2章 社会心理学主流历史话语：建构和再生产
23 　导论：学科史的书写——辉格史或学科制度史？
26 　一、社会心理学的主流历史话语的建构：制度精英和权威出版物
29 　二、主流历史话语的演化和再生产：权威出版物的符号霸权
32 　三、主流历史话语的内隐机制：社会遗忘
34 　结语：单一学科史或多元史？

第3章 欧洲社会心理学作为睿智"他者"
41 　一、欧洲社会心理学的学科前制度化或美国化（1966年之前）
45 　二、欧洲社会心理学的学科制度化或欧洲化（1966—2000）
51 　三、欧洲社会心理学的理智成长：社会关怀和霸权解构
58 　四、霸权解构后的欧美符号霸权联盟：结论和启迪

中编 经验自觉：超越"怪异心理学"

第 4 章 群体符号边界的形塑机制

- 67　导论：问题的缘起
- 69　一、"被流放的"社会行动者：宗教社会心理学的研究范式
- 73　二、研究逻辑和研究程序
- 76　三、社会范畴化：基督徒群体符号边界的建构
- 87　四、群际符号边界的强化：社会比较过程
- 94　五、符号边界的生产和再生产：行动中的社会表征
- 98　结语

第 5 章 政策过程中的互依三角

- 103　导论：一种政策社会心理学的路径
- 108　一、内隐在场的国家：分类支配
- 113　二、乡镇—村干部联盟：经营基层精英地位
- 117　三、村民：能动的政治策略家
- 124　未竟的结语：从消极互依迈向积极互依

第 6 章 心态地图

- 131　一、问题的缘起
- 132　二、文献评论：从偏差地图到心态地图
- 136　三、实验一：非信徒大学生作为评价主体的心态地图
- 140　四、实验二：基督徒大学生作为评价主体的心态地图
- 144　五、非信徒—基督徒心态地图比较
- 146　总结和讨论

下编 理论自觉：转型心理学路径

第 7 章 群体资格论

- 157　导论：社会认同事件
- 158　一、社会认同事件的兴起
- 166　二、中国社会转型的认同嵌入性问题
- 169　三、群体资格：社会认同事件的新路径

176　四、多元社会认同：以多元群体资格为基础

185　结语

第 8 章　宗教行动者

192　一、不确定性的处境及人的应对

195　二、当代中国的宗教图景

199　三、当代中国宗教图景的内隐动力学

205　四、宗教行动者的出场

210　五、宗教行动者：宗教群体资格论

第 9 章　转型心理学

220　一、改革开放以来的中国社会转型：社会心理学的机遇和挑战

221　二、改革开放以来的中国社会心理学：概要评论

225　三、转型心理学的核心构念：群体资格

232　四、转型心理学的一些紧迫议题

234　结语：迈向转型心理学

第 10 章　社会分类权

239　一、始祖人的原初境况：一种思想实验

241　二、社会分类研究的典范路标

247　三、社会分类的体制化：社会分类权的形塑

254　四、有偏分类权之恶果

259　结语：为本真分类而斗争

上　编

学科史自觉：学科制度视角

第1章 社会心理学的演化：一种学科制度视角

提要：学科发展史，是涵括学科理智史和学科制度史的双重动态史。本章以社会心理学为例，尝试构造学科发展的学科制度视角。本章细致界定了学科制度（disciplinary institution）的基本含义，即学科制度精神（the ethos of disciplinary institution）和学科制度结构（the infrastructure of disciplinary institution）。所谓学科制度精神，是规范学科科学研究的行为准则体系；而学科制度结构，则是支撑学科发展和完善的基础结构体系，它包括四个相互关联的组分：职业研究者、研究机构和学术交流网络，规范的学科培养计划，学术成果的流通和评价体系，以及稳定的基金资助体系。

以之为出发点，本章尝试从学科制度视角来评价和解释困扰社会心理学的一些基本难题。跨学科社会心理学的兴衰，其主要原因是暂时的学科制度创新受到既定正统的学科制度的挤压而丧失其合法性；作为统一的美国社会心理学学科诉求的失败，源于其社会心理学的理智分裂和学科制度分裂之间的交互强化；社会心理学的主流历史话语的建构，则源于学科制度精英在学科制度中同时也是在学科理智发展中的符号霸权化过程；而欧洲社会心理学的发展壮大，则是欧洲社会心理学的理智诉求和学科制度建设之间良性互动的结果。本章结论是，学科制度视角，在学科理智视角之外为学科进展提供了基本的分析框架、策略和工具，并且为中国社会心理学的理智复兴（the intellectual renaissance of chinese social psychology）提供可能的启迪。

关键词：学科制度，跨学科社会心理学，三种社会心理学，欧

洲社会心理学，历史话语

在北大、牛津或敦煌石窟，在昨日、现时或明天，作为学者，虽然其肉身受限于具体场景而呈现出不同的面向，但其精神脉动则是同质的。这似乎是学者命中注定的。他们宿命般地隶属于一种跨越时空的理智共同体（intellectual community）。每个个体的血脉点滴地融于其中，从不间断永不停息。在这种共同体中，有许多同质的地方，比如：

- 同质的追问：人的存在、困境及其救赎之道；
- 同样的求索动力：单纯的好奇心和完善人类物种生存境况的实际功用诉求；
- 同样的元方法律令：超越理智—情感二元对立的永不停息的批判、反思和怀疑品格；
- 同质的评价准绳：简单的完美；
- 同样的英雄谱系：柏拉图、孔子、康德等；
- 同质的原型：孔子学堂和柏拉图学园；
- 同样的深层语法/论说方式，尽管各有各的方言。

这种理智共同体，它并不是虚构的共同体，而是像所谓虚拟的网络时空。它的气息和生命，作为人类智慧活动所蕴含的人文理念或人文精神，在每个学者身上流淌；而它的质地，像胚胎发育一样，在缓慢地流变、分化和完善。伴随现代大学制度的建立，它因此在19世纪初获得崭新的存在形式即现代科学共同体（scientific community）。尽管在科学共同体内部，存在着符号资本（symbolic capital）或符号资源的霸权或分层，但概而言之，它是种种具有独特尊严和合法性的独立学科的集合体。而特定学科的独特尊严和合法性的建构，有赖于特定学科的理智进展和学科制度的完善。但至今为止，学科理智进展的视角受到广泛的重视；与之对照，学科制度的视角则受到致命的忽视。本章尝试以社会心理学作为个案，构造一种学科制度的分析视角，以之来观照社会心理学的演化历程，并由此对困扰社会心理学学科发展的一些基本论争进行评价和解释。

一、学科制度：制度精神和制度结构

学科制度，是规范特定学科科学研究的行为准则体系和支撑学科发展和完善的基础结构体系，前者可称之为学科制度精神（the ethos of disciplinary institution），后者可称之为学科制度结构（the infrastructure of disciplinary institution）。

（一）学科制度精神

勾画或梳理学科制度精神，我们必须深入探究三个基本问题：第一，整部人类智慧活动史所蕴含的人文理念或人文精神；第二，界定科学阶层或学者阶层独具的精神气质，或者规范科学活动过程即研究过程与评价过程的普遍原则；第三，与之对应的可以测度的操作细则（方文，2014：24-34）。

1. 智慧活动的人文理念

柏拉图在《理想国》中构造了一个意义深远的洞穴比喻。洞穴中的"囚徒"心满意足地生活在黑暗之中，把墙上的阴影当成真实的实在。而哲学王，唯一见过太阳的智者，则处在一种尴尬的窘境之中：道出真相，引导众人走出洞穴；同时又有被众人视为疯子的危险。通过对柏拉图的现代阐释，可以剥离出哲学王（或学者）两种命定的品质：天生的使命感——运用智慧追寻现象背后的真谛，以造福于人类；天生对现状和既定秩序的理性批判和怀疑精神，以及对更为理想的境况不懈追求的信念。前者使他获得尊严，而后者则使他往往处于殉道者的地位。

整部人类智慧活动史为柏拉图的深刻洞悉提供了令人沮丧的注脚。学者阶层成为人类历史上受难深重的阶层。当人类把荣耀和溢美之词虚伪地抛给前世受难的天才时，往往又毫不留情地对现世的天才进行打击和折磨，同时又毫不吝啬地将一些沽名钓誉的伪天才或伪学者尊为偶像。我们不能寄希望于长时段历史的公正。有勇气运用自己的理智，使人类脱离自己强加于自己的不成熟状态的启蒙运动（康德，1990：23-32），使人类构建更为公正自由和民主的社会有成为现实的可能。

作为理智共同体中的业余爱好者的学者阶层,在科学共同体的制度化过程中被作为职业研究者的学者阶层所扬弃和超越。虽然其所蕴含的导师及殉道者的角色在不断地弱化,但它所特有的使命感和批判意识,仍作为不竭的人文脉动,注入现代形式的大学理想之中。

在现代政治经济和文化商业化的巨大压力下,大学(及其相关机构)是保障纯粹理性存在合理性的神殿。大学能提供自由探索的空气;它明示重要与不重要之间的区别;它保护传统,不是因为传统就是传统,而是因为传统提供了在极高水准上进行讨论的模式。"我从未想过大学是为周围服务的一个部门;正相反,我始终认为社会是为大学服务的。……如果没有大学,所有理性生活的美好结果都会跌回原始泥泞中,永远不能脱身"(布鲁姆,1994:265)。大学因此必须站出来捍卫孤立无援的纯粹理性,恪守智慧活动的人文理想;它应该也有能力保存伟大的思想、伟大的行为和伟大的人物以对抗流俗,并使不竭的批判怀疑精神得以滋养。

2. 科学活动的精神气质或普遍原则

智慧活动的人文理想,贯注于制度化的科学活动中,构成职业的科学阶层独具的精神气质(the ethos of sciences),或者规范科学活动的普遍原则。依据默顿的经典阐释,四种制度化的道德律令即普遍主义(universalism)、共有主义(communism)、无私利性(disinterestedness)和组织化的怀疑精神(organized skepticism),构成科学活动的精神气质(Merton,1990)。

3. 普遍原则指导下的操作细则

智慧活动的人文理想,以及与之相关的科学活动的普遍原则,可以理解为普遍的道德律令。以之为出发点,我们可以在具体的科学实践中推演出具体的操作细则(方文,2014:24-34)。普遍原则是文化免疫的(culture-free),具有全球性的特征;而操作细则是文化负荷的(culture-laden),它依文化变式的不同可能有所变异,具有本土性的品格。

智慧活动的人文理想,科学活动的精神气质和普遍原则指导下的操作细则,它们作为层次不同的有机组分,融入确定的学科制度精神之中。特定学科的理智进展,有赖于学科制度精神作为学者道德自律准则的内化,以及对科学研究中的学术不端行为(academic misconducts)的社会监控和惩戒。

(二) 学科制度结构

在科学共同体内部,学科合法性的建构在学科理智进展之外还依赖于学科制度结构的建立和逐步完善。学科制度结构是支撑学科研究的物质基础,它至少包括四类基本范畴:职业研究者、研究机构和学术交流网络;规范的学科培养计划;学术成果的公开流通和评价体系;稳定的基金资助体系。

1. 职业研究者、研究机构和学术交流网络

研究者的职业化和专业化,是特定学科合法性建构的基本指标。通过他们诚实有效的创造性劳动,特定学科在经验材料和理论建构方面逐渐积累丰富的材料,一种新奇的学科认同和职业身份在科学共同体内部同时在学者心智中呈现出来。他们开始被称为社会心理学学者。

职业化的研究者,必须栖身于确定的研究机构如大学系科或其他研究机构中,才能开展其研究活动。研究机构为研究者提供一种基本的社会身份或社会标识线索。不同研究机构中具有同样社会标识线索的研究者,建构独特的学术交流网络如学会。这种网络,小至区域性,大至全球性,成为无形学院(invisible college)(Crane,1972)。

在学科共同体内部,通过特定的区分机制,研究者之间也呈现出学术声望和符号权力分层。有的学者因此演化为学科制度精英(the disciplinary institutional elites),对学科的演化产生重要影响。

在学科制度精神的社会化过程中,学者承受道德两难困境,即学科制度精神、社会责任和个体意识形态偏好之间的潜在冲突。

2. 规范的学科培养计划

科学研究是没有止境的智慧苦行,它需要一代代的学者寂寞而辛苦地劳作和不竭地传承。规范的培养计划,即规范的博士后、博士、硕士、本科和继续教育计划,一方面履行特定学科的社区服务功能,另一方面则为学科的发展训练和培养源源不竭的后备人才和新鲜血液。科学之门,就其真谛,应该能够向一切有抱负的天才开放,而不论个体的社会、心理或生理特性。在独特的校园文化场景中,借助导师和学生之间、学生和学生之间的痛苦而刺激的互动过程,精神活动得以激发和积累,智慧传统得以分享而流布,相互竞争而合作的学派得以生成。

导源于相互竞争和对创造性成就的公正评价，学者和其栖息的研究机构又呈现出确定的声望等级和功能分化。规范的培训计划，因此又成为衡量学者及其机构的声望和成就的一个基本指标。只有学术成就卓著的学者和机构才会被赋予培养博士后和博士的资格。学术创造性的竞争，因而也是学者和天才学子在不同机构/不同国家之间的竞争。在这种激烈的竞争过程中，天才学子作为重要的符号资本，成为争夺的对象。

3. 学术成果的公开流通和评价体系

学者/机构之间的竞争，是对科学发现优先权（scientific priority）的竞争，文本载体是其唯一的评判依据。优先权并不认可个体大脑中的抽象思想，它只关注能够在科学共同体内部传播、评价和分享的文本载体。科学发现的优先权和与之相关的命名权（the eponymous law）即科学发现的财产权，导致对科学研究独创性制度的认可以及在学术积累基础上的竞争与合作。权威出版物的重要意义因此凸现出来，它包括学术期刊、开放学刊、学术会议论文集、专著、教科书及其衍生物。

依据通用的学术同行匿名审稿制度，学术期刊中的科研报告和学术论文，刊载着最新的具有独创性的思想、方法和技术，在科学活动中占据中心地位。依据引文指数和影响因子等文献计量学（bibliometrics）的指标，科学期刊被置于金字塔一样的学术声望等级结构中。因此，在国际或国内范围内，每个学科都有自身的"旗舰期刊"（flagship journals）。它反映特定学科重要的研究进展和前沿热点，预示着学科未来的发展方向。因此，旗舰期刊和一流学者之间呈现出相互优化的态势。一流学者，借助旗舰期刊积累其符号资本，扩大其学术影响，巩固其学术霸权；而旗舰期刊，则因吸引和发表更多一流学者的优秀成果而维护和提升自身的符号霸主地位。此外，学术会议和研究专著，也反映学科重要的理论和经验进展。

特定学科内部在研究基础上获得广泛共识的概念框架、方法体系和经典研究案例，作为学科内核构成学科教科书的主体内容。教科书因此作为学科发展成熟程度的重要指标，是学科知识传承、学生学术社会化和学科认同形塑的主要媒介。特定学科的潜在研究者，首先是通过教科书而获得有关学科的直观感受和基础知识。并且，不同年代权威教科书的内容变迁，实质上负载特定学科的理智演化的重要信息。

在学科的演化中，少数文本因为其独具的原创性而逐渐经典化（canonization），而其作者也因此获得学科史中的英雄地位。或者说，在学科制度结构中，我们可以梳理出学科的经典谱系和英雄谱系。

4. 稳定的基金资助体系

学术研究，至少在初期是一项费钱的事业。稳定的基金资助，是其健康发展的重要制度保证。但不同的基金主体有其特定的研究兴趣和意识形态偏好，可能会干扰研究的正当过程。1960年代初的卡米拉项目（Camelot Project）的丑闻，已经引发学者广泛的反思和警觉。在国际冷战的背景下，美国军方资助一系列跨学科的社会科学和行为科学研究项目，其目的在于预测和控制第三世界的革命运动和社会发展，卡米拉项目是其最重要的一环（Horowitz, 1966）。而在1930年代中国现代社会科学的建构过程中，美国基金会通过其基金资助，对中国本土学者的研究过程产生具有意识形态偏好的影响（江勇振，1991）。因此，如何广泛地动员社会资源以资助学术研究，同时又保持研究的相对独立性，从而建构基金资助和学术研究之间的良性互动，则需要科学制度和其他社会制度之间完善的相互沟通；同时，基金资助过程，也是基金主体、研究者和其他研究者三方互动博弈的过程。

在学科制度结构的建构过程中，研究者、学生、出版物和研究基金之间构成密切关联的知识生产和再生产的动态网络，同时它也是学术符号资本的生产和再生产的动态网络。其中，研究者处于核心地位。通过自身卓有成效的创造性工作，有些研究者在学科制度结构中演化为学科制度精英，对学科的现状和发展产生重要的影响。首先，学科制度精英在对作为重要的符号资本的天才学子的争夺中处于有利地位。学术的师承谱系，类似于谱牒谱系，具有学术资源的继承和传递功能（Lubek et al., 1995）。其次，学科制度精英和旗舰期刊之间生发出相互依赖的学术利益联结，从而构建学科制度中的符号霸权联盟。而这种符号资本的生产和再生产过程，通过对重要的学术资源即学术基金资助的竞争，被进一步强化。

学科制度精神，较之学科制度结构更容易传递、移植和建立。学科制度精神，是跨学科共享的和内在强制性的；而学科制度结构，可能因学科本质的差异而呈现出特异性。在学科制度中，其研究者作为社会行动者，具有多重认同或角色结构，尽管学者认同是其基本的和突出的认同特质。因此，学科制度必然和其他的社会制度存在复杂的互动关系。其后果是，主流的意识形态毫无例外地侵入科学研究中，科学研究的价值——中立预设经受着严重挑战。

二、学科制度视角：主流社会心理学的基本问题分析

（一）暂时制度创新：跨学科社会心理学的兴衰

卡特莱特论证道，在美国社会心理学的发展史中，如要列出影响最大的一个人物，那某种意义上可以说是希特勒（Cartwright，1979）。希特勒的上台以及他所导致的国际社会动乱，对美国社会心理学有两大直接影响。第一，纳粹的"排犹"政策，导致大批天才学者的跨国转移。因为勒温、海德尔等杰出学者的加盟，美国社会心理学中行为主义的霸主地位开始瓦解，一种认知主义的研究框架和路径开始产生革命性的影响，由此形塑了当代美国社会心理学的主流形态。第二，战争环境，为社会心理学者和其他社会科学学者提供了独一无二的社会实验室和研究场景；社会心理学者开始获得"社会工程师"的社会角色。

第二次世界大战期间和战后几年，社会心理学曾经历短暂的跨学科研究的繁荣时期。为了适应战争的需要，一大批美国社会心理学家和其他学科学者一起被政府招募，受军方资助投入到一系列与战争有关的社会问题的研究中。研究项目涉及人员管理（human management）和征兵（soldier recruitment），敌方和己方士兵的士气（morale）和调控，宣传战和心理战（psychowar），德国和日本的民族性格（national character），战略轰炸对敌方的影响等（Herman，1996）。不同理智渊源、方法偏好和制度分割的社会心理学者，从而有机会和其他学科学者如人类学者、社会学者及政治学者一起，在问题—中心的跨学科项目研究中，发挥独特的才智。重要的理论模型、经验资料和研究技术得以构筑出来，其中具有代表性的有斯托弗的美国士兵研究（Stouffer et al.，1949—1950）、霍夫兰的劝说和沟通研究（Hovland et al.，1949）以及阿多诺的权威人格研究（Adorno et al.，1950）。

在战争时期，超越既定的学科制度堡垒，暂时性的学科制度创新成为现

实。社会心理学者，有机会在跨学科的项目研究中发挥独特智慧，并取得卓越成就（Sewell，1989）。由此在战后，一系列社会心理学的跨学科研究和培养项目在挑战既定的学科制度分割的背景下纷纷建立起来。1946年，哈佛大学组建新的研究机构社会关系系，它包括四个基本方向：社会心理学、临床心理学、社会学和文化人类学。以帕森斯为首任系主任，社会关系系容纳了相关领域的一流学者，如社会心理学家奥尔波特、人格心理学家默里（H. A. Murray）、人类学家克拉克洪（C. K. M. Kluckhohn）。而荷曼斯当时只是低级教员，但他在1974年成为社会关系系解体后重建的社会学系首任系主任（Homans，1984）。密歇根大学，在1946年则在社会心理学方面组建了心理学—社会学的联合博士项目。但由于心理学家在其中占据主宰地位，该项目在1967年也被迫解体（Newcomb，1973）。而哥伦比亚大学，在1961年成立了跨学科的社会心理学系。但少数教员在新系成立后不久又尽力靠近心理学系，8年后社会心理学系最终解体（Jones，1998）。

社会心理学跨学科的研究团体和研究机构的最终衰微，主要不是因为理智关怀或社会关怀的差异，而是源于既定学科制度的路径依赖或惯性。在跨学科的机构中，研究者无法轻易地重建自身的学科认同和身份认同。面对主流学科制度的霸权，他们往往处于边缘地位。因为容易被界定为学术越轨者，跨学科研究者的研究成果，往往无法在分界森严的权威出版物上发表；他们也较难获得经费资助。而其学生，尽管具有较宽广的知识和技能训练，但因为既定的学科制度在整个社会制度中的巨大影响和刻板印象，他们在人力资源市场上还是处于劣势。暂时的学科制度创新，不敌既定的学科制度惯性，而丧失其合法性。

（二）学科制度分裂：三种社会心理学

在经历第二次世界大战期间和战后的快速发展之后，社会心理学从1960年代末开始，饱受"危机话语"的折磨。所谓的危机，实质上是社会心理学内外交困所导致的学科信心危机。就社会因素而言，社会心理学无法应对在冷战背景下所激发的剧烈的社会冲突和社会问题，如越战、学生运动和种族冲突；就学科理智因素而言，实验的方法霸权和实验方法的外在效度（external validity）或生态效度（ecological validity）的缺乏，导致社会心理学者对整个学科理智进展的怀疑和批评（方文，1995，1997）。社会心理学到底是一门统一的学科、亚学科还是交叉学科？如何消解或调和社会学的社会心理学和心理学的社会心理学之间的敌意和冲突？

豪斯在影响深远的论文中声称，社会心理学已经分裂成三种相互孤立和漠视的社会心理学领域，每种社会心理学各有其理智诉求、历史意识和学科制度基础（House，1977）。第一种是心理学的社会心理学（psychological social psychology，PSP）或实验社会心理学。它的中心主题，是研究个体内在的心理过程和外在的社会行为如何受社会刺激或社会情景的影响；其方法定向是微观的，主宰性的方法偏好是实验程序；其研究者，栖身于大学心理学系或相关机构，是美国心理学会（American Psychological Association，APA）的会员；其权威期刊是《人格和社会心理学杂志》（*Journal of Personality and Social Psychology*）[1965年创刊，由1965年停刊的《变态和社会心理学杂志》（*Journal of Abnormal and Social Psychology*）演变而来]、年刊《实验社会心理学进展》（*Advances in Experimental Social Psychology*）和《社会心理学手册》系列（*Handbook of Social Psychology*）。心理学的社会心理学，在美国社会心理学的整体学科图景中占据绝对的主宰地位。

第二种是符号互动论（symbolic interactionism）。它主要研究在实际的社会情景中社会行动者面对面的互动过程；其方法定向也是微观的，主宰性的方法偏好是自然情景中的参与观察和常人方法学（ethnomethodology）。其研究者，栖身于大学社会学系或相关机构，是美国社会学会（American Sociological Association，ASA）的会员；其权威期刊是《社会心理学季刊》（*Social Psychology Quarterly*）[作为美国社会学会的机关刊物之一，《社会心理学季刊》由《社会计量学》（*Sociometry*）演变而来。《社会计量学》由莫雷诺于1937年创立；到1978年第41卷时，被命名为《社会心理学》；于1979年第42卷时，被命名为《社会心理学季刊》，直至今日]。

第三种是心理社会学（psychological sociology），又被称为社会结构和人格研究，或者是情景社会心理学。它致力于研究宏大的社会结构（如组织、职业、阶级、阶层和宗教等）和社会过程（如都市化、现代化、社会流动和移民等）对个体特质和行为的影响。其方法定向是宏观的，主宰性的方法偏好是大样本的问卷调查和统计分析；其研究者，主要栖身于社会学系和相关机构，主要是美国社会学会的会员；其偏爱的权威期刊是《美国社会学评论》(American Sociological Review)。

三种社会心理学，由于其理智诉求的差异，相关的学科制度建立并逐渐完善；而相关的学科制度的建立和完善，又强化了学科理智和学科意识的分化和差异。其结果是三种社会心理学日益呈现出相互漠视、相互孤立的境况；统一的社会心理学的诉求，到目前为止，依然还是挑战。

（三）学科制度精英：符号霸权和学科历史话语的建构

学科历史的编纂，是学科认同和合法性建构的重要手段，学科历史也是学科集体意识和社会记忆的主要载体。但编纂学科理智史，学者必须面对学科历史编纂学的认识论问题，无论是隐含的还是凸显的；对这些认识论问题的态度和立场，左右学者对学科历史材料的取舍及其解释。这些认识论问题包含一系列的二元对立：学科发展的内在动力，是伟人的天才创造还是时代精神的影响，即伟人说—时代精神说（great men/women vs. zeitgeist）；学科的进展，是其内部理智演化的自然逻辑还是外在的社会需求的激发，即内因说—外因说（internalism vs. externalism）；如何合适地评价特定历史情景中学者的理智贡献，是依据特定的历史情景还是今天的意识形态的主流倾向，即厚古说—厚今说（historicism vs. presentism）；学科的演化，是一系列研究成就和研究传统的优势累积还是遭遇不停息的断裂过程，即连续性—断裂（continuity vs. discontinuity）。概言之，学科的演化，是一系列失败和不完备的记录，还是学科理智不断进步的庆典式狂欢，即批判史—庆典史/辉格史（critical history vs. ceremonial/whiggish history）（Hilgard et al., 1991: 89-94）。这一系列的二元对立，作为学科历史意识建构的认识论框架，潜藏在学科历史话语的书写背后。

美国主流社会心理学的历史话语的建构，与杰出的社会心理学家奥尔波特和权威出版物《社会心理学手册》（以下简称《手册》）系列密切关联（Danziger, 2000）。《社会心理学手册》系列，初版于1954年，第二版1968年，第三版1985年，第四版1998年，第五版2010年，已经成为主流社会心理学最为权威的晴雨表。它涵盖特定时期社会心理学在学科历史认同、理论建构、方法体系、研究主题和未来趋势方面的最新进展。在新版出版之前，最近出版的《手册》就是社会心理学学科内部最权威的文本。而奥尔波特为《手册》初版所撰写的卷首论文《现代社会心理学的历史背景》（Allport，1954），已经成为主流社会心理学的标准、正统而权威的历史话语文本。它作为卷首论文，曾被重新收入第二版和第三版《手册》中。主流社会心理学的界定、合法化过程和书面学科史亦即社会心理学的历史解释权，通过奥尔波特在三个版本《手册》中的长篇论文以及它的长时期的巨大影响，终于获得话语霸权。这是学科制度结构对学科理智进展的形塑和再生产过程。

所谓社会心理学，依照奥尔波特的观点，乃是致力于理解和解释个体的思想、情感和行为如何受他人实际的、想象的和隐含的存在的影响。在此基础上，奥尔波特追溯有关人性的社会本质的社会哲学思辨和社会经验论的历史流变，以之作为社会心理学的理智前史和渊源。然后，他建构了社会心理学的诞生神话，这就是1897年特里布利特有关社会促进或社会助长的实验研究。从而他主张，只有实验程序被引入有关人类社会心理和社会行为的研究中，才标志着现代社会心理学的正式诞生。而其胞兄大奥尔波特1924年出版的以实验研究为基础的社会心理学教科书，被认为是第一本现代社会心理学教科书（Allport，1924）。

奥尔波特通过对社会心理学的学科界定和学科历史的厚今论式的梳理、表述和论证，使得社会心理学认识论的逻辑实证主义和方法论的个体主义获得正统和权威地位；作为研究策略的方法体系的异质性，被同质性的实验程序所取代；而学科理智进展的连续性和学科知识再生产得以合法化；学科的诞生神话得以确立。在学科制度结构中，通过对奥尔波特的正统历史话语的表述、传承和再生产，主流的实验社会心理学的学科认同和历史话语得以制度化和合法化。但在社会心理学学科演进过程中，所谓异端的观念、受压制的思想、寂静的过渡，作为沉默的大多数溢出学科历史的视野而丧失历史话语权。充满激动人心的冲突、焦虑、断裂和错误的学科动态史，被简化和切割为平滑、柔美和累积的学科制度中的符号霸权史。政治史中的精英史和强权史，因此以变异的形式潜入理智史中，印证了福柯有关知识背后权力运作的深刻洞悉。

三、欧洲社会心理学的学科制度建构

直至1970年代,在社会心理学的世界学科图景中,依据学科知识生产、知识创新和社会影响的差异,存在着中心、次中心和边陲的权力分层。在这个不平衡的权力等级结构中,美国社会心理学占据霸权地位,处于第一世界,向外输出其理论、方法技术以及所蕴含的意识形态,而几乎不受他者影响;欧洲(包括苏联)社会心理学,则处于第二世界或次中心地位,很少有发言权;而第三世界社会心理学则处于全然的失语地位(Moghaddam, 1987)。面对社会心理学的美国化(Americanization)或美国社会心理学的殖民化(the colonization of American social psychology)(Van Strien, 1997),努力解构符号霸权,建构自身的学科荣誉、尊严和信心,始于1960年代末。就第三世界的社会心理学而言,其首选策略是本土化:即以民族国家的本土社会心理问题为先导,在借鉴美国或欧洲学者研究的基础上,建构本土的概念框架、理论模型和研究策略,累积本土经验材料,以求在国际学术舞台上有平等而尊严的对话能力和资格;而欧洲社会心理学,秉承卓越的研究传统和学术自信,开始构建完备的学科制度结构,并以之为基础生产出有国际权威和影响的学术成果。

(一)欧洲实验社会心理学会

在第二次世界大战之前,就欧洲而言,并没有制度化的社会心理学,只有少数的个体研究者,在进行与社会心理学有关的研究,如英国巴特利特(Bartlett, 1932)有关记忆的研究,瑞士皮亚杰(Piaget, 1932)有关儿童道德发展的研究,德国莫德有关社会促进的研究;但他们都没有有关社会心理学的学科认同,也不把自身看成是社会心理学家,更没有社会心理学家的科学共同体(Graumann, 2001:18)。

同样的情形,持续到第二次世界大战后的欧洲。虽然在欧洲一些大学中,有少数的学者和群体在进行有关社会心理学的研究和社会心理学的教学,但他们都没有意识到各自的存在,也没有直接沟通;唯一的间接沟通渠道,是欧洲的个体学者各自与美国的社会心理学者和研究中心的联系。由于美国社会心理学家的推动和介绍，欧洲各国的社会心理学家开始相互了解和熟悉。沙赫特（Schachter et al., 1954）于1950年代初主持一项有关威胁和拒绝的跨学科的跨文化研究，欧洲7个国家的社会学家和社会心理学家参与其中；而在1960年代初，费斯廷格则创建了社会心理学跨国委员会（Transnational Committee on Social Psychology），其目的在于帮助欧洲的社会心理学家相互了解和合作，组成科学共同体（Moscovici, 1996: 9）。这一系列非正式的沟通和合作，于1966年终于制度化，即创立欧洲实验社会心理学会（European Association of Experimental Social Psychology，EAESP）。1960年代也是社会心理学在许多欧洲大学的制度化时期。

欧洲实验社会心理学会，从创立开始就成为实质性的跨国学科共同体，它在形塑欧洲社会心理学的学科认同和学科建设中扮演核心角色。它组织跨国研讨会，主持跨国研究规划，开办社会心理学的跨国培训项目。其中最重要的是它创建了代表欧洲声音、反映欧洲研究进展的权威出版物体系。

（二）欧洲社会心理学的权威出版物

随着欧洲社会心理学研究和教育的发展，创办能代表欧洲声音的公开论坛的迫切性展现出来。《欧洲社会心理学杂志》（European Journal of Social Psychology，EJSP）因此于1971年创刊，其工作语言是英文。在发刊词中，《欧洲社会心理学杂志》期许实现三个主要目标，以提升作为整体的欧洲社会心理学的水准：为每个欧洲社会心理学家提供公开论坛，为欧洲学者提供当代经验研究和理论发展的信息源泉，为欧洲学者提供跨国界的紧密合作和相互促进的机会（Editorial, EJSP, 1971, vol.1, issue 1）。经过近50年的不懈努力，它今天已经成为国际社会心理学界的权威刊物之一。

为了适应欧洲社会心理学发展的需要，欧洲实验社会心理学会于1971年开始组织编辑出版两个专著系列，即《欧洲社会心理学专著丛书》（European Monographs in Social Psychology）和《欧洲社会心理学研究丛书》（European Studies in Social Psychology）。欧洲专著丛书从1971年开始出版，截至2001年初，已出版58本；而欧洲研究丛书，则从1979年开始出版，截至2001年初，已出版9套共11本。作为不定期出版物，两个专著系列致力于反映在经验研究基础上欧洲社会心理学家在概括化理论、中程理论和方法技术建构方面的最新进展。通过这两个专著系列的出版，今天享有国际学术声誉并且具有欧洲特征的理论模型和研究技术，已经作为经典融入主流社会心理学的发展中，并且激发了更多的理论和经验研究热情。这些理论模型和研究技术，包括社会认同论、少数人的影响（minority influence）或众从论、社会表征论和话语分析（discourse analysis）等。

直至1980年代中期，尽管欧洲社会心理学在理论建构和经验研究方面获得了巨大进展，但其本科教育还是依赖美国的权威教科书。在教学过程中，欧洲学者发现美国教科书不能满足欧洲不同国家大学生的需求，同时它只关注美国的研究而忽略欧洲社会心理学的巨大进步，因此编著欧洲视角的社会心理学的教科书被提上议事日程。经过几年的精心努力和合作，汇集欧洲一流社会心理学家的集体智慧的教科书在1988年终于出版。它一出版，就其学术价值和市场价值两方面而言，都获得巨大成功；它在1989年（两次）、1990年、1992年、1993年、1994年、1995年依次重印，并被翻译成德文、匈牙利文、意大利文、西班牙文和日文。其修订版（第二版）出版于1996年，并于1996、1997年、1999年和2000年重印；其第三版在2001年出版，其第四版在2008年出版，其第五版在2012年出版，其第六版在精心修订后于2015年出版（Hewstone et al.，2015）。与这本权威教科书配套的教学参考书，即欧洲社会心理学百科全书（Manstead et al.，1996）和社会心理学经典研究读本（Hewstone et al.，1997）也相继编著出版。

欧洲社会心理学在理论、方法和经验研究方面的进展，需要不断梳理、反思和评价。在1990年，类似于美国的《实验社会心理学进展》、《欧洲社会心理学评论》（*European Review of Social Psychology*，ERSP）也以年刊形式出版（1997年缺刊，1998年出版两卷即第8卷和第9卷），到2019年已出版到第30卷。它有三个主要目标：对社会心理学的特定领域尤其欧洲研究者做出特殊贡献的领域，进行深入评介；报告特定社会心理现象和过程的理论和经验研究的进展；参与当代社会心理学的基本理论论争，并做出自身的特殊贡献（ERSP，1990：x）。

21世纪之初，欧洲社会心理学家怀着充分的理智自信，为国际社会心理学界奉献了欧洲版的社会心理学手册。依据欧洲著名社会心理学家杜瓦斯有关社会心理学的分析水平的经典论述（Doise，1986），这套手册分为4卷，即《个体内过程》(*Intraindividual Processes*)、《人际过程》(*Interpersonal Processes*)、《群体过程》(*Group Processes*) 和《群际过程》(*Intergroup Processes*) (Hewstone et al., 2001)。

欧洲社会心理学自主学科意识的萌生，催生了欧洲社会心理学学科制度；而其学科制度的建立和完善，又激发了欧洲社会心理学的发展和壮大。至此，欧洲社会心理学完成了其目标的建立和追赶，自信地迈入发展新阶段。

四、学科发展：理智视角和学科制度视角

观照科学共同体中一个学科的理智进展，可以有种种确定的线索、视角或策略。学科编年史，或者学科通史是第一种策略，也是最为通常的策略；学科中学派的更替是第二种策略；确定时间段学科研究主题的变换是第三种策略；支撑学科理智大厦的核心概念在不同时期学者视域中的意义进化，是一种新颖独特的视角；而不同年代权威教科书的内容变迁，是另一种潜在的视角。这些视角或策略为我们洞悉学科的理智进展提供了丰富的素材。

然而，一个学科的整体发展绝不仅仅意味着学科的理智进展。这些策略，无法使我们明了确定学科中其理智力量逐渐积累的动态过程，以及它在科学共同体中学术地位的升迁过程和合法性的建构过程。学科的合法性在科学共同体中的建构过程，还有赖于一系列学科制度的支撑，即学科制度的建立和完善。其过程作为学科理智进展的基础，勾画出确定学科整体进展的脉络。因此，学科的历史进展，涵括学科制度史和理智史这两种相互有别而又相互依赖的动态历史过程。

在学科制度的分析框架中，虽然学科制度精神是基本的必要组分，但它是作为预先存在，隐含地弥漫在整体的科学共同体中；它同时作为科学活动潜在的制度律令，内化于每个个体研究者的心智结构中，只有遭遇到科学不端行为，它才会浮现出来。与之对照，学科制度结构则有其实体性的物质载体，它在学科的演化过程中有明显的指标标志其建立和完善。而其建立和完善的过程，需要其他社会结构和社会制度的介入和参与。也正是在学科制度结构的建立和完善过程中，科学制度和宏大的社会制度之间发生复杂的互动关系。科学社会学和历史哲学中有关科学发展的一些基本论争，如内因论和

外因论等，都可以从学科制度视角寻求一种合适的解释。外在的社会需求，激发和再生产学术研究的制度结构资源，从而促进相关学科的理智进展，提供应对现实社会心理问题的理智资源和合适策略。

学科制度的分析视角，实质上凸现了社会行动者的中心地位。科学理智史和科学活动及其过程，不过是作为社会行动者的研究者活动的过程、结果、媒介或者社会资源的具体展现。因此，以研究者作为关注视角，科学社会学和历史哲学中有关科学发展的一些基本论争，可以多一种合适的解释方案。困扰社会心理学的一些基本难题，在本书中尝试用学科制度视角来进行解释。跨学科社会心理学的兴衰，其主要原因是暂时的学科制度创新受到既定正统的学科制度的挤压而丧失其合法性；作为统一的社会心理学学科诉求的失败，源于社会心理学的理智分裂和学科制度分裂的交互强化；社会心理学的主流历史话语的建构，则源于学科制度精英在学科制度中同时也是在学科理智发展中的符号霸权化过程；而欧洲社会心理学的发展壮大，则是欧洲社会心理学的理智诉求和学科制度建设之间良性互动的结果。因此，学科制度视角，在学科理智视角之外为学科进展提供了基本的分析框架、策略和工具。

中国社会心理学经过近 40 年的不懈努力，已经取得长足进步。中国社会心理学的学科制度雏形已经建立。中国社会心理学会及中国心理学会社会心理学分会已经成立，并对社会心理学的学科规划产生积极影响。相关的学科教学和科研机构正在完善；规范化的学科培养计划如博士后、博士、硕士、本科和职业培训体系正在形成；相关的基金资助的力度正在加大。社会心理学作为一门学科的合法性，在中国科学共同体中已经基本确立。但其学科制度的完善，仍有很大的空间。学科的中文教材体系（翻译的和自身编著的）和相关的中文参考文献正在丰富，但独立而深刻的研究著作仍然少见；政府每年有少量与社会心理学相关的资金资助，但大都偏于应用和对策项目；学者的研究成果几乎没有独立的发表园地，它们只能散见于心理学和社会学的刊物中；中国社会心理学会的学术会刊《社会心理研究》只能内部发行。

中国社会心理学的良性发展面临困难，但挑战和机遇并存。由于中国社会心理学的学科制度的分裂和学术训练背景的差异，偏好实验方法的心理学者与偏好调查访谈的社会学者之间少有沟通，这使有限的社会心理学研究群体资源的合理配置遭遇障碍；作为享有学术霸权的话语，社会心理学本土化的定位，渐渐产生某些非预期的后果，包括对国际主流社会心理学理智进展的忽视和漠然。每年大量生产的社会心理学的虚假文本和肤浅的经验研究，使学科处于泡沫繁荣状态，无法为中国社会心理学同时也为世界社会心理学的发展提供理论建构和数据积累的想象力和洞察力；面对中国社会空前的结构转型及其后果，社会心理学者基本上处于无语或失语状态。

21世纪并不必然会青睐中国社会心理学。在批判性的自我反思的基础之上，处于边陲地位的中国学者，唯有以宏大的社会心理问题及其所隐含的现实的社会行动作为关注视域，在充分了解和反思本土智慧和西方智慧的基础之上，进行脚踏实地的辛苦工作和点滴积累，中国社会心理学的荣誉之门才可能慢慢洞开，与国际学者平等而有尊严的有效对话和合作才可能慢慢实现。

参考文献

布鲁姆．走向封闭的美国精神．缪青，宋丽娜，等译．北京：中国社会科学出版社，1994．

方文．重审实验．社会学研究，1995（2）：32-39．

方文．社会心理学百年进程．社会科学战线，1997（2）：240-249．

方文．转型心理学．北京：社会科学文献出版社，2014．

江勇振．现代化、美国基金会和1930年代的社会科学//中国现代化论集．台北："中央研究院"近代史研究所，1991．

康德．历史理性批判文集．何兆武，译．北京：商务印书馆，1990．

Adorno, T. W. et al. (1950). *The Authoritarian Personality*. New York: W. W. Norton.

Allport, F. H. (1924). *Social Psychology*. New York: Houghton Mifflin.

Allport, G. W. (1954). The Historical Background of Modern Social Psychology. In G. Lindzey (Ed.). *Handbook of Social Psychology* (pp. 3-56). Cambridge, MA: Addison-Wesley.

Bartlett, F. (1932). *Remembering: A Study in Experimental Social*

Psychology. Cambridge University Press.

Cartwright, D. (1979). Contemporary Social Psychology in Historical Perspective. *Social Psychology Quarterly*, 42, 82-93.

Crane, D. (1972). *Invisible College: Diffusion of Knowledge in Scientific Communities*. Chicago: University of Chicago Press.

Danziger, K. (2000). Making Social Psychology Experimental: A Conceptual History, 1920-1970. *Journal of the History of Behavioral Sciences*, 36 (4), 329-347.

Doise, W. (1986). *Levels of Explanation in Social Psychology*. Cambridge University Press.

Graumann, C. F. (2001). Introducing Social Psychology Historically. In M. Hewstone et al. (Eds.). *Introduction to Social Psychology: A European Perspective* (3rd ed., pp. 3-22). Blackwell Publishers.

Herman, E. (1996). *The Romance of American Psychology*. Berkeley: California University Press.

Hewstone, M. et al. (Eds.). (1997). *The Blackwell Reader in Social Psychology*. Blackwell Publishers.

Hewstone, M. et al. (Eds.). (2001). *Blackwell Handbook of Social Psychology*. Blackwell Publishers.

Hewstone, M. et al. (Eds.). (2015). *Introduction to Social Psychology* (6th ed.). Blackwell Publishers.

Hilgard, E. R. et al. (1991). The History of Psychology: A Survey and Critical Assessment. *Annual Review of Psychology*, 42, 79-107.

Homans, G. C. (1984). *Coming To My Senses: The Autobiography of A Sociologist*. London: Transaction.

Horowitz, I. L. (1966). The Life and Death of Project Camelot. *American Psychologist*, 21, 445-454.

House, J. S. (1977). The Three Faces of Social Psychology. *Sociometry*, 40 (2), 161-177.

Hovland, C. I. et al. (Eds.). (1949). *Experiments on Mass Communication. Princeton University Press.

Jones, E. E. (1998). Major Developments in Five Decades of Social Psychology. In D. T. Gilbert et al. (Eds.). *Handbook of Social Psychology* (4th ed., 2 vols., pp. 3-95), McGraw-Hill.

Lubek, I. et al. (1995). Faculty Genealogies in Five Canadian Universities: Historiograghical and Pedagogical Concerns. *Journal of the History of the Behavioral Sciences*, 31, 52-72.

Manstead, A. S. R. et al. (Eds.). (1996). *The Blackwell Encyclopedia of Social Psychology*. Blackwell Publishers.

Merton, R. K. (1990). The Normative Structure of Science. In C. A. Jeffrey, & S. Sterven (Eds.). *Culture and Society: Contemporary Debates* (pp. 67-74). Cambridge University Press.

Moghaddam, F. M. (1987). Psychology in Three Worlds: As Reflected by the Crisis in Social Psychology and the Move towards Indigenous Third World Psychology. *American Psychologist*, 42, 912-920.

Moscovici, S. (1996). Just Remembering. *British Journal of Social Psychology*, 35, 5-14.

Newcomb, T. M. (1973). In G. Lindzey (Ed.) *A History of Psychology in Autobiography* (Vol. 6). New York: Prentice-hall.

Piaget, J. (1932). *The Moral Judgment of the Child*. Harmondsworth: Penguin.

Schachter, S. et al. (1954). Cross-cultural Experiments on Threat and Rejection. *Human Relations*, 7, 403-439

Sewell, W. H. (1989). Some Reflections on the Golden Age of Interdisciplinary Social Psychology. *Annual Review of Sociology*, 15, 1-16.

Stouffer, S. A. et al. (1949-1950). *Studies in Social Psychology in World War Two* (4 vols.). Princeton University Press.

Van Strien, P. J. (1997). The American "Colonization" of Northwest European Social Psychology after World War Two. *Journal of the History of Behavioral Sciences*, 33 (4), 349-363.

第 2 章　社会心理学主流历史话语：建构和再生产

提要：本章以学科史书写的认识论框架为背景，尝试建构学科制度视角，来细致解构社会心理学的主流历史话语的建构和再生产过程。社会心理学的学科制度精英和权威出版物的符号霸权之间的优势强化，促成社会心理学主流历史话语的建立；而主流历史话语，通过学科制度结构中的再生产过程，导致主流历史话语的符号霸权，即非社会的个体主义和实验主义的美国社会心理学的符号霸权；在主流历史话语的建构和再生产背后，隐含着确定的社会遗忘机制。其后果是，丰富多彩的学科研究实践，因此被简化为单一的言说；学科演化中激动人心的冲突、焦虑、断裂甚至是暂时的倒退，都被切割为平滑而柔美的线性进步过程。本章的结论是：通过解构主流历史话语所呈现出的学科史书写的困境和学科历史现实的复杂性，呼唤社会心理学的多元历史书写。期望本章能作为可能的范例，为普通学科史的书写提供借鉴和参考。

关键词：社会心理学，主流历史话语，学科制度精英，学科符号霸权，社会遗忘，辉格史，批判史，《社会心理学手册》，学科制度视角

导论：学科史的书写——辉格史或学科制度史？

学科的研究实践，是一种社会行动者目的—导引的社会行动。它在时空

中的演化秩序或学科历史，依存于学科内的理智逻辑及学科外的社会结构和过程的交互影响。对其演化秩序或学科历史的勾画、梳理、编纂和书写，在最为抽象的层面上，是人类理性自我批判性的反思的必然要求；同时它也是特定学科合法性和正当性建构的一个主要源泉。学科历史的编纂或书写过程，作为学科研究实践不可分割的一部分，站在学科过去、现在和未来的交汇点上，构造学科的历史意识和学科身份。其主要目的，在于辨明学科研究的概念框架和研究传统的逻辑演进，替学科现状辩护或对之提出质疑，为现实的研究者提供学科认同和社会身份，为潜在的研究者提供学科的英雄谱系和概念谱系。

学科史的书写，它所面对的材料，是近乎无限丰富的社会行动者的活动、活动的媒介和产品。书写者因此必然会面对学科历史编纂学的认识论问题，无论是隐含的还是明显的；对这些认识论问题所持有的态度和立场，左右书写者对学科历史材料的取舍及其解释和说明。这些认识论问题，包含一系列交互缠绕的二元对立：

（1）伟人说—时代精神说：学科发展的内在动力，是伟人的天才创造还是时代精神的影响；

（2）内因说—外因说：学科的进展，是其内部理智演化的自然逻辑还是外在的社会需求的激发；

（3）厚古说—厚今说：如何合适地评价特定历史情景中学者的理智贡献，是依据特定的历史脉络，还是今天的意识形态的主流倾向；

（4）连续性—断裂：学科的演化，是一系列研究成就和研究传统的连续累积，还是遭遇不停息的断裂过程。

概而言之，学科的演化，是一系列失败和不完备的记录，还是学科理智不断进步的庆典式狂欢，即批判史—庆典史/辉格史（Harris，1997：22-25；Hilgard et al.，1991：89-94）。这一系列交汇缠绕的二元对立，作为学科历史意识建构的认识论框架，潜藏在学科历史话语的书写背后。

学科史书写的认识论框架，决定学科史书写的操作策略。这些书写策略，概括起来，包括如下的基本组分：学科界定；学科研究实践的时空框架（time-space framework）；学科研究实践的社会文化脉络和研究者的性别偏好（Lubek & Apfelbaum，2000：418-420）。

1. 学科界定

对学科界定的理解，决定学科史书写所涵盖的理智范围。就社会心理学而言，它是一门独立学科、跨学科还是亚学科，决定学科史书写的不同方式和学科史的不同面向。

2. 时空框架

时空范畴是人类认知的基本范畴，而所有的社会行动包括学科的研究实践也都是在具体的时空场景中发生的，因此时空框架也必然是学科史书写的基本维度。就时间维度而言，何时为学科历史叙述的起点和终点，何时为历史叙述的中心，它们决定历史书写对不同时期材料的取舍重心；就空间维度而言，特定学科在全球的研究实践和发展是不平衡的，存在着学科符号霸权在地理上的层级分化。因此，特定空间维度中的材料选择，反映出书写者可能的意识形态倾向。

3. 社会文化脉络

作为时空框架的深化，学科研究实践还是在具体的社会文化脉络中发生的社会行动，它必然负荷特定的社会文化脉络的意识形态。学科史的书写，如何在精制的文化相对论的架构下，表征学科研究的社会文化脉络的丰富性，而避免可能的文化偏见或文化中心主义，也是不能忽视的基本问题。

4. 性别偏好

女性在学科史中的缺场，通过女性主义者的努力，已经引发广泛的反省和批评（Wilkinson，1996）。如何公正而恰当地评介和爬梳女性研究者在学科史中的贡献和成就，也是学科史书写要面对的重要问题。

主流学科史的书写，即庆典史学或辉格史学，它蕴含着确定的历史编纂的认识论偏好和书写策略。就其认识论偏好而言，它以厚今式的态度，来言说和建构学科内部的理智演化不断进步的神话；它以学科现状为关注的重心，替学科现状辩护；而学科历史的演变逻辑，对它来说，则是不断的学科理智进步的累积，是学科内部的精英天才活动的完备记载。就其书写策略而言，它只关注强势文化脉络中男性强势精英的活动。辉格史学的历史话语的建构和再生产过程，强化了学科内部的不同学派和视角之间、研究者的不同性别之间、研究实践的不同区域和社会文化脉络之间的种种不平等过程。其后果是替学科现状和不平等的社会现状辩护（Prilleltensky & Fox，1997）。

与之对照，批判史学，就其认识论偏好而言，则以学科现状作为批判、怀疑和解构的中心，坚信学科现状也不过是宏大的历史过程中暂时的片段。一方面，学科现状的形塑蕴含着对学科过去的多种少数声音的压制或忽视。另一方面，学科现状为未来可能的完善敞开了无限的空间；批判史学致力于凸显学科演化过程中社会文化脉络的重要作用，主张学科的演化并不绝对是线性的进步和累积过程，而可能遭遇痛苦的断裂甚至是退化。就其书写策略而言，批判史学对于强势文化脉络中男性强势精英的活动保持充分的警惕，而对非主流的弱势群体的声音予以足够的关切（Danziger，1979；Samelson，1979）。

笔者赞许批判史学的批判和怀疑精神，尝试引入学科制度视角（方文，2001）。学科制度视角，它首先张扬学科制度精神的首要性，亦即对任何既定秩序和现状的批判、反思和怀疑精神的首要性；在此基础上，它致力于解剖学科制度结构在宏大的社会结构和过程背景下的生产和再生产历程，并以之作为分析视角来观照学科的理智演化及宏大的社会结构和过程之间深刻的互动关系。就学科史的书写而言，学科制度视角同时具有解构和建构的潜能。就解构而言，学科制度视角能有效地彰显学科制度精英与符号霸权在学科制度结构中的生产和再生产的过程；就建构而言，它可能在学科制度的主流符号霸权的阴影中考古和发掘出非主流的少数的声音；而这少数，在莫斯科维奇所雄辩论证的意义上，正是群体创新和社会变迁的主要动力（Moscovici，1976）。

笔者以学科制度视角为分析工具，来解构社会心理学主流历史话语的建构和再生产过程，揭示其制度精英和符号霸权的微观权力机制，凸现其背后所隐含的社会遗忘机制，彰显学科史应该蕴含的理智启迪和智慧解放的功能，以求为社会心理学多元历史的书写提供启发和灵感，为普通学科史的书写提供可能的借鉴和参考。

一、社会心理学的主流历史话语的建构：
制度精英和权威出版物

社会心理学主流历史话语的建构，与美国社会心理学的制度精英奥尔波特和权威出版物《社会心理学手册》密切相关（Danziger, 2000）。面对美国社会心理学在第二次世界大战期间和战后的飞速发展，编纂一套权威出版物即手册的需求被提上议事日程。精心拟定的编辑策略和标准，首先被确定下来：就其内容的深度而言，它应有别于普通教科书，可以为专业研究者提供标准的参考和指南，为博士生和硕士生的培养提供权威的读本；就其内容的广度而言，它有别于专业期刊中过于分散的论文或研究报告，应反映特定时期社会心理学在学科历史认同、理论建构、方法体系、研究主题和未来趋势诸方面的最新进展；而其撰写者，应汇集当代几乎所有的一流学者（Lindzey, 1954：xviii）。这种编辑策略和原则，也成为《手册》初版以后其他版本的编辑指南，直至 2010 年出版的第五版（第二版 1968 年，第三版 1985 年，第四版 1998 年）。

　　《手册》内容大纲的拟定、撰写者的选择及编辑策略的实施和调整，前后花了 6 年多的时间，在这期间，作为共同主编，奥尔波特和他在哈佛大学的学生兼同事林载负责组织和编辑工作（Lubek & Apfelbaum, 2000：409）。而在《手册》正式初版于 1954 年的时候，奥尔波特辞谢了主编身份而由林载独立主编，但其撰写者还是网罗了当时美国社会心理学学科制度结构中的几乎所有精英人物，其中奥尔波特是最为显赫的代表之一。在编纂过程中，奥尔波特有撰写《手册》中任何一章的能力、权威和自由，但他最后挑选了有关社会心理学历史的主题（Lubek & Apfelbaum, 2000：406）。

　　奥尔波特的长篇论文《现代社会心理学的历史背景》，作为《手册》卷首论文首次发表，这是第 1 篇有关现代社会心理学的历史演变的最为权威的历史文本；在他于 1967 年辞世之前，这篇著名论文经过他本人的修改之后又作为卷首论文收入 1968 年第二版的《手册》中；在 1985 年经过林载的删减之后，它还是作为卷首论文收入《手册》第三版中（Allport, 1954, 1968, 1985）。主流社会心理学的界定、合法化过程和权威的书面学科史亦即社会心理学的历史解释权，通过奥尔波特在三版《手册》中的长篇论文以及它长时期的巨大影响，逐渐获得话语霸权。在学科制度结构中，这是典型的学科制度精英和学科权威出版物之间的优势强化过程，或马太效应过程。

　　所谓社会心理学，依照奥尔波特，乃是"致力于理解和解释个体的思想、情感和行为，如何受他人实际的、想象的和隐含的存在的影响"（Allport,

1954：5，1968：3，1985：3）。通过这一被广泛接受的权威界定及其再生产过程，社会心理学方法论的个体主义得以合法化，"非社会的"社会心理学获得其独断的"官方"、正统和主流地位。与之对照，其他定向的社会心理学，则溢出学科历史的视野而丧失话语权。以之为出发点，奥尔波特建构了社会心理学的诞生神话，这就是1897年特里布利特有关社会促进或社会助长的实验研究。从而他主张，实验程序被引入有关人类社会心理和社会行为的研究中，这标志着现代社会心理学的正式诞生；而其胞兄大奥尔波特1924年出版的以实验研究为基础的社会心理学教科书，因此是第一本现代社会心理学教科书（Allport，1924）。多元的研究方法实践，因为诞生神话的确立而丧失与实验程序竞争的正当性。社会心理学方法体系的异质性，在奥尔波特的历史文本中被同质的实验程序所取代。

但作为具有深刻洞察力的杰出学者，奥尔波特在其权威的历史文本中一贯地表现出深切的理论关怀和广博的理智兴趣。他从未放弃理论建构在社会心理学中之于经验研究的首要性，而坚定地主张狭隘的经验研究的无限增长只会败坏理论建构的雄心和胃口。奥尔波特写道：

> 统一的理论很难到来。像所有的行为科学一样，社会心理学最终要奠基于有关人的本质和社会的本质的元理论之上。而这种高度的理论化，将更多地受惠于过去的思想家马基雅弗利、边沁和孔德，而不是今天的经验主义者。孔德所主张的实证主义的兴起，本质上已导致非理论的定向。其后果是在杂志和教科书中，充塞着狭隘而具体的研究，而少有理论化的建构。（Allport，1968：69）

在其历史文本中，奥尔波特同样还表现出其广博的时空和文化兴趣。他以人性的社会本质为线索，以观念考古学的方式为工具，精心梳理了西方社会哲学思辨和社会经验论的理智传统，并以之作为现代社会心理学的理智前史和不竭的灵感之源。其中，柏拉图的观念论和亚里士多德的实在论对有关人性善恶的思辨，被认为是基本的二元对立的线索，贯穿于西方理智传统中；而不同变式的"简单而主宰的观念"（the simple and sovereign ideas）如自利主义、唯乐主义、同情、模仿和暗示等，则被认为具有深刻的洞察力和理论拓展的潜力。

如果引入简单的文献计量学的方法，就会发现，在其 1968 年最为成熟的历史文本中，奥尔波特所参考的文献的国际性特征是异常明显的。在总共 271 条参考文献中，约有 47% 的文献是非美国的，并且 15.7% 的文献是法文和德文文献。

奥尔波特通过对社会心理学的学科界定和学科历史的厚今论式的梳理、表述和论证，使得社会心理学认识论的逻辑实证主义和方法论的个体主义获得正统和权威地位；作为研究策略的方法体系的异质性，被同质性的实验程序所取代；而学科理智进展的连续性和学科知识再生产得以合法化；学科的诞生神话得以确立。概言之，在奥尔波特的历史文本中，社会心理学的主流历史话语得以确立：有深切社会关怀的社会心理学被界定为非社会的或个体的社会心理学，多元的方法实践被简化为独断的实验霸权。但同时，奥尔波特为未来社会心理学可能的健康发展也提供了诊断良方，这就是社会心理学理论建构的首要性和对广博的理智传统和文化资源的关注。

二、主流历史话语的演化和再生产：
权威出版物的符号霸权

《手册》从 1954 年的初版到 2010 年的第五版，前后历经半个多世纪，逐渐确立其在社会心理学领域牢固的符号霸权。由于每个版本精心的编辑策略、最权威的撰写者群体和高质量的论文，《手册》已经成为标定社会心理学领域发展的最为权威的晴雨表、社会心理学领域最为权威的专业参考文库和最为珍贵的学科制度（Fiske et al., 2010: preface xi）。与此同时，它也演变为社会心理学的美国化或美国社会心理学的殖民化的主要工具和媒介（Van Strien，1997）。

在 1998 年出版的《手册》第四版中，奥尔波特的经典论文在"历史视角"的标题下被替换为琼斯和泰勒有关社会心理学历史的两篇论文；或者说，奥尔波特的主流历史话语在主流的学科制度结构中在经历着连续性的演化。其中，琼斯的论文首次出现在 1985 年第三版《手册》中；在琼斯于 1993 年去世后，该论文经过细微删减、更改题目后重新收入 1998 年《手册》第四版中。其结果是，奥尔波特的主流历史话语被进一步强化，而其潜在的优点则被完全忽视（Jones，1985，1998；Taylor，1998）。

琼斯对学科史的书写，以奥尔波特的经典界定为出发点，社会心理学被明确标明为心理学的一门亚学科，而社会心理学的发展则被理解为基本上是战后北美的现象（Jones，1998：3-5）。奥尔波特所传递的广博的理智兴趣，被文化孤立主义和文化中心主义所取代；而奥尔波特所呼唤的理论建构的雄心，则被淹没在数量不断增长的具体经验研究的浪潮中，退化为对过于雕琢的方法论的精制化和实验化的追求。

而在泰勒关于伪历史的论文中，文章的论题"社会心理学中的社会存在"（the social being of social psychology），应该可能为宏大的理论建构提供广泛的洞察力和想象力，但由于论者的理智偏好、功力和学术视野的局限，论文只是罗列一系列的经典实验、研究主题和中层理论模型，而其时空框架和文化—地理视野则被限定在美国1930年代以后尤其是战后的发展。

琼斯和泰勒的历史意识和理智视野的狭隘性和迟钝性，典型地体现在他们对社会心理学历史中的重要事件即"社会心理学的危机"的处理上。所谓"社会心理学的危机"，乃是起始于1960年代后期直至1980年代初的社会心理学内部的理论论争，它以林格的论文作为先兆（Ring，1967）。"危机话语"，主要涉及主流社会心理学在理论建构、方法程序和社会关怀诸方面所遭遇的严重缺陷。它以社会心理学研究中的实验霸权和社会心理学的世界图景中的美国霸权作为解构的焦点，是社会心理学的历史进程中一次全面而深刻的自我反思和批判。在解构过程中，一些有价值和潜力的建构方案被构造出来，并在一定意义上已经重塑了社会心理学的学科形态和世界社会心理学的学科图景（方文，1997）。面对如此基本的理论论争，琼斯在其历史文本中只在论文结尾处花了不到半页篇幅来讨论社会心理学的危机及其影响。社会心理学的危机，对琼斯来说不过是社会心理学历史中点滴不祥的浪花，它对社会心理学的理智惯性并没有产生什么重要的影响（Jones，1985：100；1998：49）。与琼斯类似，泰勒只花了几行的篇幅来讨论社会心理学中所谓"自我—标识的危机"（self-labelled crisis），而这种危机，随着社会认知研究在1980年代初的兴起，很快烟消云散（Taylor，1998：72）。

琼斯和泰勒理智视野的狭隘性，也典型地体现在他们所引用的文献中（Lubek & Apfelbaum，2000：411，note 16）。在第四版《手册》中，琼斯的文献有 309 条（1985 年的文本有 305 条），而泰勒的文献有 261 条，共 570 条（它们之间有部分交叉）。就文献的空间和文化—地理特征而言，在总共 570 条文献中，唯一的外文文献是德文文献，它也仅有 3 条，只占约 0.5% 的比例；美国以外的英文文献，约占 10.7%。就其时间特征而言，1900 年代之前的，约占 1.4%；1940 年代之前的，约占 9.1%；而 1960 年代以后的，则占 67%。这种厚今论和文化视野狭隘性的特征，在泰勒所引用的文献中更为明显。在总共 261 条文献中，1960 年代以来的文献约占 78.2%，1980 年代以来的文献约占 49.9%。其中，美国之外的文献只有欧洲的。而欧洲学者的文献也总共只有 4 条：英国学者泰弗尔的两条，法国学者勒庞的著名著作英文本和德国学者的一篇英文论文。

概言之，奥尔波特对社会心理学主流历史话语的建构，在其"官方"的后继者手上正经历退化式的演化。对奥尔波特而言，整体的社会心理学的历史，是方法论的个体主义以及与之相关的实验主义的社会心理学不断理智进步的庆典史和狂欢史；但它同时对有关人和社会的本质的宏大的理论建构，敞开了无限的可能性；而狭隘的经验研究，只会严重地败坏理论建构的胃口。但在奥尔波特的官方后继者那里，整体的社会心理学的历史正退化为以实验为手段和目的的狭隘的经验研究数量不断增长的累积史和美国史；在丰富多彩的社会文化脉络中，丰富多彩的社会心理学的研究实践被剪裁为单一的美国白人男性主宰的历史话语；而理论建构的雄心，让位于对方法精制化和实验程序的拜物教式的追求。或者说，通过奥尔波特的历史书写，整体的社会心理学完成了从"社会关切的"社会心理学向"非社会的"社会心理学的退化；而通过奥尔波特的官方后继者的历史书写，整体的社会心理学在奥尔波特的历史话语的基础上，完成了从"理论关怀的社会心理学"向"经验拜物教的美国社会心理学"的退化（Samelson，2000）。

奥尔波特及其官方继承者在《手册》五个版本中的论文，成为形塑社会心理学的历史意识和历史话语的最为标准、正统、权威和主流的历史文本。奥尔波特及其官方继承者有关社会心理学的主流历史话语，通过学科的研究、教学和培养实践，在不断地增殖和再生产。

在为本科生所撰写的教科书中，奥尔波特及其继承者的历史话语以粗略和教条化的方式在课堂上传播和重复。其结果是，个体主义和实验主义的社会心理学作为刻板印象和先见（preconception）在被不断地灌输，而有关社会心理学的创立之父和诞生神话则以课堂为舞台在不断地上演。而在学科的潜在研究者即硕士和博士的培养过程中，导师、《手册》和学生构成奇妙的三位一体，成为社会心理学知识连续性建构的重要基础（Lubek，1993）。在导师的研究和培养过程中，《手册》是最权威的指南和专业参考书；而对学生来说，《手册》是学位资格考试和学位论文选题的主要依据。因此，在学科制度结构中，通过对奥尔波特及其继承者的正统历史话语的表述、传承和再生产，主流的、"非社会的"和实验的美国社会心理学的学科认同和历史话语得以制度化和合法化并确立其主宰的霸权地位。

三、主流历史话语的内隐机制：社会遗忘

社会心理学主流历史话语的建构、再生产及其话语霸权的确立，其背后隐含着确定的社会遗忘机制或策略。第一类普遍的社会遗忘机制或策略，是对非主流研究的漠视化过程。

（一）社会遗忘：漠视化过程

在丰富多彩的社会文化脉络中，社会心理学的研究存在着丰富多彩的理论定向和视角、多元的方法偏好和变异的研究主题，它们可粗略地纳入主流和非主流的范畴。而主流历史话语的建构和再生产过程，首先隐含着对非主流研究的忽视或漠视。这种漠视化过程至少涉及两个层面：对主流文化背景中非主流研究的忽视或漠视，和对非主流文化背景中几乎所有研究的忽视或漠视。具体来说，这种漠视化过程，首先涉及主流社会文化背景中社会学定向的社会心理学研究、心理学定向的非实验主义的研究、以社会问题为中心主题的应用社会心理学研究和女性主义的社会心理学研究等。与之类似，它还涉及非主流社会文化背景中所有定向的社会心理学研究，如欧洲社会心理学研究、大洋洲社会心理学研究和亚洲社会心理学研究等。其结果是，非主流的社会心理学大多淹没在主流学科史的尘埃中，丧失历史存在的合法性和正当性。通过忽视或漠视的社会遗忘机制，有关社会心理学的学科形态和世界图景的刻板印象、偏见甚至是歧视，在学科知识生产和再生产过程中被

不断地传承和扩散，这就是美国个体主义和实验主义的社会心理学，是唯一"科学的"社会心理学；而其他理论定向和方法偏好的社会心理学，以及其他文化背景中的社会心理学，是亚科学的甚至是非科学的。

（二）社会遗忘：剪裁

主流历史话语的建构和再生产过程所隐含的社会遗忘机制，不仅仅涉及非主流的研究，就是主流历史话语所专注的主流精英人物及其英雄事迹，也被剪裁、歪曲和简化。这是第二类普遍的社会遗忘机制或策略，大奥尔波特和费斯廷格是两个突出典型。

大奥尔波特，在主流历史话语中被推崇为方法论的个体主义和实验主义社会心理学的先驱。在其1924年的经典教科书中，大奥尔波特明确地主张人类的群体生活或群体行为只能奠基于对个体社会行动者的实验研究之上，而社会学者所主张的社会实在不过是"群体谬误"（group fallacy）。但在当时美国特定的社会文化脉络中，大奥尔波特的个体主义，实质上蕴含着丰富的内涵和意识形态的使命。而这些因素，都消失在辉格史的书写中。作为方法论的个体主义（methodological individualism），对大奥尔波特而言，意味着与实验方法的亲和性；而实验方法，则被认为是有关社会行动研究的社会心理学，想变得与自然科学一样坚硬厚实的可能的唯一方法。在此之外，作为自由主义学者，大奥尔波特的个体主义还蕴含着道德个体主义（moral individualism）和政治个体主义（political individualism）。（Danziger，1992）

如果仅仅涉及方法论的个体主义，大奥尔波特在1920年代后期，还是经历基本的理智转型，但这些都消失在主流史的书写中。在其自传中，大奥尔波特详细地反思自身的理智转变：从纯粹的个体决定论向社会现实决定论的转变，其主要标志是1933年出版的《制度行为》（*Institutional Behaviour*）（Allport，1974）。

而费斯廷格在主流历史话语中的遭遇，更有代表性。在主流历史话语中，费斯廷格被认为是战后美国实验社会心理学的教父。费斯廷格通过他的社会比较论和认知失调论，重塑了战后社会心理学的学科形态、学科荣誉和学科尊严（Zajonc，1990）。在长篇论文《社会比较论》中，费斯廷格以假设—演绎的方式，构造了逻辑严谨的概念框架，用以解释个体的态度、行为和自我在社会情景中的建构过程（Festinger，1954）。而费斯廷格的认知失调论，则是社会科学中最为精美的理论模型。它从个体认知元素之间的冲突入手，以解释和说明个体在社会情景中的社会行动的理性化过程（Festinger，1957）。它的广泛的解释潜力，涉及态度及其改变、行为决策后效、人类动机和行为理性化。对认知失调论有关假设的经验证实，主宰了社会心理学在1960年代至1970年代20年间的研究；在经过一段时期的沉寂之后，认知失调论从1990年代开始又激发新的研究热情（Aronson，1997；Joule et al.，1998）。

但费斯廷格在社会心理学领域获得经典地位之后，他1968年离开社会心理学，从斯坦福大学来到纽约的新社会研究学院，主持有关运动视觉的项目。通过一系列设计精美的实验，费斯廷格发现神经系统信息的贫困化与眼睛的运动有关。但在1979年，费斯廷格关闭了实验室，完全抛弃了他已为之做出杰出贡献的心理学。费斯廷格发现，就终生困扰他的一个基本问题即早期人类的本质及其演变而言，心理学和实验是无关痛痒的；也许只有在有关人类起源的古人类考古学（paleoarcheology）的基础上，人类行为的本质才可能有确切的解释。他花了几年的时间，考察了主要的古人类遗址，在此基础上出版了《人类的遗产》（Festinger，1983）。在这本著作中，费斯廷格主张，约在公元前25 000年—公元前20 000年之间，人类经历了从使用工具向建构技术的转型，而宗教则是被用于控制自然的一种技术。在1989年辞世之前，费斯廷格正在撰写有关新石器时代技术和宗教的著作（Farr，1990）。而所有这些，通过精心剪裁或简单化过程，都被遗忘在主流历史话语的文本中。

结语：单一学科史或多元史？

历史是灰色的，而历史活动和事件之树长青。正如不能精确地度量海岸线，我们也无法准确地书写历史。任何历史话语的文本化，都是理智缺憾的开始。不存在任何单一的历史文本，它能准确地表征历史实在。我们坚决反对历史实在就是历史话语的历史相对主义和虚无主义的主张，我们也不怀抱可能存在准确的历史文本的天真烂漫的幻想。历史事实的复杂性，使建构任何单一独断的历史文本和解释的企图都成为泡影；历史事实的复杂性，呼唤多元的历史书写和历史建构。

社会心理学的主流历史话语，已经成为社会心理学的学科导航图，帮助我们穿行于社会心理学的丛林和迷宫中。但它绝对不是精确的导航图，也不应该是唯一的导航图。我们已经发现社会心理学的主流历史话语在其建构和再生产过程中预先设定了确定的理智先见，蕴含着一系列的符号权力的运作和社会遗忘机制。其结果是，在社会心理学学科演进过程中，所谓异端的观念、受压制的思想、寂静的过渡，作为沉默的大多数溢出学科历史的视野而丧失历史话语权；充满激动人心的冲突、焦虑、断裂和错误的学科动态史，被简化和切割为平滑、柔美和累积的学科制度中的符号霸权史。

对社会心理学的主流历史话语的解构，其目的并不是否定主流历史话语的重要意义。在其建构和再生产过程中，同样蕴含着高度的人类智慧活动，其同样是社会心理学的理智宝库中值得珍视的一部分。我们的解构只能是一种手段，而不是目的本身。这种解构过程所彰显的可能的缺陷甚至是错误，也同样可能在我们身上发生，而我们并没有被赋予历史实在唯一正确的解释权。这种解构，一方面是为了提醒历史书写的复杂性、困难和可能的挑战，另一方面是为了呼吁科学共同体尤其是社会心理学的无形学院对主流历史话语独断的符号霸权保持充分的警觉。以之为出发点，多元的历史建构才可能敞开无限的空间，隐含的历史实在才可能被无限地逼近。而这同样是没有终结的智慧苦行。

参考文献

方文. 社会心理学百年进程. 社会科学战线，1997（2）：240-249.

方文. 社会心理学的演化：一种学科制度视角. 中国社会科学，2001（6）：126-136.

Allport, F. H. (1924). *Social Psychology*. New York: Houghton Mifflin.

Allport, F. H. (1974). F. H. Allport. pp. 3-29. In G. Lindzey (Ed.). The History of psychology in autobiography (Vol. 6). N. J.: Prentice-Hall.

Allport, G. W. (1954). The Historical Background of Modern Social Psychology. In G. Lindzey (Ed.). *Handbook of Social Psychology* (Vol. 1, pp. 3-56). Cambridge MA: Addison-Wesley.

Allport, F. H. (1968). The Historical Background of Modern Social Psychology. In G. Lindzey et al. (Eds.). *Handbook of Social Psychology* (2nd ed., Vol. 1, pp. 1-80). Cambridge MA: Addison-Wesley.

Allport, F. H. (1985). The Historical Background of Modern Social Psychology. In G. Lindzey et al. (Eds.). *Handbook of Social Psychology* (3rd ed., Vol. 1, pp. 1-46). New York: Random House / Erlbaum.

Aronson, E. (1997). The Theory of Cognitive Dissonance: The Evolution and Vicissitudes of An Idea. C. McGarty et al. (Eds.). *The Message of Social Psychology*. Blackwell.

Danziger, K. (1979). The Social Origin of Modern Psychology. In A. R. Buss (Ed.). *Psychology in Social Context* (pp. 27-45). New York: Irvington.

Danziger, K. (1992). The Project of An Experimental Social Psychology: Historical Perspectives. *Science in Context*, 5, 309-328.

Danziger, K. (2000). Making Social Psychology Experimental: A Conceptual History, 1920-1970. *Journal of the History of the Behavioural Sciences*, 36 (4), 329-347.

Farr, R. M. (1990). Leon Festinger (1919-1989). *British Journal of Social Psychology*, 29, 5-10.

Festinger, L. (1954). A Theory of Social Comparison Process. *Human Relations*, 7, 117-140.

Festinger, L. (1957). *A Theory of Cognitive Dissonance*. Stanford University Press.

Festinger, L. (1983). *The Human Legacy*. New York: Columbia University Press.

Fiske, S. et al. (Eds.). (2010). *Handbook of Social Psychology* (5th ed.). New Jersey: Wiley.

Harris, B. (1997). Repoliticizing the History of Psychology. In D. Fox, & I. Prilleltensky (Eds.). *Critical psychology* (pp. 21-34). Sage.

Hilgard, E. R. et al. (1991). The History of Psychology: A Survey and Critical Assessment. *Annual Review of Psychology*, 42, 79-107.

Jones, E. E. (1985). Major Development in Social Psychology During the Past Five Decades. In G. Lindzey et al. (Eds.). *Handbook of Social Psychology* (3rd ed., Vol. 1, pp. 47-108). New York: Random House / Erlbaum.

Jones, E. E. (1998). Major Developments in Five Decades of Social Psychology. In G. Gilbert et al. (Eds.). *Handbook of Social Psychology* (4th ed., Vol. 1, pp. 3-57). Boston: McGraw-Hill.

Joule, R. et al. (1998). Cognitive Dissonance Theory: A Radical View. *European Review of Social Psychology*, 8, 1-32.

Lubek, I., & Apfelbaum, E. (2000). A Critical Gaze and Wistful Glance at Handbook Histories of Social Psychology: Did the Successive Accounts by Gordon Allport and Successor Historiographically Succeed? *Journal of the History of the Behavioural Sciences*, 36 (4), 405-428.

Moscovici, S. (1976). *Social Influence and Social Change*. London: Academic Press.

Prilleltensky, I., & Fox, D. (1997). Introducing Critical Psychology: Value, Assumptions, and the Status Quo. In D. Fox, & I. Prilleltensky (Eds.). *Critical Psychology* (pp. 1-20). Sage.

Ring, K. (1967). Experimental Social Psychology: Some Sober Questions about Some Frivolous Values. *Journal of Experimental Social Psychology*, 3, 113-123.

Samelson, F. (1979). Putting Psychology on the Map. In A. R. Buss (Ed.). *Psychology in Social Context* (pp. 103-168). New York: Irvington.

Samelson, F. (2000). Whig and Anti-whig Histories: And other Curiosities of Social Psychology. *Journal of the History of the Behavioural Sciences*, 36 (4), 499-506.

Taylor, S. E. (1998). The Social Being in Social Psychology. In G. Gilbert et al. (Eds.). *Handbook of Social Psychology* (4th ed.). Boston: McGraw-Hill.

Van Strien, P. J. (1997). The American "Colonization" of Northwest European Social Psychology after World War Two. *Journal of the History of the Behavioural Sciences*, 33 (4), 349-363.

Wilkinson, S. (1996). *Feminist Social Psychologies: International Perspectives*. Buckingham: Open University Press.

Zajonc, R. B. (1990). Leon Festinger. *American Psychologist*, 45, 661-662.

第3章　欧洲社会心理学作为睿智"他者"

提要：本章以学科制度化过程以及与之相关的学科理智演化为分析视角，以欧洲社会心理学的成长历程为线索，来研究当代西方社会心理学主要研究范式兴起的历史过程。本章首先研究了欧洲社会心理学从美国化向欧洲化演化的制度化过程，梳理了欧洲实验社会心理学会的主要活动和欧洲社会心理学的权威出版物体系。以之为基础，细致概括了欧洲社会心理学的社会关怀的独具特征和霸权解构的理智发展过程。本章的结论是：经过半个世纪的不懈努力，欧洲社会心理学已经成功地解构美国社会心理学的符号霸权，并和美国社会心理学一起，锻造国际社会心理学新的符号霸权联盟，并形塑当代西方社会心理学的主要研究范式。本章概要评论这些主宰性的研究范式，如社会认知研究、社会认同研究和社会表征研究。由此期望能对中国社会心理学的理智复兴和文化自觉，提供借鉴和启迪。

关键词：欧洲社会心理学，制度化，社会关怀，霸权解构，泰弗尔，莫斯科维奇，欧洲实验社会心理学会

在霍布斯的自然状态下，或者在罗尔斯的"无知之幕"（the veil of ignorance）所隐含的原初状态下，人类个体就其作为原初孤立的个体而言是冲动性的和自我放任的，或者说是非社会的。但在以丛林法则为行动准则的交互博弈的基础上，人类个体之间逐渐形塑社会性的群体，小至血亲氏族和部落，大至民族和国家。或者说，原初孤立的非社会的人类个体，在与其他个体的互动中，经过漫长痛苦的过程，逐渐形塑社会群体和社会制度。其结果是，

在非社会的个体行动的基础上，社会秩序得以建构，社会行动得以规范，社会延续得以维系。康德在其历史哲学中，深刻地论证和阐释了人类社会这种"非社会的社会性"（asocial sociality）的本质特征（康德，1990：6-8）。"非社会的社会性"，在康德意义上，同时还蕴含着其他深刻的内涵。首先，它剥离了始至柏拉图和亚里士多德及其后继者有关人性的社会本质思考所负荷的道德意味，从而为一种疏离的立场来客观观照和研究人类个体或群体的经验科学敞开了理智空间；其次，它意味着原初孤立的人类个体一旦遭遇到其他同样状况的个体，其质朴纯然的个体性或非社会性（asociality）就同时性地被烙上社会性的印记，而因此呈现出作为人类个体和群体基本特征的个体性和社会性交互缠绕的二重性（the duality of human individuality and sociality）。

　　康德的"非社会的社会性"，实质上以最为抽象的形式规定了作为现代经验科学的社会心理学基本的理智诉求。以之为逻辑预设，在科学共同体内部只存在一种社会心理学，它致力于研究作为人类个体、群体（和法人）的社会行动者，以及在社会文化脉络中的社会行动的秩序和机制。因此，无论是美国社会心理学、欧洲社会心理学还是中国社会心理学等，它们都只是作为整体的社会心理学不可或缺的基本组分，但无论谁也无法独断地代表社会心理学的整体和本身，尽管它们之间存在实际的知识生产和符号资本的层级差异。即使提及美国社会心理学、欧洲社会心理学或中国社会心理学，它们也不过意味着社会心理学的美国研究、欧洲研究或中国研究等。换言之，在科学共同体内部，就社会心理学的时空图景或秩序而言，只存在社会心理学的美国研究、欧洲研究或中国研究。

　　本章以此为出发点，尝试援引学科制度视角（方文，2001，2002），来研究社会心理学的欧洲研究或欧洲社会心理学研究的制度化过程。在此基础上，本章将概要分析欧洲社会心理学在研究视角和方法技术、研究主题和理论建构诸方面所呈现的社会关怀的独具特征，并解构美国社会心理学符号霸权的理智历程。由此期望能对中国社会心理学的理智复兴和文化自觉，提供借鉴和启迪。

一、欧洲社会心理学的学科前制度化或
美国化（1966 年之前）

欧洲社会心理学的成长历程，与美国社会心理学的成长历程有着千丝万缕的联系。实质上，美国社会心理学的成长历程，是欧洲社会心理学的成长历程唯一合适的参照背景。从历史角度，我们可以正确地主张美国社会心理学的欧洲理智背景，但在第二次世界大战之前及战后近 20 年中，如果抛开美国社会心理学的"美国化"过程这一背景，难以言及欧洲社会心理学。或者说直至 1966 年，欧洲社会心理学的成长都与"美国化"有关。

海德堡大学社会心理学家格罗曼写道，"在心理学的历史编纂学中，'美国化'有两种不同的用法。第一，它指原初的欧洲观念在北美的'自然化过程'（naturalization）或本土化过程（indigenization）；第二，它指原初的美国观念在战后欧洲的输入和接受过程"（Graumann，2001：21）。"美国化"的两层含义，实质上依次代表欧洲社会心理学在学科制度化前期两个不同的阶段：欧洲社会心理学思想的美国本土化阶段和欧洲社会心理学的美国殖民化阶段。这两个阶段共享的显著特征是，在理智层面上，欧洲社会心理学的思想传统仍在延续和孕育；但在学科制度层面上，并不存在社会心理学的欧洲共同体或无形学院，也不存在欧洲社会心理学的学科认同和学科合法性（Graumann，1996：304–305）。

（一）欧洲社会心理学思想的美国本土化阶段（1945 年以前）

由于批判史学家的思想考古，孕育社会心理学思想的社会文化脉络被揭示出来。贯穿 19 世纪的欧洲，变迁的社会条件如移民、都市化、工业化、大众福利和疾病流行等，使个体远离传统的家庭和乡村生活而进入陌生的都市，传统的社会关系及传统的治理和社会调节体系因此都面临结构性的演化和转型。在这种社会文化脉络中，社会哲学家、政治思想家和经济学家不得不重新思索欧洲理智传统中有关社会关系和社会影响的观念，并且坚信科学尤其是社会科学能有助于阐释和调节社会关系。其结果是"亲社会的心理学"（proto-social psychologies）思想得以孕育和成长，如英国进化论、法国社会

乌托邦思想和社会学、法国群众心理学、德国民众心理学和实验心理学、意大利的犯罪学（Lubek，2000：319-320）。在这些纷呈各异的观念中，有几条理智线索尤为重要。

（1）进化论和社会进化论。达尔文的进化论为人的经验研究开启了理智解放的空间和现实可能性。在进化论基础上的比较心理学研究，开始吸引广泛的理智关注。

（2）实证主义和逻辑实证主义。孔德所主张的实证主义及其理智发展——维也纳学派的逻辑实证主义，为社会科学的经验研究提供了可能而合理的认识论基础。

（3）冯特的实验心理学。冯特将生理学的实验方法革命性地引入对个体意识的研究中，心理学因此脱离哲学母胎和安乐椅的玄思，成为一门实验科学。

（4）巴甫洛夫的条件反射技术。条件反射技术，使对客观可观察的行为进行研究成为可能。

这些在欧洲孕育和发展的理智线索，以确定的方式与美国本土的观念如实用主义和个体主义融合，导致个体主义、实验主义和功能主义在美国学界尤其是心理学界独特研究精神的确立。其后果就是铁钦纳的意识心理学和麦独孤的本能心理学的衰落，以及华生的行为主义研究纲领的影响逐渐壮大。就社会心理学而言，美国本土化的最初成果就是奥尔波特（Allport，1924）现代意义上的社会心理学教科书的出版。

而到1930年代前期，美国社会心理学就开始建立自身作为人类行为研究的经验学科的合法性，或者说这是美国社会心理学的学科制度化和学科合法性的建构时期（方文，1997）。一系列的经典研究得以实施和出版，如瑟斯顿（Thurstone）的态度测量、谢里夫（Sherif）的社会规范研究、纽科姆（Newcomb）的贝宁顿研究（Bennington study）、海曼的参照群体研究和米德的社会行为主义纲领的传播等（Cartwright，1979）。与之对照，欧洲则只有少数的个体研究者在实施和社会心理学有关的研究，如巴特利特的记忆研究、皮亚杰的儿童道德发展研究等，但他们都不是社会心理学的某一研究传统的创立者或革新者，也没有形成社会心理学的学科共同体（Graumann，2001：18）。

而在1933年以后的欧洲，随着纳粹德国的兴起和随后的欧洲动乱，欧洲大批的天才学者和专家被迫移民美国，因此对美国的科学和文化的所有分支都产生重要影响。这是一次被迫的欧洲思想和美国本土观念在美国社会文化脉络中大规模的文化融合和互动过程。这种文化融合和互动过程，对社会心理学的发展尤其具有特殊的意义。卡特莱特论证道，如果勒温、海德尔、苛勒（Kohler）、魏特海默（Wertheimer）、卡通纳（Katona），拉扎斯费尔德（Lazarsfeld）等人没有来到美国，我们难以想象今天社会心理学的状况（Cartwright，1979）。这些天才学者的重要意义在几个方面体现出来。首先，在美国社会心理学正快速发展和行为主义占据主宰地位的时期，他们为之注入了新鲜和刺激的血液，即格式塔学派认知定向的研究传统。其次，他们当中尤其是勒温，通过自己杰出的研究和教学实践，为社会心理学的研究树立了新的典范即勒温传统（the Lewin tradition），并培养了一大批杰出的学生。今天仍然健在的一流的美国社会心理学家，大多是勒温的学生和学生的学生。社会心理学的学科形态，因此得以重塑（Patnoe，1988）。而勒温，则被认为是现代社会心理学的奠基者（Taylor，1998：60-63）。其结果是，到1945年第二次世界大战结束时，社会心理学在欧洲或其他地方几乎一片荒芜，而美国社会心理学实质上就成为世界社会心理学的代名词。其独断的霸权地位，不仅仅是依据美国社会心理学知识生产和知识创新的能力和影响，而且更基本的是依据其庞大的学科基础结构体系，如研究者、研究机构和学术组织，普及而规范的学科培养计划，权威而有效的学术出版体系以及充足的资金资助体系（方文，2001）。

（二）欧洲社会心理学的美国殖民化阶段（1945—1966）

同样的情形，持续到战后欧洲。虽然在欧洲一些大学中，有少数的学者和群体在进行有关社会心理学的研究和教学，但他们都没有意识到各自的存在，也没有直接沟通。而在战后东西方意识形态冲突即冷战的国际社会背景下，为了阻止共产主义在欧洲的扩散，美国开始资助西欧的社会科学和行为科学研究，社会心理学是庞大的资助计划的一部分。具体而言，从1945年开始直至整个1960年代，美国为西欧提供资源如资金和学术联系，以求建立欧洲社会心理学的研究中心（Hogg et al., 1998：33）。在这种背景下，相互之间没有直接联系的欧洲学者唯一的间接沟通渠道是各自与美国的社会心理学者和研究中心的联系。

由于美国社会心理学家的推动和介绍，欧洲各国的社会心理学家开始相互了解和熟悉。其最初的实践是沙赫特（Schachter, et al., 1954）于1950年代初主持一项有关威胁和拒绝的跨学科和跨文化的合作研究，欧洲7个国家的社会学家和社会心理学家参与其中。

而在1960年代初，美国社会心理学家莱泽塔（John Lanzetta）在伦敦做为期两年的学术访问，而蒂博（Thibaut）则在巴黎做为期一年的学术访问（Nuttin, 1990）。在这期间，他们结识了欧洲不同的社会心理学家，但发现欧洲学者之间都相互陌生。莱泽塔和蒂博因此在1962年左右组织了一个小型的5人委员会，泰弗尔是其中一员（Tajfel, 1981：5）。其主要目的，在于辨识在欧洲的社会心理学家。结果在1963年底，欧洲社会心理学第1次会议在意大利南部小城索伦托（Sorrento）召开，与会者有40人左右，其中有一些是正好当时在欧洲的美国社会心理学家。会议获得巨大成功。其中最为重要的是，10多个欧洲不同国家的社会心理学家开始建立多边的沟通渠道，而不再仅仅是与美国孤立的双边联系（Tajfel, 1972a：308）。

另一次重要的推动，与费斯廷格以及美国社会科学研究会（the Social Science Research Council）有关。社会科学研究会由美国不同的社会科学学会所组成，如美国心理学会、美国社会学会等。依其工作的性质，它又分成不同的委员会，而费斯廷格是当时与社会心理学有关的委员会的主席。其主要宗旨是在社会心理学领域中，发展、推动、促进和帮助国际活动和联系（Tajfel, 1972a：308-309）。在这种背景下，费斯廷格于1962—1963年组织创建了社会心理学跨国委员会，其目的在于帮助欧洲的社会心理学家相互了解和合作，组成科学共同体（Moscovici, 1996：9）。社会心理学跨国委员会，于1964年底在罗马旁边的小城弗拉斯卡蒂（Frascati）组织了第2次欧洲社会心理学会议。正是这次会议，决定创建欧洲实验社会心理学会，并选举了筹备委员会，其中有泰弗尔和莫斯科维奇。这一系列非正式的沟通和合作，于1966年终于制度化，即创立欧洲实验社会心理学会，莫斯科维奇是第1任主席（1966—1969），泰弗尔是第2任主席（1969—1972）。

而1960年代，也是社会心理学在许多欧洲大学的制度化时期。这一段时期在欧洲大陆和英国，就社会心理学的研究而言，它还是由美国的观念所主宰。大多数的欧洲社会心理学家，都是在美国接受的教育和训练；在种种会议场合，美国的来访者被赋予最高的地位等级；而费斯廷格，则被认为是社会心理学的教皇（Jaspars，1986：5-6）。或者说，在这段时期，无论是欧洲社会心理学的研究还是欧洲研究者的心态，无不烙有美国社会心理学殖民化的印记。

二、欧洲社会心理学的学科制度化或欧洲化（1966—2000）

（一）欧洲实验社会心理学会

欧洲社会心理学的学科制度化的标志，是1966年欧洲实验社会心理学会的创立。它同时意味着欧洲社会心理学的美国殖民化和霸权化的逐渐消解，意味着自主而具有独特品格的欧洲社会心理学的诞生，以及欧洲社会心理学的理智复兴。尽管欧洲实验社会心理学会的名字一直广受争议，但它从创立之初就明确主张在充分尊重欧洲各国不同的社会文化和传统多样性的基础上，致力于推动欧洲社会心理学的学科发展、学科认同和学科建设，使之成为没有围墙和流动的欧洲大学（European University），以超越欧洲各国大学中的既定系科制度化的狭隘主义（institutionalized parochialism）和门户之见（Tajfel，1972：319）。

在学会创立的章程中，欧洲实验社会心理学会的目标和目的是致力于促进和发展欧洲的实验和理论社会心理学，增进欧洲社会心理学家之间以及与世界其他学者之间的信息交流和合作，创造欧洲社会心理学的国际成就、影响和声望（Doise，1982：109），或者说它致力于提升欧洲社会心理学的基础研究，激发欧洲社会心理学的研究气氛，创建欧洲社会心理学的科学共同体，为欧洲社会心理学的研究提供公开论坛，组织出版欧洲社会心理学的权威出版物。

作为法人行动者，欧洲实验社会心理学会从创立开始，针对欧洲社会心理学的美国殖民化状况，开始组织和实施一系列成效卓著的活动。

1. 学术会议

欧洲社会心理学会的学术全会（tri-annual meeting），从1966年的创立大会开始，每3年举行一次。其主要目的是增进欧洲社会心理学家的学术交流，为欧洲社会心理学家的最新研究成果提供讲坛，帮助研究者缔结个人友谊，为以后的合作研究奠定基础。在学术全会召开期间，还举行学会的执行理事会（the executive committee）的换届选举。在大会之外，学会还组织不定期的特殊会议如东欧—西欧会议，用以促进在冷战背景下东欧—西欧社会心理学家的相互交往和合作。

从1990年代开始，随着欧洲社会心理学学术地位和学术声望的确立，欧洲实验社会心理学会和美国心理学会第8分会即美国人格和社会心理学研究会（the Society for Personality and Social Psychology，SPSP）以及第9分会即美国社会问题心理研究会（the Society for the Psychological Study of Social Issues，SPSSI）的对等合作和交流计划，也开始实施。

2. 交换访问和小型特殊研讨会

学会所推动和资助的交换访问（exchange visit）和小型特殊研讨会（small specialized seminars），其目的在于推动和提升欧洲社会心理学的研究水平。它们包括一系列的学者交换项目、研究生交换项目和短期合作项目。其最为重要的成果是1977年在巴黎的人类科学研究所（the Institute of Human Sciences）莫斯科维奇的社会心理学实验室的基础上，组建欧洲社会心理学实验室（European Laboratory of Social Psychology，ELSP）。如果说欧洲实验社会心理学会是在美国的帮助下逐渐成长的婴儿，那么"欧洲社会心理学实验室，则是欧洲实验社会心理学会的孩子；在这个意义上，欧洲社会心理学，开始步入成年期"（Doise，1982：107）。欧洲社会心理学实验室，自此成为欧洲社会心理学最为重要的研究中心之一。

3. 欧洲社会心理学暑期学校或研究培训研讨班

从1964年欧洲社会心理学筹备委员会开始，开办欧洲社会心理学暑期学校或研究培训研讨班（European Summer School or Research Training Seminar in Social Psychology）就被提上议事日程。其目的在于欧洲社会心理学的研究生和年轻教员即欧洲未来的社会心理学家，能在第一流学者专家的亲自指导下进行理论和研究实践上的培训，同时为他们提供交流和合作的机会，并且帮助锻造欧洲社会心理学的学科认同和学科意识。在费斯廷格和社会心理学跨国委员会的组织和资助下，暑期学校分别于1965年在海牙、1967年在鲁汶开办了两期。每期教员除少数欧洲学者之外，大多是由社会心理学跨国委员会所推荐的美国一流学者担任。从1971年开始，暑期学校由欧洲实验社会心理学会独立资助和组织，于1971年、1976年和1981年夏天又开办了3期，教员全部是欧洲的社会心理学家（Tajfel，1972a：312）。总共5期共有100多位学员，他们来自东西欧不同的大学，今天都已是欧洲社会心理学的中坚骨干了。

欧洲社会心理学暑期学校，从1990年代以后已经由学会资助，定期开办，两年一期，每期两周，学员还是来自欧洲不同大学的研究生和年轻教员，但教员由欧洲和北美的一流学者组成。

在这些活动的基础之上，欧洲实验社会心理学会从创立之初就开始筹划和组织出版代表欧洲声音的权威出版物。

（二）欧洲社会心理学的权威出版物体系

随着欧洲社会心理学研究和教育的发展，欧洲各国与社会心理学有关的杂志和图书开始创刊和发行。但由于语言文化背景的差异以及社会心理学界的英语霸权，用非英文出版的杂志和图书只有有限的影响力。在这种背景下，创立代表欧洲声音和欧洲水平的英文权威出版物体系，从欧洲实验社会心理学会创建之初就成为头等重要的任务。

1. 欧洲社会心理学学刊

（1）《欧洲社会心理学杂志》。

经过近五年的精心准备和筹划，欧洲实验社会心理学会于1971年正式创办其权威英文学术期刊《欧洲社会心理学杂志》。其主编和编委会成员是学会理事会聘任的欧洲一流的社会心理学家，任期3年，和学会理事会一同换届。其工作语言是英文，而编辑政策采用严格的同行专家匿名审稿制度（在1976年之前，它接受法文、德文和俄文的非英文稿件；非英文的稿件一旦接受，编委会负责将它翻译成英文；而每篇论文或研究报告，都有法文、德文和俄文摘要）。在发刊词中，《欧洲社会心理学杂志》有三个主要目标：为每个欧洲社会心理学家提供公开论坛；为欧洲学者提供当代经验研究和理论发展的信息源泉；为欧洲学者提供跨国界的紧密合作和相互促进的机会，以提升作为整体的欧洲社会心理学的水准（Editorial，*EJSP*，1971，vol. 1，issue 1）。

经过近 50 年的不懈努力，它今天已经成为国际社会心理学界的旗舰期刊之一。就其编辑委员会和编辑政策而言，它主要还是欧洲的；但就其作者和学术地位而言，它是真正世界的。

(2)《英国社会心理学杂志》。

创刊于 1962 年的《英国社会和临床心理学杂志》(*British Journal of Social and Clinical Psychology*)，是英国心理学会的机关刊物之一。从 1981 年第 20 卷开始，它开始转化为英国心理学会社会心理学分会的机关刊物即《英国社会心理学杂志》(*British Journal of Social Psychology*，BJSP)。从名称看它尽管是英国国内的一份杂志，但主编和编委会是真正世界的。它今天也是欧洲有国际声誉的社会心理学权威杂志。

(3)《欧洲社会心理学评论》。

欧洲社会心理学在理论、方法和经验研究方面的进展，需要不断地梳理、反思和评价。因此，1990 年与美国的《实验社会心理学进展》相类似的出版物即《欧洲社会心理学评论》由欧洲实验社会心理学会组织编辑，以年刊形式出版（1997 年缺刊，1998 年出版了两卷即第 8 卷和第 9 卷），到 2018 年已出版 29 卷。它也有三个主要目标：对社会心理学的特定领域尤其是欧洲研究者做出特殊贡献的领域，进行深入评介；报告特定社会心理现象和过程的研究项目的理论和经验研究的进展；参与当代社会心理学的基本理论论争，并做出自己的特殊贡献（ERSP，1990：x）。

在这些学术期刊之外，欧洲实验社会心理学会从创立之初也开始发行记录学会及其会员活动的简报（newsletter）。从 1989 年 3 月开始，简报被正式命名为《欧洲社会心理学通报》(*European Bulletin of Social Psychology*)。

2. 欧洲社会心理学的研究专著

(1)《欧洲社会心理学专著丛书》。

欧洲实验社会心理学会从 1966 年开始就致力于推动欧洲社会心理学的研究，资助和组织了许多专题研讨会和小型合作项目，积累了一批高质量的研究成果。用英文撰写或翻译的《欧洲社会心理学专著丛书》因此于 1971 年开始由学会组织编辑，不定期出版。截至 2001 年初，该专著系列已出版 58 本，它们主要专注于有关欧洲现实的经验研究、理论进展和方法创新。它们是具有欧洲特色的社会心理学即社会关怀（social concern or relevance）的欧洲社会心理学的主要载体之一。其中,《社会心理学的情景：一种激进评价》(Isreal et al., 1972)、《社会影响和社会变迁》(Moscovici, 1976)、《社会心理学中的解释水平》(Doise, 1986)和《论说和思考：社会心理学的修辞学路径》(Billig, 1987/1996)等,已经成为表征欧洲社会心理学理智成长的经典文献。

(2)《欧洲社会心理学研究丛书》。

从1979年开始,欧洲实验社会心理学会和欧洲社会心理学实验室合作,开始组织编辑出版另一套英文专著系列丛书即《欧洲社会心理学研究丛书》。截至2001年初,该专著系列已出版9套共11本。作为不定期出版物,这套专著系列致力于反映在经验研究基础上欧洲社会心理学家在概括化理论、中程理论和方法技术建构方面的最新进展。这套丛书,在解构美国社会心理学的符号霸权,建构欧洲社会心理学的国际学术声誉方面,具有不可估量的地位和价值。其中,《社会维度：社会心理学的欧洲发展》(Tajfel, 1984)、《社会认同和群际关系》(Tajfel, 1982a)、《社会表征》(Farr & Moscovici, 1984)、《少数人的影响》(Moscovici et al., 1985)等,已经成为国际社会心理学的经典著作,也是欧洲社会心理学的理智复兴的主要标志。它们作为欧洲社会心理学独特的理智贡献和学术资源,已经成为经典融入主流社会心理学的发展中,并且激发更多的理论和经验研究热情。

3. 欧洲社会心理学教科书和参考书

(1) 欧洲视角的社会心理学教科书。

直至1980年代中期,欧洲社会心理学在理论建构和经验研究方面获得巨大进展,或者说是"欧洲社会心理学时代的来临"(Jaspars, 1980)。但其本科教育,还是主要依赖美国的权威教科书。在教学过程中欧洲学者发现,美国教科书并不能满足欧洲不同国家学生的需求,同时它也只关注美国的研究而忽略欧洲社会心理学的巨大进步,因此编著欧洲视角的英文版社会心理学教科书及其相关的权威参考书如百科全书和经典研究读本被提上议事日程。经过几年的精心努力和合作,汇集欧洲一流社会心理学家的集体智慧的教科书在1988年终于率先编著出版。它一出版,就其学术价值和市场价值两方面而言,都获得巨大成功。1989年(两次)、1990年、1992年、1993年、1994年、1995年依次重印,并被翻译成德文、匈牙利文、意大利文、西班牙文和日文。第二版出版于1996年，并于1996年、1997年、1999年和2000年重印；第三版在2001年出版，第四版在2008年出版，第五版在2012年出版，第六版在精心修订后于2015年出版（Hewstone et al.，2015）。值得强调的是，从第三版开始，就其编辑体例而言，在第二版的基础上又进行了精心设计和创新。每个章节被精心分成七个相互联系的部分，即纲要（outline）：每章的主要内容介绍；核心概念（key concepts）：每章所涉及的主要概念；正文；注释；讨论难点（discussion points）：以问题的形式呈现每章的中心内容，它既可以作为课外习题，也可作为复习的提纲；进一步的阅读文献索引（further reading）：为教师和天才学生的课外阅读提供了精心选择的相关核心参考文献；核心研读论文（key study）：相关章节的一两篇经典论文或实验报告。

（2）《欧洲社会心理学百科全书》。

在教科书第一版获得巨大成功之后，编著与之配套的权威教学参考书即欧洲社会心理学百科全书和社会心理学经典读本的计划也开始实施。经过国际一流学者的精心合作和努力，《欧洲社会心理学百科全书》于1995年出版硬皮本，于1996年出版软皮本。作为一本权威的社会心理学的英文百科全书，它预先设定了精心的编辑策略。首先，它在深度、广度和内容等方面应具有国际权威。因此，其词条结构应该覆盖社会心理学的学科历史、概念和理论框架、学科方法体系和经典研究案例的核心内容；而其词条内容应该由相关领域的国际知名学者来撰写。其次，它应该适合不同学养的人员检索，研究者可以利用它来作为研究和教学的权威文献库，而学生则可利用它来检索特定概念的权威界定。最后，依据词条所表征的抽象程度的差异，不同类别的词条应有篇幅和核心参考文献上的差异，但它们之间能交互检索（Manstead et al.，1996：preface）。直到今天，它仍然是社会心理学的学者和学生必不可少的案头参考书。

（3）《社会心理学经典研究读本》。

在教科书和百科全书之外，《社会心理学经典研究读本》于1997年编辑出版。它们三者构成欧洲社会心理学的教学实践最为权威的三位一体。经典研究读本，以教科书的章节为线索，每章选择一两篇相关的经典论文或研究报告作为学生课外学习的核心研读文献。其目的在于帮助社会心理学的学生有机会来阅读经典研究论文或报告。为了帮助学生阅读和理解，编者对每篇论文或报告预先进行了提纲挈领式的介绍，把它们分成理论背景、研究假设、研究设计、方法、结果、讨论、进一步的阅读文献和相关参考文献（Hewstone et al.，1997）。

在这最为著名和权威的三位一体的教科书和参考书之外，代表欧洲视角的社会心理学教科书还有其他一些，如荷格等编著的教科书（Hogg et al.，1998），但它们的质量和影响，则要逊色一些。

4. 欧洲社会心理学手册

从1954年到2010年，五个版本的美国社会心理学手册成为形塑美国社会心理学的世界学术霸权的主要载体之一（方文，2001）。随着欧洲社会心理学制度化过程的逐步完善和基础研究的不断积累，编著欧洲视角的社会心理学手册的梦想和努力，从1980年代初准备两卷本《社会维度：欧洲社会心理学的发展》的时候就开始孕育（Tajfel，1984：v）。但直到1996年在欧洲实验社会心理学会的学术全会召开期间，编著欧洲手册的计划和蓝图才开始拟定。经过5年的精心筹划，由欧洲实验社会心理学会组织，汇集欧洲、北美和澳洲当代一流社会心理学家的集体智慧的权威之作在21世纪终于正式出版。依据欧洲著名社会心理学家杜瓦斯有关社会心理学的分析水平的经典论述（Doise，1986），欧洲社会心理学手册在惠斯顿和布鲁尔作为总主编的协调和规划下被分成4卷，每卷聘请两位执行主编。这4卷分别是《个体内过程》（intra-individual processes）（Tesser & Schwarz，2001）、《人际过程》（interpersonal processes）（Fletcher & Clark，2001）、《群体过程》（group processes）（Hogg & Tindale，2001）和《群际过程》（inter-group processes）（Brown & Gaertner，2001）。

三、欧洲社会心理学的理智成长：社会关怀和霸权解构

在学科制度化的基础之上，欧洲社会心理学经历了艰难的理智复兴。如果以美国社会心理学作为参照背景，我们可以合适地概括出凝聚在欧洲社会心理学的权威出版物体系中的研究精神和特质，或者说在多元的研究

实践中贯穿一致的理智特征，这就是欧洲社会心理学的社会关怀。这种社会关怀的独具特征，显著地体现在欧洲社会心理学在学科方法论的反省和方法技术的创新、研究主题的选择和理论建构等各个方面。而在社会关怀的社会心理学的研究基础上，欧洲社会心理学卓有成效地建构起自身的学术品格和学术尊严，并且开始成功解构美国社会心理学无处不在的符号霸权。

（一）欧洲社会心理学的研究视角

理智复兴之初的欧洲社会心理学，它所面对的是美国社会心理学无处不在的符号霸权。正如莫斯科维奇所指出的，"在我们前后和周围，过去是、现在还是美国社会心理学"（Moscovici, 1972: 18）。在这种令人沮丧的境况下，如何评价美国社会心理学的成就，如何为新生的欧洲社会心理学的健全发展确立适宜的研究策略，就成为欧洲社会心理学的创立之父们最为关注的问题。在《社会心理学研究中的社会和理论》这篇长文中，欧洲社会心理学的奠基者之一莫斯科维奇雄辩地论证美国主流社会心理学的概念框架、理论模式和方法技术是在与欧洲的社会现实和文化传统迥然有别的社会和文化传统中生成和发展的，它们共享的个体主义的、非历史的、我族中心的和实验室定向的研究精神，不应该成为欧洲社会心理学的模板。在欧洲多元的社会和文化背景和异质的社会现实中，欧洲社会心理学"中心的和独一无二的研究对象，应该是从其结构、发生和功能的观点，来研究所有与意识形态和交往有关的现象。我们学科合适的领域，是对种种文化过程的研究。这些文化过程，导致社会中知识的组织，导致社会和物理环境中人际关系的建立，导致在人类活动和互动基础上的社会运动（群体、党派、制度）的形成，还导致人际和群际行为的规则化。这种行为，通过其规范和价值，创造共同的社会现实，而其起源，又必须在社会脉络中去寻求"（Moscovici, 1972: 55-56）。

莫斯科维奇还强调，欧洲社会心理学的发展从其长远的时间来看，其唯一的评判标准必须是也只能是其理智创新的能力；为了实现这一神圣的目标，欧洲社会心理学家必须有雄心和魄力直面丰富多彩的社会行动和生机勃勃的社会结构和过程，专注于基础研究及理论建构和创新。社会心理学的理论，必须能够解释和创造人性、实在和历史。

欧洲社会心理学另一位奠基者泰弗尔,在检讨欧洲社会心理学的状况时评述道,欧洲社会心理学只不过是美国社会心理学研究时尚的落伍追随者,还没有形塑自身的独具品格(Tajfel,1981:6)。在《真空中的实验》的这篇雄文中,泰弗尔严厉地批评了美国主流社会心理学的实验程序乃是真空中实验;宏大的社会现实,被歪曲为人为的实验室中漠不相关的个体之间虚假的社会互动(Tajfel,1972b)。而欧洲社会心理学的理智复兴,必须以之作为警戒;欧洲社会心理学家,必须有能力把社会现实带回实验室中。泰弗尔还强调:

> 在其理论建构和经验研究的所有方面,社会心理学能够也必须直接关注人类心理功能化过程及大尺度的社会过程和事件之间的关系。而这种种社会过程和事件,一方面形塑人类心理功能化过程,另一方面也受其形塑。(Tajfel,1981:7)

莫斯科维奇和泰弗尔为新生的欧洲社会心理学所精心拟定的研究策略,在杜瓦斯的著作中被进一步明晰化。在《社会心理学的解释水平》这本名著中,杜瓦斯细致而合理地概括了社会心理学解释的四种理想型或四种分析水平(Doise,1986)。

(1) 水平 1:个体内水平(the intra-personal or intra-individual level)。它主要关注个体在社会情境中组织其社会认知、社会情感和社会经验的机制,而并不直接处理个体和社会环境之间的互动。皮亚杰的认知发展理论和费斯廷格的认知失调理论,是其典型代表。

(2) 水平 2:人际和情景水平(the interpersonal and situational level)。它主要关注在给定的情景中所发生的人际过程,而并不考虑在这特定的情景之外个体所占据的不同的社会位置(social positions)。其典型代表,是凯利的归因理论和费斯廷格的社会比较论。

(3) 水平 3:社会位置水平(the social positional level)。它关注社会行动者在社会位置中的跨情景差异(inter-situational differences),如社会互动中的参与者特定的群体资格或范畴资格(different group or categorical membership)。其典型代表,是泰弗尔的社会认同论。

(4) 水平4：意识形态水平 (the ideological level) 或群际水平。它在实验或其他研究情景中，关注或考虑研究参与者所携带的信念、表征、评价和规范系统。米尔格拉姆的服从研究，莫斯科维奇的少数人的影响研究，以及跨文化研究，是其典型代表。

杜瓦斯尤其强调的是，这里所讨论的是有关社会心理学的四种解释或分析水平，而不是社会实在的四种不同水平；而每种分析水平，都有其存在的合理性，它们都只是对于整体的社会实在的某种面向的研究；对于整体的社会实在的某种整体的把握和解释，有赖于四种不同的分析水平在同一水平或不同水平上的联合。

依据主流研究的分析水平的差异，从1970年代开始，欧洲社会心理学呈现出与美国社会心理学迥然有别的显著特征。具体来说，美国社会心理学主要集中在水平1和水平2的研究；与之对照，欧洲社会心理学则致力于水平3和水平4的研究（Doise，1986：17-27）。

在对美国主流社会心理学的研究定向的批评和反省过程中，欧洲社会心理学的一些独特的研究方法和技术得以建构，如比利希的修辞学（Billig，1987/1996）和话语分析（Potter et al.，1987/1999；Van Dijk，1993）等。

（二）欧洲社会心理学的研究主题和理论建构

欧洲社会心理学独特的研究路径和主宰的分析水平，典型地体现在具体的研究实践即研究主题的选择和理论建构中。一系列的文献计量学的分析（bibliometric analysis），也佐证了欧洲社会心理学有别于美国社会心理学的显著特征。

1. 1971—1980年的欧洲研究趋势：理论创新

以《欧洲社会心理学杂志》作为欧洲社会心理学的研究文本，以《实验社会心理学杂志》（*Journal of Experimental Social Psychology*，JESP）作为美国社会心理学的研究文本，1970年代的欧洲研究和美国研究的趋势，被系统地勾画出来（Fisch et al.，1982）（见表3-1）。在其研究资料的基础上，雅斯帕斯进行了进一步的分析和概括（Jaspars，1986）。

表 3-1　　　　　　　　　1970 年代的研究主题

JESP＞EJSP	JESP＝EJSP	EJSP＞2JESP
归因理论	风险转移	社会影响
助人行为	攻击行为	群际过程
人际吸引	态度改变	
公平理论	群体知觉	
自我觉知		
理论比较		
态度行为相关		

资料来源：Jaspars，1986：11。

尽管社会影响和群际关系并不是新的研究主题，但欧洲学者对这两个领域的深切关注表现出与美国的经典研究有别的独特特征和分析水平的差异，这就是对社会行为所发生的宽广的社会脉络的重视，和对理论及元理论建构的追求。在阿希（S. E. Asch）从众研究的基础上，美国的社会影响研究关注群体秩序的维系和群体中多数人的力量。而从 1969 年开始，由莫斯科维奇在巴黎所开创的社会影响研究，则关注群体创新和社会变迁，关注群体中少数人的影响或众从行为（Moscovici，1976）。在莫斯科维奇及其学生的努力下，群体创新论（innovation theory）或众从论得以建构，群体生活的辩证法得以揭示。这是欧洲社会心理学对于国际社会心理学的杰出贡献之一。

而从 1967 年开始，在英国布里斯托大学，由泰弗尔所领导的研究团队致力于建构一种非还原主义以及非个体主义的研究策略，来深入探讨群际过程和群体过程现象如偏见、歧视、刻板印象、群体成员资格和群体凝聚力。一种有别于个体认同论的社会认同论开始建构。这是欧洲社会心理学对于国际社会心理学的又一杰出贡献。泰弗尔和莫斯科维奇，因此成为欧洲社会心理学历史谱系中的英雄人物。锻造欧洲社会心理学的荣誉、尊严和国际地位，主要归功于他们杰出的才智和组织能力。这是欧洲社会心理学的学科自主性和学科认同的建构时期。

2. 1981—1990 年的研究趋势：理论精制化

谢儒尔（Scherer，1992）研究了 1980 年代欧洲和美国社会心理学的研究趋势。他采用非正式的邮件调查，询问了 80 位左右的欧洲实验社会心理学会会员和美国实验社会心理学会（the Society for Experimental Social Psychology，SESP）会员，并参考他自身对欧洲和美国教科书的内容比较。他发现，一方面，就重合的研究主题而言，欧洲和美国呈现出某种合流的趋势；欧洲和美国社会心理学相互重合的研究主题，从1970年代的四种（风险转移、态度改变、攻击行为和群体知觉）上升至六种（社会认知、归因、社会影响、群体知觉、情感和动机）。但另一方面，就偏好的研究主题和研究视角而言，它们之间的差距在扩大。美国研究更为关注个体及其功能化过程，而欧洲研究则关注认知和行为的社会和文化的决定因素，或者说更关注在群体因素基础上来研究群际关系、社会认同和社会影响。

1980年代，是欧洲社会心理学的理论精制化时期。由莫斯科维奇所开创的众从论和泰弗尔所开创的社会认同论，经历进一步的验证和拓展。它同时也是欧洲社会心理学研究逐渐获得美国主流社会心理学的承认和建构学术尊严的时期，如泰弗尔为《心理学年评》（Annual Review of Psychology）撰写群际关系的评论（Tajfel，1982b），莫斯科维奇为《实验社会心理学进展》（Moscovici，1980）和第三版《社会心理学手册》撰写有关群体创新和社会影响的评论（Moscovici，1985）。

3. 1991—2000年的研究趋势：霸权解构和共识性研究范式的形成

欧洲1990年代前期的研究趋势，在没有与美国共时比较的背景下被相对粗略地勾画出来。所依据的文献计量学的分析文本，是1993年欧洲实验社会心理学会大会所收到的339份论文和研究报告（Vala et al.，1996）。出现在339份论文和研究报告中的关键词或主题词的频数，被计算出来。频数最高的头10位主题词，从高到低依次为：社会认同、刻板印象、社会情感、群际关系、自我、群体过程、社会表征、政治过程、社会性别和归因。如果以之与雅斯帕斯和谢儒尔的研究进行历时比较（如果可以比较的话），就会发现，主宰欧洲在1970年代至1980年代的研究领域即群体过程和群际过程，在1990年代仍占据中心地位，并成为欧洲社会心理学研究的旗帜和标尺。而少数人的影响或群体创新研究，则已经融入主流研究，丧失其独特性。

在此之外，欧洲研究的新趋势也呈现出来，这就是自我、社会表征和政治过程。其中，社会表征即对共享的社会实在的建构、解释和认知，也成为群体创新和群际过程之外的又一重要领域和理论模型。它能在意识形态的分析水平上来研究社会认知和集体界定，这是对美国主流的社会认知研究的个体内研究定向的不可估量的补充甚至是超越。这一研究领域，同样也奠基在天才学者莫斯科维奇的思想之上（Farr & Moscovici，1984；Moscovici，2000），并开始对美国社会心理学产生重要影响（Deaux et al.，2001）。

在此基础上，作者还进行了多元因素分析，两个因素或维度被抽象出来：分析水平和应用研究。就分析水平而言，欧洲研究呈现两极趋势：从专注个体内过程的社会认知、语言和归因，到专注于群体过程和群际过程的社会位置和意识形态的分析；或者说，欧洲研究在保持自身的独特定向外，与美国主流社会心理学研究即社会认知研究的合流趋势在增大。就应用研究而言，它也呈现两极趋势：从专注于确定的社会问题解决的问题—定向的研究如健康研究，到隐含的社会心理机制的研究如决策和社会正义研究。

如果粗略比较1990年代美国的《实验社会心理学进展》和欧洲的《欧洲社会心理学评论》，或者粗略比较1998年第四版的美国手册和2001年初版的欧洲手册，我们会发现欧洲研究和美国研究的合流趋势在进一步增强，并且具有欧洲特征的研究领域和理论模型也已逐渐融入美国主流的研究中。

这种动态的相互融入过程，主要表现在两个方面。第一，体现欧洲社会心理学独具特征的社会关怀，如社会认同论、群体创新论和社会表征论，已经融入美国当代社会心理学的研究中。第二，美国社会心理学从1980年代以来蓬勃发展的社会认知范式，也已经成为当代欧洲社会心理学的主导研究范式之一。或者说，作为总体的当代社会心理学的主流研究范式，其一，是在美国社会心理学的理智脉络中不断完善并且为欧美学者所共同关注的社会认知研究，它主要专注于社会行动者在实际的社会现实中的社会信息加工；其二，是在欧洲社会心理学的理智脉络中发展的也为欧美学者所共同关注的群体过程和群际过程研究。在此之外，发展定向的社会心理学的研究、进化社会心理学研究、文化社会心理学研究和社会认知神经科学研究，从1980年代开始也引发欧美学者广泛的关注，成为凸现的新范式。

作为概要总结，经过近40年的不懈努力，以2001年初版的欧洲手册为标志，欧洲社会心理学已经成功地解构美国主流社会心理学的符号霸权和被殖民地位。其结果是，在21世纪之初，世界或国际社会心理学的学科图景得以重构，这就是欧美社会心理学的符号霸权联盟和亚洲及非洲社会心理学艰难的边陲地位。

四、霸权解构后的欧美符号霸权联盟：结论和启迪

在过去的50年中，欧洲社会心理学经历了激动人心的理智复兴。我怀报一种疏离的眷恋（detached attachment），感悟、追寻和梳理欧洲社会心理学的奠基者在焦虑、困扰、自卑和挣扎中艰难的智慧脉动。而在它获得尊严和荣耀的今天，这些奠基者作为具有自我意识的第一代欧洲社会心理学家，大多已过耄耋之年，其中一些奠基者如泰弗尔、雅斯帕斯和莫斯科维奇早已经长眠于地下。但他们的精神血脉，通过学生和著作已经并还在传承、延续和光大。

欧洲社会心理学用50年的时间跨越了理智幼稚和从属状态，成功地解构了美国社会心理学无处不在的符号霸权，并和它一起锻造社会心理学新的符号霸权联盟。和美国社会心理学相类似，欧洲社会心理学今天也已经建构了自身独特的精神成长史：它有自身确定的英雄谱系，如泰弗尔和莫斯科维奇；它有自身独特的理论模型，如社会认同论、社会表征论和群体创新论；它有自身无法替代的经典，如《人类群体和社会范畴》《社会影响和社会变迁》《社会表征》；它有自身独创的研究方法，如话语分析和修辞学；它还有自身一大批献身于社会心理学的诚恳、踏实而自信的学者。

在国际社会心理学界，作为中国学者，我们不愿屈辱地生活在霸权的阴影下；但到现在甚至还会有很长的一段时期，我们还不得不直面我们自身的边陲地位。符号霸权的获得，并不是虚幻的自我标榜和自我抚慰，它只唯一地奠基于原创性的研究之上；而我们今天所梦想的对欧美符号霸权的解构，也只唯一地奠基于我们原创性的研究之上。欧洲社会心理学的成长，为中国社会心理学的理智创新和理智复兴，应该能提供无价的借鉴和启迪。

1. 中国社会心理学的制度化重构

中国社会心理学的学科制度雏形，从中国社会心理学会和中国心理学会社会心理学专业委员会，到学科规范的教育、研究以及培训机构和规划等，经过前辈学者如陈元晖和吴江霖的精心努力，已经建立并在学科重建中发挥重要价值。但中国社会心理学会和中国心理学会社会心理学专业委员会，仍

有重要的功能和潜力有待发挥。在理想意义上，它们能够和中国社会学会以及中国心理学会密切合作，成为不同研究偏好和定向的研究者实质性的社会心理学的中国大学；它应该能够超越大学系科中制度化的狭隘主义和门户之见，成为中国社会心理学者信赖和渴望的精神家园和无形学院。它在申请和动员较为广泛的社会资源以资助社会心理学的基础和应用研究方面，比个体研究者或研究小组有更大的优势，它应该能够发挥这种优势。在这些工作的基础上，中国社会心理学会和中国心理学会社会心理学专业委员会应该能够凝聚研究力量，统合种种分散研究，创立代表中国研究水准的权威出版物体系，如学术期刊和研究丛书，一方面为了学术积累，另一方面为了扩大学术影响。

值得强调的是，和美国社会心理学的学科制度分裂不同的是，欧洲社会心理学是统一的。欧洲实验社会心理学会吸收了不同研究定向和方法偏好的学者，促进和鼓励他们之间的合作。其"实验"的含义，并不像其字面意义那样专指实验定向的社会心理学研究，而是指向基础定向的研究。欧洲社会心理学因此并没有制度化的心理学的社会心理学和社会学的社会心理学。在社会关怀的旗帜之下，不同研究定向和方法偏好的学者，专注于社会行动者在实际的社会现实中的活动。在这样的格局下，社会学者和心理学者往往能在以基本问题为主导的研究中相互合作，而避免如美国和目前中国社会学的社会心理学者和心理学的社会心理学者之间的相互敌意、冷漠和刻板印象。

处于边陲地位的亚洲社会心理学者，于1995年创建了在欧美社会心理学之外代表"第三种势力"（the third force）的亚洲社会心理学会（Asian Association of Social Psychology，AASP）。而由亚洲社会心理学会主持编辑的学术杂志《亚洲社会心理学杂志》（*Asian Journal of Social Psychology*），也于1998年创刊发行。在这种背景下，中国社会心理学会和中国心理学会社会心理学专业委员会，应该能够作为法人行动者，促进与亚洲社会心理学会和其他研究团体的学术交往和学术合作。

2. 学习、反思和创新

对欧美社会心理学的符号霸权的批判和反思，只能在充分把握和学习的基础上才能卓有成效地开展，因为欧美社会心理学的研究还是社会心理学的世界图景中主宰性的理智资源。或者说，作为批判和反思的唯一合理的基础，我们首先必须理解、追踪和评论欧美学者的主流工作。而这方面已经有良好的研究积累，如周晓虹有关社会心理学历史和体系的研究（周晓虹，1993），乐国安有关西方社会心理学进展和中国社会心理学进展的研究（乐国安，2004a，2004b）。考虑到社会心理学在中国心理学界和中国社会学界的边缘地位，中国杰出的心理学者和社会学者应该对社会心理学予以更多的关照；同时，作为中国心理学界和社会学界的旗舰期刊如《中国社会科学》《社会学研究》和《心理学报》，也应该对中国社会心理学者的研究予以更多的扶植。

3. 跨文化研究、文化研究和本土研究

中国社会心理学本土化的研究策略，经过40多年的实践，已经产生一些有价值的研究成果，如中国人的人格构型、中国人的交往原则即人情和面子等。但它也应面向批判的反省和检讨。作为国际社会心理学学科图景不可或缺的一部分，本土化的中国社会心理学除了关注中国本土的社会问题、社会现实和社会行动，还应该有国际性的学术抱负。

杨国枢（Yang，2000）在深入比较跨文化研究、文化研究和本土心理学在目标、理论和方法论视角诸方面的问题后，主张跨文化研究和文化研究只是本土研究的特殊个案。而在概念辨析的基础上，他认为有两种类型的本土心理学。其一为单文化的本土心理学（monocultural indigenous psychologies），它包括单文化的文化心理学（monocultural cultural psychologies）。其二为跨文化本土心理学（cross-cultural indigenous psychologies），它包括跨文化心理学和跨文化文化心理学（cross-cultural cultural psychology）。与之对应的是本土研究的两种研究策略：单文化的本土研究和跨文化的本土研究。杨国枢在统合种种倾向的本土研究的基础上，雄辩地论证复数形式的本土心理学的合法性，只在于创造性地生成单数的全球心理学。

4. 基础研究和理论创新

尽管应用研究和对策研究更容易获得资助，也更容易产生轰动效应，但唯有基础研究，才可能生发有创新意义的理论模型。而这是中国社会心理学建构自身的国际荣誉和学术尊严的唯一途径。当代中国的现代化进程以及与之相关的社会结构的空前转型，为社会心理学者提供了独特的社会实验室。只有直面这宏大的社会结构变迁以及与之相关的丰富多彩的社会行动，社会心理学的中国学派才可能迈上孕育之途。

中国当代社会心理学正在理智复兴的征途上，其使命是期许促进中国民众的心灵福祉和"可持续自由"（阿玛蒂亚·森语）。

参考文献

方文. 社会心理学百年进程. 社会科学战线，1997（2）：240-249.

方文. 社会心理学的演化：一种学科制度视角. 中国社会科学，2001（6）：126-136.

方文. 学科制度精英、符号霸权和社会遗忘：社会心理学主流历史话语的建构和再生产. 社会学研究，2002（5）：62-69.

康德. 历史理性批判文集. 何兆武，译. 北京：商务印书馆，1990.

乐国安. 20世纪80年代以来西方社会心理学新进展. 广州：暨南大学出版社，2004a.

乐国安. 中国社会心理学研究进展. 天津：天津人民出版社，2004b.

周晓虹. 现代社会心理学史. 北京：中国人民大学出版社，1993.

Allport, F. H. (1924). *Social Psychology*. New York: Houghton Mifflin.

Billig, M. (1987) 1996. *Arguing and Thinking: A Rhetorical Approach to Social Psychology* (2nd ed.). Cambridge: Cambridge University Press. （中文译本由中国人民大学出版社2011年1月出版）.

Brown, R., & Gaertner, S. (Eds.). (2001). *Blackwell Handbook of Social Psychology: Intergroup Processes*. Blackwell Publishers.

Cartwright, D. (1997). *Contemporary Social Psychology in Historical Perspective*. Social Psychology Quarterly, 42, 82-93.

Deaux, K. et al. (Eds.). (2001). *Representations of the Social*. Blackwell.

Doise, W. (1982). Report on the European Association of Experimental Social Psychology. *European Journal of Social Psychology* (EJSP), 12, 105-111.

Doise, W. (1986). *Levels of Explanation in Social Psychology*. Cambridge University Press. （中文译本由中国人民大学出版社 2011 年 1 月出版）。

Farr, R., & Moscovici, S. (Eds.). (1984). *Social Representations*. Cambridge University Press.

Fisch, R. et al. (1982). Research and Publication Trends in Experimental Social Psychology: 1971–1980. *EJSP*, 12, 395–412.

Flecher, G., & Clark, M. (Eds.). (2001). *Blackwell Handbook of Social Psychology: Interpersonal Processes*. Blackwell Publishers.

Graumann, C. F. (1996). History of Social Psychology. In A. S. R. Manstead et al. (Eds.). *The Blackwell Encyclopedia of Social Psychology* (pp. 301–306). Blackwell Publishers.

Graumann, C.F. (2001) Introducing Social Psychology Historically. pp3–22 in M. Hewstone & W. Stroebe (Eds.). *Introducing Social Psychology Historically* (3rd ed.). Oxford, UK.: Blackwell.

Hewstone, M. et al. (Eds.). (1997). *The Blackwell Reader in Social Psychology*. Blackwell Publishers.

Hewstone, M. et al. (Eds.). (2015). *Introduction to Social Psychology* (6th ed.). Blackwell Publishers.

Hogg, M. A. et al. (1998). *Social Psychology* (2nd ed.). London: Prentice Hall Europe.

Hogg, M. A., & Tindale, S. (Eds.). (2001). *Blackwell Handbook of Social Psychology: Group Processes*. Blackwell Publishers.

Isreal, J. et al. (Eds.). (1972). *The Context of Social Psychology: A Critical Assessment*. London: Academic Press.

Jaspars, J. (1980). The Coming of Age of Social Psychology in Europe. *EJSP*, 10, 421–428.

Jaspars, J. (1986). Forum and Focus: A Personal View of European Social Psychology. *EJSP*, 16, 3–15.

Lubek, I. (2000). Understanding and Using the History of Social Psychology. *Journal of the History of the Behavioral Sciences*, 36, 319–328

Manstead, A. S. R. et al. (Eds.). (1996). *The Blackwell Encyclopedia of Social Psychology*. Blackwell Publishers.

Moscovici, S. (1972). Society and Theory in Social Psychology. pp. 17-68 in J. Isreal et al. (Eds.).

Moscovici, S. (1976). *Social Influence and Social Change*. London: Academic Press.

Moscovici, S. (1980). Towards A Theory of Conversion Behaviour. *Advances in Experimental Social Psychology*, 13, 208-239.

Moscovici, S. (1985). Social Influence and Conformity. In G. Lindzey et al. (Eds.). *Handbook of Social Psychology* (3rd ed., Vol. 2, pp. 347-412). New York: Random House.

Moscovici, S. (1996). Just Remembering. *British Journal of Social Psychology*, 35, 5-14.

Moscovici, S. (2000). *Social Representations: Explorations in Social Psychology*. Cambridge: Polity. (中文译本由中国人民大学出版社 2011 年 1 月出版)。

Moscovici, et al. (Eds.). (1985). *Perspectives on Minority Influence*. Cambridge University Press.

Nuttin, J. M. Jr. (1990). In Memoriam: John T. Lanzetta. *EJSP*, 20, 363-367.

Patnoe, S. (1988). *A Narrative History of Experimental Social Psychology: The Lewin Tradition*. New York: Springer-Verlag.

Potter, J. et al. (1987/1999). (Eds.). *Discourse and Social Psychology: Beyond Attitude and Behavior*. London: Sage. (中文译本由中国人民大学出版社 2006 年 1 月出版)。

Schachter, S. et al. (1954) Cross Cultural Experiments on Threat and Rejection. *Human Relations*, 7: 403-439.

Scherer, K. R. (1992). Social Psychology Evolving: A Progress Report. In M. Dierkes et al. (Eds.). *European Social Sciences in Transition: Assessment and Outlook* (pp. 178-243). Campus: Westview.

Tajfel, H. (1972a). Some Developments in European Social Psychology. *EJSP*, 2, 307–322.

Tajfel, H. (1972b). Experiments in Vacuum. In J. Isreal et al., (Eds.). pp. 69–122.

Tajfel, H. (1981). *Human Groups and Social Categories*. Cambridge University Press.

Tajfel, H. (Ed.). (1982a). *Social Identity and Inter-group Relations*. Cambridge University Press.

Tajfel, H. (1982b). Social Psychology of Inter-group Relations. *Annual Review of Psychology*, 33, 1–30.

Tajfel, H. (Ed.). (1984). *Social Dimension: European Developments in Social Psychology* (2 vols.). Cambridge University Press.

Taylor, S. E. (1998). The Social Being in Social Psychology. In G. Gilbert et al. (Eds.). *Handbook of Social Psychology* (4th ed., Vol. 1, pp. 59–95). Boston: McGraw-Hill.

Tesser, A., & Schwarz, N. (Eds.). (2001). *Blackwell Handbook of Social Psychology: Intra-individual Processes*. Blackwell Publishers.

Vala, J. et al. (1996). Mapping European Social Psychology. *EJSP*, 26, 845–850.

Van Dijk, T. A. (1993). *Elite Discourse and Racism*. Sage. (中文译本由中国人民大学出版社2011年1月出版)。

Yang Kuo-Shu. (2000). Monocultural and Cross-cultural Indigenous Approaches: The Royal Road to the Development of A Balanced Global Psychology. *Asian Journal of Social Psychology*, 3, 241–263.

中 编

经验自觉：超越"怪异心理学"

第 4 章　群体符号边界的形塑机制

提要：本章以北京的一个基督新教教徒群体为研究对象，力图揭示社会生活中群体符号边界形成的社会心理过程和机制。本章发现，通过社会范畴化，基督徒群体和他群体之间的符号边界得以形成；通过社会比较过程，所形成的群体符号边界同时也就是群际符号边界，得以不断强化；而通过内群体惯例性的和典范性的社会行动，由群体记忆所承载的群体文化、群体风格和群体社会表征体系，得以不断地生产和再生产，同时也就是群际符号边界得以不断地生产和再生产。本章还期望为宗教研究和群体研究甚至是普通群体符号边界论的构造，提供刺激和灵感。

关键词：符号边界，社会范畴化，社会比较，社会表征，灵性资本，二元编码机制

导论：问题的缘起

本章尝试回答两个问题。首要的和直接的问题是：如何对客观的社会分化进行主观界定？次要的和间接的问题是：如何看待中国人的宗教信仰和宗教情怀？

1. 首要问题：社会分化的主观界定——群体符号边界如何形成？

在特定的社会语境中，每个人都被分类或范畴化，并因此获得多重确定的群体身份或群体成员资格（membership），并占有自身确定的社会位置。分类的尺度或标准，有的是先赋的，如性别、年龄、肤色或族群，甚至是户

籍和出生地；有的是后致的，如教育水平、家庭经济社会地位和个人职业，甚至是消费和品位。这些先赋的和后致的尺度或标准，相互纠结，构成多重复杂的相关关联。社会分层研究者把这些多重复杂的相关关联简化为相对简单的构念，如社会资本、文化资本、经济资本和权力资本，以之作为核心的和价值负荷最重的分类线索；基于这些核心的分类线索，他们将特定语境中的所有个体都纳入有限的类别或范畴之中，实质上也就是群体之中；这些范畴或群体，被称为阶层或阶级，以表征种种社会资源占有的不平等格局，并可作为洞悉社会秩序和社会变迁的线索（陆学艺，2002，2004；张宛丽，2004：33-45）。

这些分类的尺度或标准及其分类结果，作为共享的社会实在或社会表征，是人社会知识体系的一部分。人在社会互动中，能援引启发式原则（judgmental heuristics）(Kahneman et al., 1982/2001)和有限理性的判断，对其自身和他人的社会位置和社会阶层的所属进行有效的识别。换言之，人在社会互动中能有效地识别自身和他人的群体所属，并能犀利而灵便地觉察到我属群体与他群体之间有形和无形的差异或边界。既有的研究，尤其是社会分层研究，所关注的只是分层的尺度和形态、分层之后社会资源占有的不平等格局，以及不平等格局的生产和再生产过程。社会分层或群体分化的主观界定等社会心理过程，则受到严重的忽视。人如何接受社会分层或群体分化的结果？人如何识别自身和他人所属的社会阶层的异同？人如何建构或解构对所属阶层或群体的社会认同？人又如何在社会行动中表征其独特的阶层或群体风格？一句话，在社会生活中，人如何识别我属群体和他群体之间的符号边界？或者说，群体符号边界如何形成？这是本章关注的首要问题。

2. 次要问题：如何看待中国人的宗教信仰？

本章所关注的次要问题，是如何看待中国人的宗教信仰。

这个貌似愚昧的问题，有其独特的生成逻辑和历史意蕴，它和中国基督教宗教共同体的建构历程密切关联。从781年"大秦景教流行中国碑"立碑以来，中国基督教（包括天主教、东正教和新教）共同体的建造，一直绵延至今，其背后中西经济、军事和文化资源的实力对比，成为双方或交流或对抗的轴心。鸦片战争之前，因为国力强盛，中西之间的交流尽管存在"礼仪之争"，中方还能处在平等甚至主导地位（张国刚，2003）。随着近代中国国力的逐渐衰弱,"中华归主"(the christian occupation of China),或基督教征服中国,就成为西方传教士的梦想和西方宣教运动的动因。西方殖民扩张在政治、经济和军事上的征服,一直伴随着基督教的征服。对西方殖民者而言,让非西方的"他者"文明化的过程,也就是归信(conversion)基督教的过程。在这种意义上,近代的基督教主要是文化殖民和文化侵略的工具,尽管伴随其行动的非预期后果。

列强的坚船利炮,没有征服中国;基督教,也没有使"中华归主"。中国人的宗教信仰开始被系统地恶意建构。这个疑问至少有两层含义。第一,中国人的心智还没有成熟到能洞悉上帝奥妙的程度。第二,即使中国人有某种尚未成熟的宗教情怀,也是实利取向的而不是虔敬的,是入世的而不是超验的。这些特征,被认为显著地体现在有关中国人宗教行为的刻板印象(stereotype)中。中国人被认为是遇神敬神、遇佛拜佛,或者是临时抱佛脚。

有关中国人的宗教信仰的疑问,经过韦伯比较宗教社会学的诠释,又和中国近代资本主义精神的缺失以及近代中国的衰落相关联。而在《中国文化的深层结构》中,中国人的宗教信仰被进一步地歪曲为肉体化的宗教观(孙隆基,2004:12-144),而与超越意向无缘。该书作者没有注意到在英文里有时指称"每个人"或"某人"的时候也说"每个身体"(everybody)或"某个身体"(anybody)。

在中国人丰富多彩的宗教生活中,我们将选择北京的一个基督新教教徒群体作为例证,援引当代社会心理学的社会认知研究和社会认同研究作为基本的理智资源,来探究群体符号边界形成的社会心理过程和机制,并对"如何看待中国人的宗教信仰"的疑问进行间接辩明。具体来说,本章的基本问题是:在认同建构和终极意义追寻过程中,基督教宗教群体如何形塑、强化和再生产我属群体和他群体的符号边界?本章还期望为宗教研究和群体研究甚至是普通群体符号边界论的构造,提供刺激和灵感。

一、"被流放的"社会行动者:宗教社会心理学的研究范式

任何研究评论,都预设研究者知识背景的有限性和研究领域的制度化分割,同时也意味着研究者独具的问题取向和社会关怀。它也为研究评论的选

择性和诠释性，提供正当性的辩护。本章的评论，将不关注宗教作为神学事实的哲学论证，不关注宗教人类学的理智资源，不关注当代宗教社会学有关宗教世俗化范式和宗教市场论范式之间的论辩，也不关注中国基督教宗教共同体的建构历程。本章的评论，将集中关注宗教作为社会心理事实的相关研究，它们是社会行动者在其宗教体验和宗教行动中不断生产和再生产的社会心理过程。

（一）宗教社会心理学的荒芜和复兴

心理学的奠基者在20世纪初就开始关注宗教心理和行为，如威廉·詹姆士有关宗教体验的研究，斯塔伯克有关施洗仪式的研究，弗洛伊德关于图腾和禁忌的研究。尽管如此，但直到20世纪60年代，心理学和宗教还一直相互敌视和猜疑。宗教，在微观层面关乎人的灵魂救赎。宗教精英，也一直主宰着对灵魂问题的话语权。而脱胎于哲学玄思的科学心理学，力图对心理和意识现象进行实证的研讨。宗教精英和心理学家为争夺对心灵的解释权，竞争和冲突，在所难免。就宗教精英而言，他们一直抵制对心灵的实证研究；而对心理学家而言，他们也一直使自身尽可能地远离宗教，也一直逃避对宗教的实证研究。与其他领域的学者相比，心理学家更少可能卷入宗教（斯达克，芬克，2004：66）。在这种情势下，宗教心理学尤其是宗教社会心理学的研究几近荒芜，便在情理之中。

但在社会心理学的基石领域（the cornerstone of social psychology）即态度研究领域，有不断增长的证据表明，个体和群体内在的信念、态度和价值观对个体和群体的行为产生显著的影响。有关吸食毒品、婚外性行为、精神治疗和精神健康等问题的研究表明，宗教性（religiousness）作为态度—行为因果链节中的内隐变量，若隐若现，无法忽视；而宗教信徒，和非宗教信徒相比较而言，其内化的宗教信念、态度和价值观是其行为基本的解释或预测变量。这些研究的自然结果，是激发社会心理学家开始逐渐承认和正视宗教态度和宗教信念作为社会心理变量的重要意义。宗教社会心理学的研究热情，开始复苏。其主要的学科制度标志，是1961年宗教科学研究学会（the Society for the Scientific Study of Religion）开始出版《宗教科学研究杂志》（*Journal for the Scientific Study of Religion*），其中，社会心理学家是宗教实证研究的生力军。随后在 1976 年，美国心理学会创立宗教心理学分会（Division 36）。直至 1988 年，《心理学年评》终于第一次有宗教心理学的进展评论（Gorsuch，1988）。社会心理学家开始了对宗教心理和行为的系统研究。

这些研究，概言之，受两类范式主导：心理计量学范式（psychometric paradigm）和跨学科研究范式（interdisciplinary paradigm）（Emmons & Paloutzian，2003）。心理计量学范式，主要以基督教为对象，关注宗教态度、宗教信念和宗教行为的测量，是 1980 年代之前的宗教社会心理学研究的主宰路径。它们可纳入三类范畴：宗教构念（religious construct）的操作化或宗教变量的测量，宗教变量作为因变量，以及宗教变量作为自变量。其中，第一类研究是后两类研究的基础。而跨学科研究范式，则以宗教行为的问题为导向，援引跨学科的理智资源，是当代宗教社会心理学研究的主宰路径。

(二) 心理计量学范式

1. 宗教构念的操作化：测量和指标

在心理计量学定向的实证研究中，如何对宗教构念进行操作化，或如何测量宗教变量，就成为中心问题。宗教构念作为共识，已被分解为宗教态度（包括宗教信念）、宗教体验、宗教认知和宗教行为。

有关宗教态度的测量，如对宗教典籍、上帝或死亡的态度，已非常完善。无论是瑟斯顿的态度等距量表（Thurstone equal-appearing interval inventory）、奥斯古德的语义分化量表（Osgood semantic differential inventory）还是单一项目的自陈量表（self-rating with single item），都已是信度（reliability）和效度（validity）很高的研究工具；而在宗教态度和宗教行为之间，也有高度的相关（Gorsuch，1988：206-208）。此外，简单的开放式问卷，可用来测量宗教体验；而简单的问卷和填空方法，可用来测量有关的宗教认知和宗教知识。对于宗教行为，也有细致的测量指标。如教堂的成员人数、参与教会活动的频率、私下祷告的时间、阅读《圣经》的时间、给教会的捐赠等。

格洛克（Glock）在 1962 年构造了有关宗教活动的多维度测量（multidimensional measures of religiosity)(Argyle & Beit-Hallahmi，1975：5-6)。格洛克认为宗教活动在5个维度上表现出来：意识形态的维度（ideological）、仪式的维度（ritualistic）、体验的维度（experiential）、理智的维度（intellectual）和效果的维度（consequential）。意识形态的维度，指祷告和崇拜等宗教活动；仪式的维度，指参与种种的教会活动；体验的维度，指归信体验和其他的神秘体验；理智的维度，指对宗教经典和实践的知识；而效果的维度，则指宗教活动对其他领域的行为和心理的影响。在以后的宗教研究中，格洛克宗教活动的多维度测量，也许可修正或拓展为灵性资本的度量指标体系。

2. 宗教变量作为因变量

有大量的经验研究关注宗教信念和宗教行为的先决条件（antecedents）以及产生宗教行为的种种社会心理过程，而这些条件和过程，被认为是宗教活动的原因。在这类研究中，宗教变量是因变量。社会语境因素如父母的态度、家庭的社会经济地位、受教育程度和个人特质如性别、年龄、族群性（ethnicity）以及人格特征等对于宗教活动如归信、神秘体验的影响，受到细致的探讨。

3. 宗教变量作为自变量

宗教态度和宗教行为对于个体和群体在其他领域中的行为和心理的影响，也有系统的研究。在这类研究中，宗教变量是自变量。宗教变量，被发现对吸食毒品、婚外性行为、精神治疗和精神健康、偏见和歧视、亲社会行为和社会认知及认同等主题，都有实质性的影响。

(三) 跨学科研究范式

埃蒙斯和帕娄辰，把过去25年宗教社会心理学研究的主宰范式称为多水平的跨学科研究范式（Emmons & Paloutzian，2003），以之替代心理计量学范式。这些研究，有两个主要特征。第一，对宗教变量的测量，拓展至基督教以外的一般宗教性和灵性（spirituality）的测量。第二，对宗教情感、宗教德性（virtue）以及宗教和人格的关系，援引多学科的理智和方法资源，进行系统的研究。埃蒙斯和帕娄辰详细评论了特定的宗教德性如感恩（gratitude）、宽恕（forgiveness）和谦卑（humility）的经验研究，还概要介绍了宗教的认知科学、宗教体验的神经生物学（neurobiology）、宗教的进化心理学和行为基因学研究。

宗教社会心理学的跨学科范式，一方面表征宗教社会心理学的研究正成为研究热点，但另一方面也体现了宗教社会心理学的研究缺乏共识性的概念框架。在这些细致而又琐碎的实证研究中，我们无法对作为整体的宗教行动者的行动逻辑和认同建构有丝毫了解，也无法把握作为群体的社会行动者如何建构、维系和表征其符号边界。活生生的社会行动者，被淹没在宗教态度、宗教体验以及个体特征的碎片中。

概言之，宗教信仰不仅仅是哲学家安乐椅似的沉思对象，也不仅仅是神学家的护教学（apologetics）和辩证学（polemics）的书面文本；宗教信仰不仅仅存在于宗教典籍和宗教仪轨中，也不仅仅是社会行动者的制度语境。它还是宗教信徒群体在身、心、灵的活动中被践行的生命体悟和人生实践，是对生命意义和生活目的的集体关切，对于超验价值的共同体验和群体承诺。

二、研究逻辑和研究程序

（一）核心概念辨析

1. 社会行动者

社会行动者，是指社会行为的负荷者，他秉承确定的生物特质，援引相关的文化资源，在实际的社会语境中生发实际的社会行为。一方面，他是社会生活的参与者；另一方面，他是社会生活的建构者。社会行动者，不能还原为社会结构中的地位、身份或角色，也不能还原为个体稳定的人格特征或内在的欲望或冲动；他也不是特定的社会结构、社会制度、社会过程或文化规范的奴仆。作为整体的不可解析的社会存在，他是生物行动者、文化行动者和社会能动者的三位一体（方文，2002）。归信特定宗教并获得特定宗教群体资格的社会行动者，我们称之为宗教行动者。

2. 群体

群体，首先是由两个或更多的个体所组成的集合。群体成员，也许共享某种工具主义和客观主义的特征，如共同目标、共同命运、正式或内隐的由地位和角色关系所构成的社会结构，甚至还有面对面的互动，但它们都不是群体界定的核心特质。群体之所以存在，是因为群体成员把自身理解为群体中的一分子，并获得认同感和归属感，并且这种身份归属有基本的社会共识，亦即至少有一个他人表示认可。民族作为想象共同体，因此是真正意义上的群体，尽管其大多数成员之间远没有面对面的互动机会。

群体，因此可界定为一些个体的集合体，这些个体把其自身觉知为同一社会范畴的成员，并在对自身的这种共同界定中共享一些情感卷入，以及在有关其群体和群体成员身份的评价上获得一定程度的社会共识（Tajfel & Turner，1986：15）。在这个意义上，群体的界定以及群体成员资格的获得，是内群自我界定和外群的社会界定交互作用的结果。由于外群社会界定的导入而引发的共识性的社会评价，使群体自我界定的主观意味具有客观内涵。

不同群体或社会范畴的实体性（entitativity）的程度，亦即群体或社会范畴可觉知的群体性（perceived groupiness）的程度，相互有别。社会认知学者，从不同视角来度量群体或范畴的实体性。群体成员的接近性（proximity）、相似性、共同命运（这些属于充分条件）以及对共同的隶属身份（必要条件）的感知上的差异，是群体实体性的一种度量指标（Sherman et al.，1999）。群体实体性，对于目标群体的社会信息加工、群体边界的维系和群体成员的社会认同，具有重要意义。高实体性的群体，会被感知为真实的社会实在，而不是社会建构；它所勾画的群体边界，会更为牢固；而群体成员的认同感和隶属感，会更为强烈；其所负荷的认知/情感/价值意蕴，也会更为显著。应该强调的是，群体实体性并不是凝固的，在不同的时空场景中会有不同的界定。

值得注意的是，詹金斯在群体和范畴之间进行了区分。他主张群体是群体成员自我界定的，对群体的隶属关系有明确的自我觉知；而范畴则是范畴外的行动者所集体界定的，范畴内的成员并没有对范畴资格的明确觉知（Jenkins，1996：80—89）。如年收入在 20 000～25 000 元的个体集合，他们就不是群体，而是社会范畴。但在我们的研究脉络中，这种区分并无必要。

3. 符号边界

边界（boundary），首先意味着差异（difference）、区隔（distinction）

或界限（border）。具体说，边界是人和物的限度或边缘的界线，是自身与他人或他物得以区分并表明差异的刻度。但区分和差异背后，预设人的认知活动，尤其是分类或范畴化过程；并且，这种区分结果是社会共识性的，而不是私人性的。

人在认知活动中对人和物进行区分所形成的边界，有的是现实性的和有形的，如门槛或国界线；但更多的则是概念性的和想象性的，如学者或政客。符号边界（symbolic boundary）因此可界定为社会行动者在对人和物进行分类时所获得的概念上的区分，并且这种区分是社会共识性的。而群体符号边界，就是社会实在中有关群际差异的共识性的概念区分。群体符号边界，同时也就是群际符号边界。

由于拉蒙特等学者开创性的研究（Lamont & Fournier，1992），符号边界已成为当代社会科学的核心范畴。社会语境中的符号边界，关联许多重大的社会主题，如社会资源和社会机会的不平等分配和不平等再生产，社会分层和阶级分化，社会包容（social inclusion）和社会排斥（social exclusion），消费、品位和生活风格，宽容和歧视，社会流动的策略选择和学术分工，族群认同和族群关系（Lamont & Molnar，2002）。但这些独创性的研究，要么关注社会政治力量和文化资源在符号边界形成中的重要作用，要么关注所形成的符号边界之社会不平等后果。而符号边界形成、强化和再生产过程中独特的社会心理过程和机制，则受到严重的忽视。当代社会心理学的理智资源，对之能够提供非凡的洞察力和灵感。

（二）研究假定和研究程序

1. 基本假定

（1）社会群体之间，都存在符号边界。

（2）群体符号边界的建构，以社会范畴化作为认知基础。

（3）在社会范畴化的基础上，我属群体与他群体的区分通过社会比较得以强化，并产生内群分化（in-group differentiation）和外群同质性（out-group homogeneity）。

（4）我属群体在社会行动中通过群体记忆不断地表征和再生产自身的群体风格和社会表征体系，进一步再生产群体符号边界。

2. 研究程序

由于基督教群体成员或基督徒只有在特定场景中才能精确识别，我们选择北京海淀区的一个基督新教教堂为研究场景，进行长达 3 年多的实地研究（2000 年 1 月—2003 年 5 月）。研究的对象，是教堂在每周五晚上（6：30—8：00）青年聚会中的基督徒。通过较长时间定期的教堂活动的实地参与，我们得以了解基督教宗教场域的仪式化过程及其参与者的宗教卷入（religious involvement）。

在此基础上，我们编制了名为"宗教行动者"的问卷。经过 10 人的试测和与少数基督徒的讨论后，我们对问卷进行了修改。因为在教堂每周五晚上的青年聚会中，有非基督徒。我们在一次聚会上，发放了 100 份问卷。在收回的 80 份问卷中，承认自己"信主的"，有 50 份。依照是否"受洗"这个客观的问卷项目，我们排除了 19 份承认自己"信主"但没有"受洗"的问卷，只关注 31 份"信主"而又"受洗"的问卷。

在这 31 份问卷的基础上，我们选择了 15 人做深度访谈。访谈提纲涉及归信过程中重要的生活事件，归信后的日常活动和宗教活动，教会中的社会网络，以及对于上帝、死亡、罪和救赎等主题的认知和感受。我们在这期间还深度访谈了 15 位非基督徒的北京大学学生，访谈提纲涉及对于上帝、死亡、罪和救赎等主题的认知和感受，以之和基督徒进行对比。

三、社会范畴化：基督徒群体符号边界的建构

（一）社会范畴化：社会行动者的基本认知机制

物以类聚，人以群分。为了理解生活于其中的世界，我们不得不对人和物等进行分类，并将其纳入不同的范畴中，以削减环境的复杂性。分类过程，亦即范畴化过程（categorization）。人类语言体系中的名词系统，就是分类的范畴系统。涂尔干和莫斯的原始分类研究，深刻地洞悉了分类问题在社会生活中的基础意义（涂尔干，莫斯，2000）。而李林艳则细致梳理了社会学传统中从涂尔干和莫斯到布尔迪厄分类思想的发展脉络，完备地凸现了社会分类之于社会支配的基础意义（李林艳，2004：200-230）。但在社会学的语境

中，分类过程或范畴化无所依托，其主体只是抽象的社会。

范畴化，首先是社会行动者所担当的范畴化，因此又可称之为社会范畴化（social categorization），无论范畴化的对象是人还是物体。社会范畴化实质上是社会行动者基本的认知工具，以对社会环境进行切割、分类和秩序化，并因此而采取灵活权衡的社会行动。但是社会范畴化并不仅仅是使社会世界系统化，而且也为自我参照提供了一个定向系统：它们创造和界定社会行动者在社会中的位置（Tajfel & Turner，1986：15-16）。一句话，社会行动者或宗教行动者首先是范畴化主体。

1. 谁在范畴化？范畴化主体的修辞学变迁

隐喻（metaphor），亚里士多德说，即以他物之名名此物。在当代科学哲学的研究中，隐喻被认为具有方法论的意涵（郭贵春，2004）。范畴化主体的修辞学隐喻，历经从"朴素科学家"经过"认知吝啬者"（cognitive miser）向"被驱动的策略家"（motivated tactician）的演化（Fiske & Taylor，2012；Taylor，1998）。

（1）朴素科学家。

在由海德尔所开创的归因研究传统中，归因理论家通过对日常生活中行动者的因果、责任和特质的归因研究提出了社会行动者作为"朴素科学家"（naive scientist）的隐喻。这个隐喻，实质上是"理性人"假设的变式，主宰了1960年代末期和1970年代的归因研究。"朴素科学家"的隐喻，有两层基本含义。第一，行动者是"科学家"。行动者在日常生活中的认知过程尤其是归因过程，类似于科学家在实验室中的研究过程；他会仔细地收集自身和他人的相关社会信息，然后基于逻辑规则进行理性推论，以洞悉自身和他人的行为原因以及责任担当。或者说，行动者会建构某种规范原则如凯利的归因共变模型（covariation model or ANOVA model），作为判断和推论的框架。第二，行动者是"朴素的"。他并不严格恪守科学研究的正当程序，会有错误和偏差，而偏离规范原则。有关归因过程偏差的研究，如基本归因错误、行动者—观察者差异、自助偏差（self-serving biases）和群助偏差（group-serving biases）等（Fincham & Hewstone，2001），深刻地揭示了行动者作为科学家的朴素本质。

行动者作为"朴素科学家"的隐喻，强调了行动者社会行为的"应然"

品质或形式维度，而把行动者的推论偏差看成是与规范模型的偏离，严重忽视了这些偏差正是行动者的行为现实的事实。行动者并不总是遵从理性或逻辑的步骤来认识他人和自身，并且肯定存在偏差。基于对行动者的这种行为现实的肯定，以及对其原因的探求，社会行动者在1980年代被转换为"认知吝啬者"。

(2) 认知吝啬者。

由于认知心理学有关短时记忆和即时加工过程（on-line processing）的研究，以及有关判断错误和偏差的研究，社会行动者的"理性人"图像面临质疑。其中，西蒙的有限理性和满意决策界说，卡尼曼和特沃斯基的判断启发式模型，占据论辩中心。达成共识的是，社会行动者的社会认知过程或社会信息的加工过程受其内在的即时加工能力和短时记忆容量的限制。社会行动者无法精确而仔细地理性审查所感受的繁杂的社会信息，而必须进行快速有效的处理。或者说，在社会信息加工过程中，精确性让位于有效性。社会行动者在日常实践中也已经构造和掌握一些快速有效的启发式策略（Kunda, 1999），来节俭地分配即时加工的认知资源。"认知吝啬者"的隐喻，在1980年代浮出水面。

"认知吝啬者"的隐喻，有两个内在的缺陷。首先，与即时加工能力和短时记忆容量的有限性相对应的，是行动者长时记忆系统容量的近乎无限性以及社会知识体系的丰富性。在应对繁杂的社会刺激的过程中，行动者往往会调动长时记忆系统中丰富的原初知识（prior knowledge）。其次，行动者并不是对社会刺激进行被动而懒惰的应付，行动者的目标、意向、动机及情感，也会对社会认知过程产生基本影响。具体来说，面对无关紧要的目标，行动者会进行快速有效的加工，用有效性来置换精确性；而当目标于行动者有重要权重时，行动者会针对社会刺激，充分调动一切相关的认知资源，进行认真而细致的审查。如此说来，社会行动者有两种加工方式，对应于不同的目标和动机，或者为自动性加工，或者为系统加工。"认知吝啬者"的隐喻，只把握了前者的特征，而忽视了后者的特征。"认知吝啬者"的隐喻，在1990年代演化为"被驱动的策略家"，成为必然。

(3) 被驱动的策略家。

"被驱动的策略家"，意味着行动者有可资利用的多元信息加工策略，而这些策略的选择，则基于行动者的目标、动机、需要以及社会环境中的力量（Taylor，1998：75）。具体来说，社会行动者有时如"朴素科学家"，对相关任务的信息进行系统而认知努力的加工，有时又如"认知吝啬者"，在面临任务情景或问题情景时进行启发式和认知节俭的加工。但无论如何，他们的社会认知加工过程总是为了满足其目标和动机。因此，有关社会行动者的线性图像，正被一个复杂的能动者所替代。其能在复杂的社会过程和社会情景中，对范围广泛的信息如即时的社会语境、自身的内在状态和远期目标保持高度的敏感，并能援引可资利用的社会和文化资源，主动地认知和建构社会实在。

"被驱动的策略家"的隐喻，在种种形式的双过程模型中，有最典型的表征。概括地说，所有形式的双过程模型的共享特征在于，社会行动者在社会认知的发动、社会情感的表达和社会行为的实施中，存在联合行动的（co-acting）两套社会认知的加工子系统：第一套子系统是即时的（spontaneous）、自动的（automatic）、启发式的、认知节俭的（cognitive-effortless）和无意识的（unconscious），第二套子系统是延迟的（delayed）、可控制的（controlled）、系统的、认知努力的（cognitive-effortful）和特意的（deliberative）（Chaiken & Trope，1999）。社会行动者往往更多依靠第一套子系统，因为它仅需要较少的认知资源，也更容易发动。但在有能力、动机和时间进行完备思考的时候，社会行动者就会依靠第二套子系统，因为它需要更完善的认知资源和认知努力。

双过程模型，体现在社会行动者不同的行为领域中。在有关判断和推理的研究中，爱泼斯坦（Epstein）主张社会行动者存在整体性的、情感性的、联想—驱动的经验系统和分析性的、逻辑的和理性—定向的理智系统；在其基础上，斯隆（Sloan）主张，联想系统使社会行动者的判断基于环境中的相似性和规则性，而理智系统则基于符号结构的操作，遵循明确的计算规则（Shafir & LeBoeuf，2002：499-500）。

在有关印象形成（impression formation）的研究中，布鲁尔构造了印象形成的双过程模型：基于既定范畴的识别过程（identification）和基于个体独特性的个体化过程（individuation）（Brewer，1988）。前者依据目标个体（the target person）和既定范畴的刻板印象的吻合程度，来进行自动加工；

而后者则依据个体的特异性，来进行系统加工。

而在态度形成和态度改变的研究中，1980年代后期所构造的有关劝说的双过程模型，则是社会行动者作为"被驱动的策略家"的典范模型（Bohner，2001：254—263；Petty & Wegener，1998）。在佩蒂（Petty）等所构造的精致化可能性模型中，劝说的边缘路径（peripheral route to persuasion）主要由种种认知节俭的机制所构成，如条件作用、社会认同化和启发式的应用；而劝说的中心路径（central route to persuasion），则是对劝说论据和其他信息进行仔细而认真的审查。在切肯（Chaiken）等所构造的启发式加工—系统加工模型中，社会行动者如果有足够的能力、动机和时间，他就会对相关的劝说信息进行系统的加工，否则就会依照情景线索进行启发式加工。

概言之，"被驱动的策略家"的隐喻，为范畴化主体或社会行动者提供了合适的人观假定（personhood）。社会行动者不再是被剥离了社会语境特征的抽象主体或"去语境化的主体"（decontextualized subject），也不再是追求预期效用最大化的理性行动者。

2. 社会范畴化的基本策略：二元编码机制

所谓二元编码机制（binary coding），乃是作为"被驱动的策略家"的社会行动者在对人和物等进行分类的过程中采用对立概念来进行区分的方式或策略。它是社会范畴化的主宰偏好。施米特有关"政治就是区分敌友"的论断（施米特，2003：138），是二元编码机制最雄辩的宣言。

二元编码机制，是人类物种最基本的认知能力，甚至是人类最基本的生存现实。小到细胞活动的兴奋—抑制状态和神经元活动的二元逻辑，大到男（雄）女（雌）的性别区分，二元编码成为我们知识体系最基本的逻辑轴心。依据一种范畴考古学，生命—死亡构念，也许是人类物种智慧活动最原初的二元对立和生命体验。而精神和肉体、现象和本质、理智和激情、有限和超越、神圣和世俗、善和恶等诸多范畴，作为由之而引申的二元对立，一同被建构为人类智慧体系的基本概念框架。

在现代人文社会科学的演化过程中，二元编码也扮演了核心角色。它是辨析特定学科核心问题域的基本工具，同时也是建构学科概念框架的基本元素。

在人类学中，我文化—异文化的分野，是学科核心问题域。无论是涂尔干的原始分类系统、列维-斯特劳斯的分类体系，还是道格拉斯有关洁和不洁（purity and impurity）的研究、格尔茨有关地方性知识和普遍知识的研究，二元编码都是最基本的概念元素。

而在社会学的演化过程中，行动—秩序的悖论或对立，是学科核心问题域。在詹克斯主编的《社会学中核心的二元对立》这本论文集中，构成社会学概念体系的23对二元对立范畴，被仔细地梳理了出来（Jenks，1998）。

而在社会心理学的概念体系中，我们也能辨析出一系列的二元范畴，如遗传—环境、先天—后天、种系演化—个体发生（phylogeny/ontogeny）、意识—行为、理性—非理性、正常—异常、个体—群体、认知—情感、记忆—遗忘、男性特质—女性特质（masculinity/femininity）、个体主义—集体主义、爱—恨、合作—竞争、利他—侵犯、图形—背景（figure/background）、人际行为—群际行为、内群偏好—外群敌意。除此之外，还有种种形式的双过程模型中的二元范畴。

二元编码机制，不仅体现在社会行动者所建构的形式化的知识体系中，也渗透在社会过程和社会制度中。在卢曼的社会系统体系中，二元编码是现代社会系统的构成要素（constitutive）。拜尔在卢曼论说的基础上，仔细地论证了二元编码机制在现代西方社会各子系统中运作的逻辑（Beyer，1998：156-161）。

在与财富有关的现代资本主义的经济系统中，财产的占有和缺失（property owning and not owning）之间的区分，是基于货币交换的系统构成的主宰编码，而买—卖活动，则是经济系统中的核心活动；这种二元编码机制，为后继的社会过程无论在经济系统内部还是外部都会产生有意义的和显著的影响（Beyer，1998：157）。

在以知识为核心的现代科学系统中，真命题和假命题之间的二元区分也扮演着类似的角色。基于真假区分的逻辑规则的实证研究，是求知活动的核心，并且通过技术上的应用而对其他系统产生作用（Beyer，1998：158）。而在以权力为核心的政治（polity）系统中，有权—无权（politic-impolitic），是最基本的二元区分，而政治活动或决策则依照这种区分影响权力的获得或维持（Beyer，1998：158）。

就财富、知识和政治而言，它们都是整体社会的有机组分，但各自基本的二元编码是依据各自的基本活动类型被独立地建构而成，并相互区分或相互分化。实证研究使知识与财富和权力的分化成为可能，而货币交换则使财富与知识和权力的分化成为可能，权力的实施则使权力有别于知识和财富（Beyer，1998：158）。二元编码是社会行动者历史形成的基本策略，不同的社会系统因此被建构为自主而不同的社会结构，并在社会生活中表征其相互的差别。

拜尔还以二元编码机制为视角，来透视现代西方社会和中国社会宗教境况的演化历程。在欧洲中世纪，基督教宗教系统核心的二元编码是救赎—诅咒（salvation/damnation），辅之以次级的二元编码（secondary binary coding）即善—恶（Beyer，1998：158）。在整体社会系统中，所有的心理和行为都以救赎—诅咒为核心，以善—恶为标准。所引发的神正论（theodicy）问题即上帝是否和如何为恶负责的问题，也由上帝对德行行为的恩宠（divine grace）得以解决。而教会则掌握救赎—诅咒的所有解释权。宗教改革，解构了教会的垄断地位，由教会所阐释的普世的善—恶标准，被替换为个体的信仰虔诚，或激进的预定论（predestinarianism），但其核心的和次级的二元编码则依然故我。而就中国宗教的个案而言，拜尔认为并不存在作为社会分层基础的核心的宗教二元编码。在儒家传统中，有效的二元编码则是次级编码，即文人—百姓（learned/ignorant or uneducated）（Beyer，1998：167-168）。它意味着在中国社会的分化过程中，自主的宗教系统并不成熟。

概而言之，二元编码机制是社会行动者基本的分类策略或范畴化策略，同时也是社会生活各个面向的基本运行策略。

（二）群体符号边界的形成：我们对他们

1. 基督教群体资格获得的入会仪式：归信和洗礼

群体资格的获得，有的是先赋的，有的则是后致的，但都会有确定的入会仪式（ritual of initiation）。而归信（conversion）后的洗礼（baptism），则是基督徒最基本的入会仪式。

（1）归信。

所谓归信，即非宗教信徒或其他宗教信徒转变为特定宗教信徒的过程，它意味着归信者在信念、态度、价值观和行为各个方面全面的转型。就基督教而言，上帝被认为以不同的方式在不同的罪人身上做工，使他们归信基督。在这个意义上，不同的基督信徒有不同的归信历程。德尔图良（Tertullian）的"唯其荒谬，吾信弥坚"的声言，圣·奥古斯丁花园中的神秘归信体验，帕斯卡的打赌界说，以及威廉·詹姆士所生动记述的种种神秘归信体验，鲜明地反映了丰富多彩的归信过程。但社会心理学家还力图用实证方法揭示归信过程的模式和特征（Argyle & Beit-Hallahmi，1975；洛文塔尔，2002）。李康乐在对归信文献细致梳理的基础上，对海淀基督教教堂的宗教群体的归信过程进行了独创性的研究（李康乐，2003）。

宗教归信只是主观体验，它还必须有客观的行为指标。在我们的问卷研究中，我们用"是否洗礼"这个客观指标把 19 位声称归信但没有接受洗礼的个体排除在我们所关注的基督信徒之外。我们对他们声称归信但没有接受洗礼的原因，进行了简单的统计分类："还不够资格的"有 12 人，没有回答原因的有 3 人，"没有时间的"有 2 人，"不认同一些教义"的有 1 人，"信主即可的"有 1 人。这些统计指数，尽管并没有代表性，但它们还是可佐证洗礼是基督徒身份的基本条件。

（2）洗礼：神学意义和社会心理意义。

洗礼是基督教会的圣事之一。天主教和东正教都认为圣事共 7 种：洗礼、坚振或坚信、告解或忏悔、圣体或圣餐、终缚或临终涂油、神品或圣秩以及婚配。而我们现在所关注的基督新教，只承认洗礼和圣餐。洗礼，不仅是洗去了罪恶的象征，而且也意味着人与基督建立了新的联系，和他同归于死，又一同复活。《圣经·新约·马太福音》中说，"所以，你们要去使万民作我的门徒，奉父、子、圣灵的名，给他们施洗"（第 28 章第 19 节）。受洗的外在意义在于，在神和在人面前宣布自己要决心信主，并加入基督教会；其内在意义在于，归入基督名下，成为神的子民即基督徒。对潜在的基督徒而言，洗礼是洁净、入教和重生的重大仪式。

有关洗礼中水的象征意义，伊利亚德的阐释精妙。他说："旧人（old man）通过在水中的洗礼而死去，同时通过洗礼而获得一个新的、再造的生命。［……］洗礼代表着死亡和埋葬，代表着生命和复活……当把我们的头伸入水中时就好像把头伸入墓穴之中；旧人被浸没，就好像被完全埋葬。当我们从水中出来时，我们也同时作为一个新人而出来"（伊利亚德，2002：73）。

而洗礼作为入会仪式的神学意义，伊利亚德也有精妙的阐释。洗礼，类似于跨越门槛，穿过窄门，完成从世俗向神圣的转变，也意味着从一种生命模式向另一种生命模式的转变，是一种本体论地位上的彻底改变（伊利亚德，2002：103—106）。

但在我们的访谈中，有位基督徒对洗礼的意义有进一步深刻的叩问。

> 关于重生和受洗，我来解释一下。重生对一个基督徒是非常重要的，是基督徒在基督里面生命的开始。很多人都以为受洗的时候就是重生，其实不是的，受洗就是通过一个仪式确定一种身份。就好比一个产品被生产出来它是合格的，并不要检验员盖上合格章才是合格的，之前就是合格的，盖个章只是程序而已。基督徒的重生也就是上帝在你的心里做工作重新创造了，这样就重生了，受洗礼就相当于盖上一个章，说你"合格"了。而且盖上合格章不一定就是合格的，也可能检验出错；就像受洗了，也不一定就被上帝拣选了，仪式之下可能是个假冒伪善的人。所以说，受洗和重生是两回事。（访谈资料：基督徒GX）

洗礼，不仅仅是神学的，它也有着深刻的社会心理内涵。马歇尔构造了有关仪式活动的综合理论模型仪式实践论（the theory of ritual practice）。在马歇尔的图式里，仪式活动有两个基本元素，即仪式给参与者所创造的共在情景（co-presence）和仪式实践（ritual practices），有种种社会心理过程和机制渗透其中（Marshall，2002）。首先是共在情景。共在，通过群体界定、人际比较和群体极化（group polarization），对信念有直接效果；又通过依恋（attachment）、相似性和最简范畴化（mere categorization）等社会心理机制，对隶属感（belonging）有直接效果；同时还会激发其他重要的社会心理过程，如去个体化（deindividuation）、生理唤醒（arousal）和社会促进，以及从众（conformity）和心理感染（mental contagion），对仪式参与者的认知、情感和行为所有方面，都有显著影响（Marshall，2002：361-363）。

其次是仪式实践。马歇尔明确主张，在共在情景中参与者在面对反常（anomaly）、过渡（transitions）或更新（renewals）事件时，他们总得做点什么（Marshall，2002：363-368）。在仪式实践的表演中，参与者对自身和同伴行为的不当归因（misattribution），他们所体验的认知失调，以及对自身和同伴行为的自我觉知（self-perception）等，都极大地强化了宗教信念和隶属感。李康乐在马歇尔仪式实践论的基础上，对海淀堂的基督教活动仪式进行了完备而精彩的呈现和阐释（李康乐，2003）。

归信和洗礼，明确了基督教群体成员的范畴资格。这种群体身份或社会范畴资格，和基督徒所负荷的其他群体身份或社会范畴资格叠加在一起，构成社会行动者丰富多彩的社会存在。

2. 社会行动者的多范畴身份及显著范畴身份的激活

在多重二元编码的基础上，社会行动者同时负荷多范畴身份，拥有多群体的成员资格。社会认知发展研究的证据表明，有些范畴身份是原初的，如年龄、性别和肤色。这些原初的社会范畴的重要性，从许多方面体现出来。它们是社会语境中刺激分布最广泛的因子，其被识别的线索更为明显；它们是个体生命历程中最先学会和领悟的范畴；它们有坚实的生物学的基础和进化的适应意义；进一步，它们还是在社会结构和过程中支配等级形成的基础和文化工具箱中的重要资源；而这些范畴身份的激活，是自动加工的（Durkin，1995）。

其他的非原初范畴的激活，则有赖于特定情景中范畴的显著性（category salience），即范畴的便利性（availability）和可接近性（accessibility）（Fiske & Taylor，2012）。过去经常被使用的范畴，最近被使用的或被启动的（primed）范畴，或相对于特定情景而言具有线索显著性的范畴，更易被系统地激活。而特纳主张的元对比原则，则是范畴激活的基本原则（Turner et al.，1987：51-52）。但无论是原初范畴，还是非原初范畴，无论是自动激活还是系统激活，其结果都是以二元编码形式表现出来。就社会行动者的范畴化而言，范畴激活的结果就是在特定的社会语境中我们—他们之间群体符号边界的形成和建构。

3. 基督教宗教场域中群体符号边界的形成

在基督教宗教场域中，下列话语行为或人际互动序列，是惯例性的和典范性的。

基督徒：您信主几年了？

慕道者或普通参与者：我还没有信。

基督徒：那您……

这是简单的人际互动序列，也是话语分析理论家所专注的最普通的对话行为的文本（Potter & Wetherell，1987/1999）。但在我们的分析脉络中，其内隐的显著意义从三个方面表现出来。

第一，人际行为对群际行为。

这段对话，表面上看来是最简单的面对面的人际互动序列，但它实质上所反映的，是隶属于两个不同范畴的个体之间的群际互动。是泰弗尔和特纳细致而雄辩地在社会行为两极之间进行了原初区分（Tajfel & Turner，1986：8）。社会行为相应的两极，他们称之为人际行为（interpersonal behavior）对群际行为（inter-group behavior）。其中一极即人际行为，它指两个或多个个体间的互动，这种互动完全由他们之间的人际关系和个体特征所决定，不受他们各自所属的种种社会群体和社会范畴的影响。而另一极即群际行为，则由两个或多个个体（或者由个体组成的群体）之间的互动所构成，这种互动完全由他们所属的种种社会群体和社会范畴的成员身份或成员资格所决定，而完全不受卷入其中的个体之间的个人关系的影响。

人际行为和人际关系与群际行为和群际关系之间的基本区别，可用两个例证来进行说明。其一，现代社会中的爱情观。理想的爱情在现代社会中被认为是基于双方的个人品性和人格特征，而不是基于双方家庭的门第、声望或社会地位这些群体特征。其二，《天龙八部》中的乔峰的境遇。当乔峰是"乔峰"的时候，他和丐帮成员之间的关系是典型的人际关系，而当他变成"萧峰"的时候，他和丐帮成员之间的关系则转变为典型的敌对群际关系。其背后都蕴含人际关系和群际关系的本质差异。

个体的群体成员身份或资格，是确定的认知实在，对个体具有基本的认知/情感/价值意涵；它也是个体社会认同的基本源泉。群际互动不能还原为人际互动，因为有许多新的特质会从群际互动中突现出来，如刻板印象、偏见和歧视，甚至是污名（stigma）。

在这个基督教宗教场域原型式的对话中，基督徒和慕道者所依次代表的群体的实体性的程度，是有差别的。基督徒可明确地感知自身作为普世教会的一员，而慕道者只是意识到自身还不是其中的成员。

第二，群际差异之放大效应。泰弗尔在微群体或最简群体范式的研究中发现，基于琐碎的武断的标准，把实验参与者进行分类，就能产生外群敌意和内群偏好（Tajfel，1970）。随后的大量研究也发现，无论在实验室还是在现实的社会场景中，群际分类或范畴化，都会有效地加强群际差异，而呈现出放大效应（accentuation effect）。

第三，我们对他们：群体符号边界的共识觉知。

通过这个原型式的对话，基督徒和慕道者也各自觉知到自身和对方所分别隶属的范畴身份以及无形的群体边界。它是互动双方在社会行动中集体建构的共享实在。它不是独断的，而是共识性的。他们之间个人特征上的可能相似性，被范畴身份上的特异性（category distinctiveness）所取代。我与他的关系，被置换为我们和他们之间的关系，或我属群体（we-group）与他群体（they-group）之间的关系，或内群体（in-group）与外群体（out-group）之间的关系。而对各种行为表现的特质归因、因果归因和责任归因，以及行为之判断和评价，就不再基于个人的生理或心理特征，而是基于群体或范畴的刻板印象。

在这种语境下，基督徒因此和非基督徒明确了相互共同默认的符号边界。这种已明确了的符号边界，通过群际社会比较继续维持并不断强化。它表现在两个方面：基督徒群体的内群特异性（ingroup distinctiveness）不断生产和再生产，而非基督徒群体的外群同质性得以建构。值得强调的是，基督徒群体的内群特异性也是非基督徒群体眼中的外群同质性，而基督徒群体眼中的非基督徒群体的外群同质性也是非基督徒群体的内群特异性。基督徒群体的内群特异性的生产和再生产，是对群体符号边界的巩固和确认，是对群体身份的凸现和记忆。内群特异性和内群分化，相互关联。而通过基督徒群体内部的人际比较和社会互动，内群分化得以展开，丰富多彩的内群动力学（ingroup dynamics）得以运演。

四、群际符号边界的强化：社会比较过程

（一）社会比较过程：人际比较和群际比较

社会行动者，总要去评价和界定自身的能力和观点；而当没有客观的和

非社会的手段可资利用的时候,他不得不依次去和他人的能力和观点进行比较。费斯廷格构造了精美的社会比较论的假设—演绎体系,来解释和预测个体有关能力和观点的社会比较过程,并在逻辑上涵盖了社会学传统中的参照群体论和相对剥夺论这些中层理论模型(Festinger,1954)。沙赫特把费斯廷格有关能力和观点的社会比较过程拓展至情感领域。他发现在特定情景中,如果个体无法明晰自身的情感体验,他人的情感体验和反应就成为自身情感体验、情感认知和情感反应的比较框架(Schachter,1959)。在费斯廷格及其拓展的理论框架中,社会比较过程的运演基于个体的人格特征的人际比较,其社会性的范畴身份并没有从背景中显现出来。

而基于个体的群体或范畴身份的社会比较过程,或群际比较过程,和人际比较过程一样,也是基本的社会过程之一。特定群体或范畴身份的显著意义,只有在和他群体的关系中,亦即在与他群体的比较和对比中,才呈现出来(Tajfel,1981:256-259)。我属群体的评价,取决于对特定的他群体的参照。这种参照,依据价值—负荷的品质和特征通过社会比较而获得。内群和外群之间,积极的差异比较(discrepant comparison)产生高声望,而消极的差异比较则会导致低声望。通过内群/外群比较,积极评价我属群体的压力,导致社会群体力图把自身和其他群体区别开来。

泰弗尔和特纳在其《群际行为的社会认同论》这篇经典论文中,对社会比较过程的基本意义和条件进行了进一步的界说。他们主张,在具体的社会情境中,至少有三类类变量会影响到群际分化。第一,个体必须已经将其成员身份内化为其自我概念的一部分,即他们必须在主观上认同相关的内群体。第二,社会情境必须允许群际比较的存在,这种比较使选择和评价相关的关系品质成为可能。第三,内群体并不是将自身和所有认知上可资利用的外群体进行比较,可比较的外群体必须被看成是一个相关的比较群体。类似性、接近性和情境显著性,都是决定外群可比性(comparability)的变量(Tajfel & Turner,1986:16-17)。社会比较过程,通过社会认同理论家的精细诠释,已是社会认同建构和符号边界强化的基本机制之一。

(二)群际比较:外群同质性

群际比较,在我们的研究中可拓展为两部分:共时比较和历时比较。共时比较,是指基督徒群体和非基督徒群体的横向比较;而历时比较,则是一个基督徒在归信和受洗前后之比较,因为归信和受洗前后,基督徒即使作为个体也是隶属不同群体或范畴。无论是共时比较还是历时比较,都导向外群同质性。

1. 共时比较:基督徒眼中的非基督徒

> 我觉得基督徒与非基督徒区别很大。就单单说我身边的同学,他们会为了一件小事、一件私欲的事而去吵架。他们都很自私,我觉得。但是在基督徒身上你看不到这种自私。也许他们也有自私的时候,但是没有非基督徒感觉那么强烈。(访谈资料:基督徒 CH)

即使基督徒在感知非基督徒眼中的基督徒形象时,外群同质性也会呈现出来。

> 基督徒首先是相信有上帝的人。我跟你讲我的一个同事对我的评价,因为这个同事是刚参加工作不久,我跟他的关系有一点类似师傅带徒弟。他也知道我的信仰,他也知道我对一些事情的看法。有一次他做了一个评价,他说很多事情你能做到但是我做不到,他说师傅你相信有位上帝,上帝他能够祝福你,你不管周围发生什么事情,别人说着好也好坏也好,你相信好像上帝会帮助你处理好,你做事情会很认真去做,不管这个事情看得见也好看不见也好,你会很踏实地去做,我做不到这一点。那是从他的镜子来看我自己的情况。区别还有很多,将来去的地方也不同。(访谈资料:基督徒 HM)

2. 共时比较:非基督徒眼中的基督徒

在我们对非基督徒的访谈中,他们对基督徒有积极的评价,也有消极的评价。下面的是消极评价。请看访谈资料:

> 我觉得生命的意义就在于挣扎,生命的意义就在于在普通的生活中挣扎,就是在于你本来很难过下去的时候,你过下去了,就是挺着这种能力。我觉得这就是生命的尊严,就是这种能力。他们(基督徒)偷懒,他们就信上帝。(访谈资料:非基督徒 HYQ)

> 变成基督徒的那些人,也许都是现实生活中的失意者,他们没有勇

气去直面困难和挫折，只好退缩到信仰中。（访谈资料：非基督徒 CDH）

非基督徒对基督徒也有积极评价，请看下面的访谈资料：

一个是他们比我们这些世俗的人更有精神，眼里闪烁着理想的光芒，不像我们世俗的人有时候会很迷茫，他们有一个确定的意识形态，确定的理想。不光是基督徒是这样的，而是所有的宗教的信徒都是这样的，比如我接触过的穆斯林和佛教徒，他们表现他们的宗教一面或者说是神圣生活的时候都是这样的一种表情，就比如祈祷的时候。但是在生活中他们大部分的时间还是和普通人一样的，比如吃喝玩乐，比如他们的喜怒哀乐也和普通人一样。但是到关键时刻，比如他碰到一个很危险的事情，他可能有一个诉求，比如他可以祷告啊，这样他的心情可以很快地平静下来。所以我觉得宗教客观上有心理安慰这样一个功能。（访谈资料：非基督徒 TFM）

3. 历时比较：归信和洗礼前后

在受访的基督徒中，每位都会以感恩态度详细描述归信和洗礼前后自身整体上的改变。

归信之前，我是个罪人，像其他的罪人一样，过着没有希望的生活。出于主的慈悲和恩典，我终于向主悔改，成为主的子女，过着"重生"的生活。（访谈资料：基督徒 KF）

像其他姑娘一样，我曾经有许多梦想，美丽的梦想。我一直向往童话中那只可爱的蓝蝴蝶，可每每在实际中抓在手中就变成灰蝴蝶。我尝试过种种生活，美院中开放的舞会，青年艺术家的沙龙，以及激动人心的爱情。但这些都不能平息我内心的不安和躁动。一次，内心极度疲乏的时候，我偶然地走进教堂。那静穆的氛围，圣洁的唱诗，一下子全抓住了我的心，我的心充满了感动。我终于找到了我灵魂的绿草地。我忏悔我所犯下的过失，躺在主的温柔的怀中找到了平安。（访谈资料：基督徒 YS）

（三）基督徒内群的人际比较：内群分化

1. 基督徒内群平等性

基督徒之间，互称弟兄姐妹。他们之间的交往，剥离了世俗社会生活中所注重的社会身份，呈现出令人惊异的平等性。在我们的问卷中，有这样的一个问题：您认为在聚会中有核心人物吗？表4-1是他们的回答情况。

表4-1　　　　　　　　您认为在聚会中有核心人物吗？

有	没有	没回答	总数
12	15	4	31

有位基督徒，在访谈中特意讨论了这个问题。

> 在团契里，有些人出面组织管理。这样的人他的地位应该是低的，或者说至少他自己把自己的地位是放低的，就自己宁愿谦卑。耶稣也说，他来不是要人服事，而是要服事人的。在团契里面，这些人也是一样。就是说你们要做最大的，就要做最小的。你要学会去服事别人，不是说我就是灵命很高或怎么样然后你们大家来服事我，不是这样。
>
> 我觉得这个事情（有的人骄傲）是有可能的，当你（受）恩赐很多的时候，你常常会撇开上帝，把荣耀归于自己。人在追求神的荣耀时常常会标榜自己，我怎么样怎么样。我觉得最好的方法是你为他祷告，让上帝来亲自左右他。因为对一个基督徒来讲，他是有内在圣灵的责备，他会告诉你，就是《圣经》上说，无论你往左走还是往右走，你心里必定会有声音告诉你，这是正路，想想上帝的保守。骄傲自然是很大一个敌人，上帝最抵挡的就是骄傲的人。

2. 基督徒群体的内部分化：灵性资本

基督徒的群体生活，被他们自身界定为平等的生活，有别于非基督徒的世俗生活，超越了基于财富、声望和权力的社会分层逻辑，或精英生产逻辑。尽管如此，我们在长时间的实地研究中，还是发现基督徒群体生活中精英的活动及其影响，以及基督徒群体内部独特的分化逻辑。基督徒群体内部分化和精英生产的逻辑，是灵性资本内群比较的结果。

（1）灵性。灵性，无论基于万物有灵论（animism）还是笛卡尔的身心二元的系统诠释，它首先不是物质或肉体。在心理学的演化过程中，灵性又从"心理"中分化出来，成为不灭的精神实体，不会随肉体的消亡而消亡，并会引发严肃的反应。在基督教的脉络中，灵性，或圣灵，是神圣的"三位一体"（the trinity）的基本组分之一，与圣父和圣子同等同存，直至永远。

圣灵，通常被认为是神的灵或耶稣基督的灵，有其位格或存在形式。正如《圣经·新约·罗马书》中写道："如果神的灵住在你们心里，你们就不属肉体，乃属圣灵了。人若没有基督的灵，就不是属基督的。基督若在你们心里，身体就因罪而死，心灵却因义而活。然而，叫耶稣从死里复活者的灵若住在你们心里，那叫耶稣基督从死里复活的，也必借着住在你们心里的圣灵，使你们必死的身体又活过来"（第8章第9~11节）。

在神学之外，当代宗教社会心理学家也力图对灵性进行概念化。赫尔在仔细辨析的基础上，认为灵性就是"由追求神圣而引发的情感、思想、体验和行为。而追求（search）是指识别、言说、维持或转变的努力；而神圣（sacred），则是指个体所感知的神性存在、神性客体、终极实体，或终极真理"（Hill et al.，2000：66）。在这个意义上，基督徒的灵性，源于上帝的恩典和自身对神圣不懈的追求。但上帝的恩典并不是等额或平均分配的，而基督徒自身的追求也不是同质的。因此，不同的基督徒必然会有不同质的灵性资源、灵性修养和灵性感知。

（2）灵性资本。如何去测度不同基督徒灵性资源的差异？灵性资本（spiritual capital）的概念，被引申出来。资本，乃是所累积的劳动；灵性资本，应该是在灵性活动中劳动的积累。扬纳科内在其宗教市场论的图式中，类比经济资本，构造了宗教资本（religious capital）的概念。宗教资本，是宗教信徒所拥有的"与特定宗教有关的技能和经验，它们包括宗教知识、对教会仪轨和教义的熟悉程度，以及与宗教同伴的友谊网络"（Iannaccone，1990；Verter，2003：158）。扬纳科内对宗教资本的界定，涵盖了布尔迪厄多元资本论中的社会资本（同伴的友谊网络）、符号资本（教会仪轨和教义的熟悉程度）和文化资本（宗教知识）。但扬纳科内恰恰放弃了宗教的核心特征：信仰者的情感承诺。在扬纳科内的宗教资本基础上，斯达克和芬克把宗教资本理解为对特定宗教文化的掌握和依恋程度（斯达克，芬克，2004：150）。但这些宗教市场论学者，对宗教生活的理解有致命的偏差。请比较一个不信仰基督教的基督教学者和一个不识字的乡村虔诚基督徒之间的宗教文化修养。前者可能对基督教义和《圣经》以及基督教的历史演化和现状，有系统而雄辩的修养，但他不信；而后者，可能连上帝或基督这些字都不会写，但上帝在他的心里。这也是文化学习和濡化（acculturation）之间的本质差别。

在布尔迪厄符号资本的基础上，伏太尔构造了灵性资本的概念（Verter，2003）。但伏太尔也过分强调信徒功利性的灵性资本积累和传递的逻辑，以求在社会位置层级化的激烈竞争中获得优势。就我们的实地研究而言，这些都是无关紧要的。在我们所研究的基督教群体内部，不同基督徒所蒙受的恩典和自身的灵性努力的相关特征，可以辨析出来。

第一，基督信仰的纯粹性—功利性。

奥尔波特在有关内在宗教—外在宗教的研究中，深刻地洞悉了这个问题的本质意义。所谓内在宗教，意味着信徒生活已经毫无保留地内藏着一个人信仰的全部信条。这类信徒，更坚决地为宗教服务，而不是让宗教为自己服务。而外在宗教是为自我服务的，是功利主义和自我保护式的，它以牺牲外集团的利益向教徒提供安慰与拯救（洛文塔尔，2002：144-149）。

可以逻辑合理地用宗教行动者的概念，来拓展奥尔波特有关内在宗教—外在宗教的理念。或者说，遵循奥尔波特的逻辑，我们可以把内在宗教—外在宗教的宗教分类学，拓展为宗教信徒的宗教取向分类学：内在（宗教）信徒—外在（宗教）信徒。

内在信徒是信仰纯粹的。他们在宗教里发现他们最得意的动机，其他的需要不管多么强烈，都只被看作是次要的，并且尽可能地把它们纳入与宗教信念和规定相协调的范围；他们在接受了一种信条以后，个人努力使信条内在化，并成为行动的道德法则。从这个意义上讲，他们在生活中把他的宗教活生生地体现出来了。

外在信徒是功利性的。他们倾向于利用宗教来达到自己的目的。他们可能发现宗教在许多方面都是有用的，如提供安全与安慰，交际与娱乐，地位与自我表白，他们很少认真去信奉和接受信条，或者只是有选择地将某些信条改装以适应那些根本需要。

张亚月在对北京基督新教家庭教会的研究中，从另外的角度诠释了这个问题（张亚月，2003）。她以基督徒意义系统的建构和重构为中心，发现了真正基督徒或纯粹基督徒和名义基督徒的本质区别。前者是信仰纯粹的和宗教承诺的；而后者则是以信仰为工具，期望满足自身的功利性目的。

第二，宗教行为的卷入性程度。

基督信仰的纯粹性—功利性，只是灵性资本的主观性指标。而宗教行为的卷入性程度，则是可观测的行为指标或客观指标。教会参与频率、阅读《圣经》或相关资料的时间长短、祷告时间长短及频率、为教堂捐款的相对比例或参与义工的时间等，都可以通过简单问卷在基督徒群体中进行人际比较。

第三，宗教人际网络中的相对位置。

有些信徒比之其他信徒，在宗教群体中扮演更为核心的角色，也更多地组织和协调宗教群体的宗教活动。

因此，在我们所研究的宗教群体内部，通过灵性资本的人际比较，内群分化得以显现。它们基于信仰的纯粹性程度、宗教行为的卷入性程度和人际网络中的相对位置。我们在访谈资料中还发现灵性资本的高低以及信仰的纯粹性—功利性等个人特征，在基督徒群体内部是共识性的；或者说，基督徒群体内部的宗教精英的生产，在内群体也是共识性的。

社会比较过程，无论是自动加工还是系统加工，都会强化既有的群体符号边界和群际符号边界。其结果是外群的同质性和内群的差异性或内群分化。

五、符号边界的生产和再生产：行动中的社会表征

所形成的群体符号边界，是动态的而不是凝固的。群体在社会语境中通过独特的群体社会行动不断地彰显其独特的群体文化，或独特的群体行动风格，或独特的社会表征体系，以使群际符号边界不断地生产和再生产。

（一）群体文化和社会行为：工具箱、群体风格和社会表征

一种僵化、凝固而有目的论意味的文化观，正在解体。其主导观念，在于认定特定文化有其核心价值观和行为准则体系，它主宰特定文化语境中社会行动者的实际行为；在其解释背后，"文化"这个有待精确诠释的构念，蜕变为概念魔术和随意乱贴的标签。这也是种种文化研究、跨文化研究和本土研究的致命缺陷。没有一个作为外在约束规则体系的文化，呈现在社会行动者面前，迫使他依其规则而行事。文化，只是在社会行动者灵活而多彩的行

动中体现出来。文化之于社会行为的本质，从三个方面展现出来。或者说，文化和社会行为的复杂关系从三阶段序列中体现出来。文化，为社会行动者的行动策略提供多重选择的资源，或"工具箱"（tool kits）（Swidler，1986）；文化，在特定群体的社会行动中或在社会互动中体现出来（Eliasoph & Lichteman，2003）；在群体社会行动的基础上，文化作为群体风格和群体的社会表征体系，不断地生产和再生产（Moscovici，2000）。

1. 文化作为工具箱

文化影响社会行为，并不是为行为定向提供终极价值，而仅仅是形塑社会行动者的习惯、技能和风格的所有储备（repertoire）或工具箱。从中，社会行动者建构其多元的行动策略（Swidler，1986：273）。斯威德勒还细致辨析了在社会稳定时期（settled period）和社会变迁时期（unsettled period）文化影响的两个不同模式。在社会稳定时期，文化独立地影响社会行动，但仅仅是为社会行动者的多重行动路线提供行动资源；而在社会变迁时期，行动的社会结构限制决定了相互竞争的意识形态的生存图景，而在竞争中占据优势的外显的意识形态主宰社会行动的行动策略。

2. 文化在社会行动中或在社会互动中体现出来

文化赋予社会行动者多元的行动策略，在社会行动者的具体行动和日常实践中得以体现。它通过特定的群体成员的同质性的社会行动，而生产和再生产群体行动风格（Eliasoph & Lichteman，2003）和群体的社会认同。

3. 群体风格和群体的社会表征体系

群体行动风格的生产和再生产过程，为群体成员不断地提供或使他们不断地建构作为整体的群体社会表征。它是特定群体在社会行动中不断建构和重构的有关社会实在的共享参照框架（Moscovici，2000），以使我属群体和他群体的符号边界不断生产和再生产。而这种不断生产和再生产的群体社会表征体系，又成为社会行动者后继的社会行动资源。

在这文化和社会行为关系的三阶段序列模型中，社会行动者及其社会行动处在功能序列的核心。通过社会行动者所负荷的社会行动，作为工具箱的既定文化资源、群体行动风格和群体的社会表征体系，得以具体体现并相互关联。

而在基督徒群体中，其典范性的和惯例性的社会行为，主要是阅读《圣经》、祷告和参加团契。通过这些特定的社会行为，基督徒一方面强化自身的社会认同和群体记忆，生产和再生产我属群体的群体风格和社会表征，另一方面不断强化与他群体的区别。群体符号边界同时也就是群际符号边界，在社会行动中不断生产和再生产。

（二）基督徒群体的典型行为：阅读《圣经》、祷告和参加团契

从我们的实地研究和深入访谈中得知，阅读《圣经》和祷告是基督徒基本的行为元素。它们不但是基督徒日常生活中不可或缺的一部分，还渗透在基督徒的宗教群体生活如团契中。

1. 阅读《圣经》

在我们的问卷中，有个问题是"你经常阅读《圣经》吗？"，回答结果如表4-2所示：

表4-2　　　　　　　　你经常阅读《圣经》吗？

每天	只在聚会时	总数
25	6	31

而基督教的宣教材料《新生命——福音性查经：105》中也写道："没有人能不进食而活下去，属灵的生命也是如此。神的话语《圣经》，就是属灵生命的粮食，也是基督徒行为的总纲。为灵命健康成长，应每天汲取灵粮。"阅读《圣经》的过程，也是基督徒承接群体记忆而濡化的过程。

2. 祷告

所谓祷告，是向上帝或崇拜对象做庄严请求或感恩。在基督徒眼里，祷告就是和神交谈。在我们的问卷中，有个问题是"你经常祷告吗？"，回答结果如表4-3所示：

表4-3　　　　　　　　你经常祷告吗？

每天都祷告	想起来才祷告	很少	总数
24	6	1	31

由此可见，在我们所研究的基督徒群体中，祷告是基督徒基本的行动方式。

通过向神祷告，基督徒更加真实地感觉到神的存在，而因此不断强化自己的信仰。张亚月在其家庭教会的研究中，对祷告的功能有精彩的评论。她认为，祷告在实质上是一种交流，是基督徒与想象中的一个全智、全能、全善的上帝的交流，在这种交流中，基督徒感到自己有所依靠，被神所垂爱。他们通过祷告抒发愁苦、释放情感、寻求安慰、忏悔罪责（张亚月，2003）。

无论是阅读《圣经》还是祷告，它们可以是基督徒的私人行为，但更为显著的，它们也是基督徒团契生活的基本成分。

3. 团契

基督教会，在宽广的意义上，就是基督徒奉主之名的群体聚会。这种聚会，可以在教堂中，也可以在任何地方。为了跟制度化的天主教会相区别，基督徒的聚会，也被称为团契。

团契活动，也是仪式化的社会行动。所有的基督徒，都是仪式共在情景的能动建构者和仪式实践的主动卷入者。在团契活动中，阅读《圣经》、祈祷、同唱赞美诗和见证等，是基督教宗教共同体的群体记忆和社会行动的标准程序及主要内容，跨越时空。而见证就是将亲眼所见、亲身所感的恩典和神秘体验，与其他基督徒分享。见证，是基督徒群体的神迹建构和恩典体验的重要手段。其中所渗透的社会心理过程如认知失调和不当归因，李康乐有创造性的研究（李康乐，2003）。

基督徒群体，在其个体性的《圣经》阅读和祈祷中，或者在其团契生活的主动参与中，都惯例性地不断地与神沟通，和主交流，并受同伴成员的社会促进。通过这些典范性的社会行为，基督徒不断地体验和重构跨时空的神圣共同体的群体记忆，不断地形塑和再生产群体社会表征体系，并不断生产和再生产群体社会认同以及与他群体的符号边界。

概言之，通过社会范畴化，基督徒群体和他群体的符号边界得以形成；通过社会比较过程，所形成的群体符号边界同时也就是群际符号边界得以不断强化；而通过内群体惯例性的和典范性的社会行动，由群体记忆所承载的群体文化、群体风格和群体社会表征体系得以不断地生产和再生产，同时也就是群际符号边界的生产和再生产。

结　语

（一）社会语境中的群体符号边界：门槛之隐喻

社会行动者有多重的群体资格或范畴身份，因此也就会形塑多重的群体符号边界。因为不同的群体资格对社会行动者的认同建构有不同的权重，群体符号边界也因此有不同的强度和清晰度，而群体符号边界之跨越，也因此有不同的难度。

群体符号边界的跨越，其实就是社会流动和社会变迁。当行动者个体性地或群体性地离开原有的所属群体而获得新的群体身份时，社会流动和社会变迁发生了。如果行动者是个体性地脱离所属群体，这意味着个体对以前的所属群体的认同解构（disidentification）；这种个体流动策略的实施，只是个人的而不是群体的地位改变（Tajfel & Turner，1986：19）。如果行动者是群体性地脱离所属群体，这意味着内群和外群客观的相对位置的彻底改变（Tajfel & Turner，1986：20）。

群体符号边界，实质上是人的社会身份之门，门内是人的存在之家。由于多重的群体资格和身份，人也就有多处住所。出门、串门和破门，表明了在分层社会中人之处境和相应的行动策略。出门，是人离开一处住所，是人自由地跨越群体符号边界；串门是社会位置相似的人之间的交往，是友好地跨越符号边界；而破门则是强力逾越既定明晰的群际符号边界。奇异的是，人能审慎而明辨地出门、串门和破门，而社会生活也因此在流动和变迁中呈现出规则和秩序。

（二）敬畏和行动中的秩序

在中国基督教宗教共同体的建构历程中，尤其在建构初期，中国基督徒群体曾承受基督徒身份和中国人身份的两难困境。一方面，他们基于信仰想成为上帝的选民，获得救赎；另一方面，他们又是面对列强侵略的中国人，有时甚至被国人称为"列强的走狗"。在身份尴尬的困境中，中国基督徒群体作为整体，已经并且还在良好履行基督徒和中国人的责任和义务（卓新平，

2000：164-183）。

就本章所研究的例证而言，奥尔波特发现美国有纯粹信仰和功利信仰；张亚月发现中国有纯粹基督徒和名义基督徒。在这个意义上，中国人的宗教信仰是虔信主义或实利主义，不过是个虚假问题，不足一辩。

陀思妥耶夫斯基曾说：没有上帝，任何行为都是合法的。而中国古语有言：头顶三尺有神灵。对我们所研究的基督徒而言，无论是头顶上的星空，还是心中的道德法则，都同样蕴含令人敬畏的神性之光。而在更为普遍的意义上，头顶上的"神灵"，无论是基督徒心中感性的上帝还是抽象的自由法则，甚至是普通人的内心良知，他都在凝视；而他的凝视以及与之相伴的敬畏，是行动中的社会秩序和社会演化的基础。

参考文献

方文. 社会行动者. 北京：中国社会科学出版社，2002.

郭贵春. 科学隐喻的方法论意义. 中国社会科学，2004（2）：92-101.

李康乐. 仪式中的宗教行动者：海淀堂基督徒行为模式研究. 北京：北京大学，2003.

李林艳. 社会生活中的分类与支配：从迪尔凯姆到布尔迪厄//社会理论论丛：第二辑，2004：200-230.

洛文塔尔. 宗教心理学简论. 罗跃军，译. 北京：北京大学出版社，2002.

陆学艺. 当代中国社会阶层研究报告. 北京：社会科学文献出版社，2002.

陆学艺. 当代中国社会流动. 北京：社会科学文献出版社，2004.

斯达克，芬克. 信仰的法则：解释宗教之人的方面. 北京：中国人民大学出版社，2004.

施米特. 政治的概念. 刘宗坤，等译. 上海：上海人民出版社，2003.

孙隆基. 中国文化的深层结构. 桂林：广西师范大学出版社，2004.

涂尔干，莫斯. 原始分类. 汲喆，译. 上海：上海人民出版社，2000.

伊利亚德. 神圣与世俗. 王建光，译. 北京：华夏出版社，2002.

张国刚. 从中西初识到礼仪之争：明清传教士与中西文化交流. 北京：人民出版社，2003.

张宛丽. 现阶段中国社会分层近期研究综述//中国社会科学院社会学研究所. 中国社会学年鉴 1999—2002. 北京：社会科学文献出版社，2004：33-45.

张亚月. 跨入上帝之门：基督徒意义系统的建构和重构. 北京：北京大学，2003.

卓新平. 基督教新论. 北京：社会科学文献出版社，2000.

Argyle, M., & Beit-Hallahmi, B. (1975). *The Social Psychology of Religion*. Routledge & Paul.

Beyer, P. (1998). The Modern Emergency of Religions and A Global Social System for Religion. *International Sociology*, 13 (2), 151-171.

Bohner, G. (2001). Attitude. In M. Hewstone et al. (Eds.). *Introduction to Social Psychology: A European Perspective* (3rd ed., pp. 239-282). Blackwell.

Brewer, M. B. (1988). A Dual Process Model of Impression Formation. *Advances in Social Cognition*, 1, 1-36.

Chaiken, S., & Trope, Y. (Eds.). (1999). *Dual-process Theories in Social Psychology*. New York: Guilford.

Durkin, K. (1995). *Developmental Social Psychology: From Infancy to Old Age*. Oxford: Blackwell.

Eliasoph, N. & Lichteman, P. (2003). Culture in Interaction. *American Journal of Sociology*, 108 (4), 735-794

Emmons, R. A., & Paloutzian, R. F. (2003). The Psychology of Religion. *Annual Review of Psychology*, 54, 377-402.

Festinger, L. (1954). A Theory of Social Comparison Processes. *Human Relations*, 7, 117-140.

Fincham, F. & Hewstone, M. (2001). Attribution Theory and Research: From Basic to Applied. In M. Hewstone et al. (Eds.). *Introduction to Social Psychology: A European Perspective* (3rd ed., pp. 197-238). Blackwell.

Fiske, S., & Taylor, S. E. (2012). *Social Cognition: From Brains to Culture* (3rd ed.). New York: McGraw-Hill.

Gorsuch, R. L. (1988). Psychology of Religion. Annual Review of Psychology, 39, 201–221.

Hill, P. C. et al. (2000). Conceptualizing Religion and Spirituality: Points of Commonality, Points of Departure. *Journal for the Theory of Social Behavior*, 30 (1), 51–77.

Jenkins, R. (1996). *Social Identity*. London: Routledge.

Jenks, C. (Ed.). (1998). *Core Sociological Dichotomies*. London: Sage.

Kunda, Z. (1999). *Social Cognition: Making Sense of People*. MIT Press.

Kahneman, D. et al. (Eds.). (1982/2001). *Judgment Under Uncertainty: Heuristics and Biases*. Cambridge University Press.

Lamont, M., & Fournier, M. (Eds.). (1992). *Cultivating Differences: Symbolic Boundaries and the Making of Inequality*. The University of Chicago Press.

Lamont, M., & Molnar, V. (2002). The Study of Boundaries in the Social Sciences. *Annual Review of Sociology*, 28, 167–195.

Marshall, D. A. (2002). Behavior, Belonging, and Belief: A Theory of Ritual Practice. *Sociological Theory*, 20 (3), 360–380.

Moscovici, S. (2000). *Social Representations: Explorations in Social Psychology*. Cambridge: Polity.

Petty, R. E. & Wegener, D. T. (1998). Attitude Change: Multiple Roles for Persuasion Variable. In D. T. Gilbert et al. (Eds.). *Handbook of Social Psychology* (4th ed., Vol. 1, pp. 323–390). New York: McGraw-Hill.

Potter, J., & Wetherell, M. (1987/1999). *Discourse and Social Psychology: Beyond Attitudes and Behavior*. London: Sage.

Schachter, S. (1959). *The Psychology of Affiliation*. Stanford University Press.

Shafir, E., & LeBoeuf (2002). Rationality. *Annual Review of Psychology*, 53, 491-517.

Sherman, S. J. et al. (1999). Perceived Entitativity and the Social Identity Value of Group Membership. In D. Abrams, & M. A. Hogg (Eds.). *Social Identity and Social Cognition* (pp. 80-110). Oxford: Blackwell.

Swidler, A. 1986. Culture in Action: Symbols and Strategies. *American Sociological Review*, 51, 273-286.

Tajfel, H. (1970). Experiments in Intergroup Discrimination. *Scientific American*, 223, 96-102.

Tajfel, H. (1981). *Human Groups and Social Category*. Cambridge University Press.

Tajfel, H., & Turner, J. C. (1986). The Social Identity Theory of Intergroup Behavior. In S. Worchel et al. (Eds.). *Psychology of Intergroup Relations* (pp. 7-24). Chicago: Nelson-Hall.

Taylor, S. E. (1998). The Social Being in Social Psychology. In D. T. Gilbert et al. (Eds.). *Handbook of Social Psychology* (4th ed., Vol. 1, pp. 58-95). New York: McGraw-Hill.

Turner, J. C. et al. (1987). *Rediscovering the Social Group: A Self-categorization Theory*. Oxford: Blackwell.

Verter, B. (2003). Spiritual Capital: Theorizing Religion with Bourdieu Against Bourdieu. *Sociological Theory*, 21 (2), 150-174.

第 5 章 政策过程中的互依三角[*]

提要：社会政策过程，可解释为以政策制定者—政策执行者—政策目标群体这个互依三角为核心的社会心理过程。本章以村民自治为例，基于在浙江温州农村的三次实地研究，尝试揭示这三类行动者互依的行为偏好和行动策略。本章期望为政策社会心理学的孕育和成长提供洞识。

关键词：政策社会心理学，互依三角，社会分类体制，村民自治

导论：一种政策社会心理学的路径

（一）问题的提出：为何"政策失灵"？

社会政策的规范目标，是增进最不利者以能力为核心的社会福利，促进所有民众的"可持续自由"（罗尔斯，2009；森，科利克斯伯格，2012：32-37；Stone，2002）。伴随社会政策中社会发展视角的兴起（Midgley & Sherraden，2009），转型中国社会开始迈入社会政策时代（王思斌，2012：第二编），也激发了大量的社会政策研究（如彭华民，2012；熊跃根，2009）。社会政策研究在决策过程、执行过程及政策后果等方面积累了大量成果（如贺东航，孔繁斌，2011；希尔，休普，2011；周光辉，2011；朱旭峰，2011）。

---

[*] 本章和毕业于伦敦政治经济学院社会心理学系的赵蜜博士合作完成。

但所有这些研究，主要探究社会政策的出台背景、决策过程及其可能的影响，或者是执行效果及其评估。社会政策背后动态的群际过程，都没有受到充分的关注。

社会政策研究的核心难题之一，关涉政策为什么失灵，或者说意在惠民的社会政策为什么没有达到预期效果。可能的解释或者是政策不灵，或者是执行不力。其中的一种解决方案就是强化"顶层设计"。就社会政策的合法性而言，所有法规的颁布，从来都是顶层设计。中国改革开放以来的重大政策创新如家庭联产承包责任制和乡镇企业实践，首先是中国普通民众的创造性探索，然后再由国家进行事后的合法性授权。

针对"政策失灵"，我们研究的出发点在于即使是良善政策加良好执行，也很可能不灵。因为一切社会政策过程，都至少关涉政策制定者、政策执行者和政策目标群体。这种群际互依的行动逻辑，作为内蕴机制，潜伏在包括政策设计、制定、实施和后效的所有政策过程中。因此理解和解释包括村民自治制度[①]在内的所有社会政策，需要尝试以多元攸关群体为核心的政策社会心理学的路径。

（二）政策社会心理学的逻辑起点

社会心理学从其学科合法性的建构初期，就有丰厚的应用研究传统，至今已经成就应用社会心理学（applied social psychology）的庞大学术产业（如乐国安，2003；Brewer & Hewstone，2004）。应用社会心理学者力图把社会心理学的基础研究成果灌注到社会问题导向的应用研究中（Herman，1996）。近年来，也有学者明晰地呼吁社会心理学的基础研究对于社会政策的启示意义（如 DeLeon & Kazdin，2010；Lanning，2012；Polisenska，2012），或者借鉴偏差社会心理学（social psychology of bias）的研究成果来解释包括肯定行动（affirmative action）和移民处置在内的公共政策（Schmukler & Rasquiza，2010）。

---

① 1988 年开始实施的村民自治制度，似乎只是有关中国乡村的特定政治制度安排，无关村民的社会福利。但由于中国城乡二元福利制度的长久格局，村民自治制度关涉中国乡村公民的公民认同、公民参与和社会福利资源的分配，以及公民能力建设和公民德行培育。因此，它可以被理解为有关当代中国乡村公民最重要的社会政策之一。

但这些研究可以被称为"政策中的社会心理学"（social psychology in social policy），或社会心理学在政策过程中的应用研究。它们只是相对孤立地研究政策认知、对特定政策的态度和政策后效等，还没有逻辑统一而连贯的分析框架。而本章以政策制定者—政策执行者—政策目标群体这个动态博弈的互依三角为核心，力图尝试政策社会心理学（social psychology of social policy）的分析路径。

任何社会政策，都关涉福利资源分配以及攸关群体的认同重构。任何社会政策的设计、制定、实施和后效，必然会启动攸关群体的认知过程、情感过程和行为过程，调整和重构以利益和认同为核心的群际关系。因此，社会政策过程可理解和解释为社会心理过程，或者更具体的就是群际过程。

通常的群际过程，主要是动态的二元互依过程。卷入其中的，主要是内群—外群，我群—他群，或者是局内人—局外人（insiders-outsiders）（Kelley & Holmes，2003；Rusbult & Van Lange，2003；Tajfel & Turner，1986；Van Lange & Rusbult，2012）。但社会政策所启动的群际过程，则是三角互依过程。卷入其中的，是政策制定者、政策执行者和政策目标群体三方。规范意义上，他们三方各自都有其最优或最劣偏好和行动策略，但在政策过程中，他们的偏好和行动策略动态互依，交互作用。

在村民自治制度实施过程中，可以剥离出三类攸关群体/行动主体。他们之间的交互博弈构成动态互依的三角，形塑了中国乡村的社会—政治生态和生活图景。

第一类行动者就是政策制定者或国家。其无处不在但又安然隐身，通过垄断社会分类体制确定分类标准，来对国民进行分类，以彰显其权威和干预。通过对人进行分类，国家赋予个人特定的群体资格或范畴资格，从而启动自我范畴化，进而启动社会认同过程（方文，2008a；特纳等，2011；Tajfel & Turner，1986）。

很少有机会能对国家决策过程进行实时研究，甚至无法确定谁在决策。最多是基于事后多年的解密档案（Janis，1982），或者尝试用话语分析、叙事分析或制度民族志（institutional ethnograghy）来分析规范的政策文本，以揭示特定政策意图和支配关系的建构。但还有可能从规范角度来分析其最优决策（实质上只有西蒙的次优决策）和最劣决策的可能取向，前者致力于促进"可持续自由"、社会公平和社会福利（罗尔斯，2009；森，科利克斯伯格，2012），而后者则被利益集团所绑架，加剧社会不公（贝瑞，威尔科克斯，2012）。

第二类就是政策执行者。不能想当然地推断行政体系中不同等级的执行者，就一定会切实贯彻政策意图。面对惨烈的同僚竞争，他们也有自身迫切的晋升渴望、利益偏好和行动策略。他们会策略性地游走在国家和政策目标群体之间，力图经营、维持甚至再生产其精英地位。最优执行在于完善实现最优决策意图，而最劣执行则是雁过拔毛，层层共谋，欺上瞒下（周雪光，2008）。在村民自治中，第二类就是乡镇—村干部联盟，后者包括村支书与民选村委会干部（主要是村主任）。

第三类就是政策目标群体。政策社会心理学的分析路径，实质上也是以目标群体为中心的分析路径。如果没有对政策目标群体的现实处境和生命期盼的准确了解，忽视其所知、所感和所行，那绝对不可能有最优决策加最优执行；而最优决策加最优执行，能不断滋养和激发目标群体的公民德行和政治参与，最劣执行（无论是否是最优决策）则会导致政治冷漠、公民不服从甚至抗争。在村民自治中，第三类就是村民。曾经沉默的无名者开始通过基层政治的学习过程，在选举和政治参与中能动地表达自身群体的意愿和偏好、哀怨与喜乐。

（三）本章的分析策略：村民自治中的互依三角

卷入村民自治制度的三类攸关行动者，镶嵌在与其他另外两类攸关行动者的动态互依中。本章将以群际互依（inter-group interdependence）（Kelley & Holmes，2003；Rusbult & Van Lange，2003；Van Lange & Rusbult，2012）为核心，以当代社会心理学的主宰范式（方文，2011）为解释资源，来探究三类行动主体的行为预期、偏好和策略，勾画村民自治过程中消极互依或积极互依的社会心理机制。

国家作为具有威权的社会分类者，通过启动村民自治制度，对中国基层社会进行了重新分类与控制。以往的"农民"或"社员"，因为村民自治制度的实施，被赋予了新异身份即"村民"或理想意义上的"公民"。从"农民"到"村民"甚至是成长中的"公民"，中国农村的政治生态和社会图景在经历史无前例的变革或转型。

第二类的行动主体即乡镇—村干部联盟,他们力图在中国基层社会中经营其基层精英地位。他们策略性地权衡机会,编织社会关系网络尤其是"贵人网络"。

持久匿名沉默的普通村民,第一次明晰觉知他们的潜在力量。他们的人头数或投票意愿,不但开始受人关注,甚至有时还奇货可居。无论是参与投票、调动宗族资源试图影响选举还是默认通过贿赂,普通村民都以能动行动者的面目尝试一种政治学习的实践。而这种政治学习的实践,甚至也开始深刻影响更为隐忍的中国乡村女性。

在国家、乡镇—村干部和村民的互依角力中,中国基层社会中的政治—社会悲喜剧,正在浓墨重彩地上演。

(四) 资料收集和分析程序

从 2008 年 5 月开始到 2012 年,我们相继三次走访了温州的十个村庄。第一阶段的研究在 2008 年 5 月到 6 月之间进行。在对瑞安四个村庄进行调查后,我们发现城市化水平和集体经济规模是影响农民政治参与和地区民主化程度的两个关键维度。于是在当年 8 月,我们补充调查了一个无集体经济并且低度城市化的村庄。第三阶段为 2012 年 8 月到 9 月,我们采用同样的标准,又选择瑞安之外的五个村庄进行访谈和问卷调查,以比照和补充之前的研究。出于对农民民主行为和心理的关注,在两个维度之外,我们在第一和第三阶段各增加了一个典型村,一个是发生全国第一次集体罢免村委会的 BL 村,另一个是以第一个走出国门闯天下的农民而知名的华侨村 BX 村。但本章分析主要基于第一和第二阶段在瑞安五个村庄所收集的经验资料。这五个村庄分别是 ZZ 村、BY 村、MZ 村、MX 村和 BL 村(见本章附录 1)。

本章主要基于 29 份深度访谈资料,以及对路边村民和几位乡镇干部的非正式访谈记录。所有访谈均经受访者知情同意。正式访谈对象包括普通村民、在任的村主任或村支书、全国第一起罢免事件后下台的村支书、乡镇干部以及大学生村官(直接引用 16 份,见本章附录 2)。每份访谈时长在 45 分钟到 90 分钟之间。正式访谈经被访者知情同意后录音,而后整理成文字。非正式访谈以笔录为主,辅以录音。个别地方的分析,补充以第三阶段调查资料。

一、内隐在场的国家:分类支配

社会政策的颁布和实施,实质上是国家作为内隐但在场的行动者通过建构社会分类权来启动社会心理学意义上的群际过程。村民自治制度的实施,意味着国家通过分类,使农民群体由以往的人民公社的"社员"转变为"村民"甚至是理想意义上的"公民"。

(一)国家:社会分类权的支配者

所谓分类,就是对特定对象依照某种线索或标准来进行标定,以确定包容关系和排斥关系。分类对象,可以是物,也可以是人、社会关系或社会事件。这里专注讨论的是人的分类,或社会分类,也即社会范畴化(Fiske, Taylor, 2012; Tajfel, 1981; Tajfel & Turner, 1986)。

国家这一合法控制暴力的政治实体,也建构了社会分类体制。正是通过社会分类权的建构,国家成就其符号支配。国家内部的所有人口,从出生时起都被编码分类,而被纳入确定的范畴和类别当中。出生证和身份证上的基本信息,如年龄(基于出生日期)、性别、族群和出生地,就是社会分类权的原初线索或先赋线索。而政治成分、阶级、宗教、语言、教育水平、职业划分,甚至是疾病或性取向,则是国家社会分类权的衍生线索或后致线索。通过原初线索和衍生线索所构成的社会分类体制,国家对其国民进行多重分类。

值得警醒的是,社会分类体制中的尺度、线索或标准,并不必然具有逻辑合理性,尽管它们一旦被确定下来并且付诸实施就有严重后效。主要的人群分类线索,最初都是任意的、武断的和随机的。逻辑意义上,肤色标准并不必然比头发数目或鼻梁高度等标准更为合理。社会支配论的学者明晰地揭示了社会不平等背后的分类政治学。它由 3 个系统所构成:在年龄系统和性别系统之外,所有的支配系统都奠基于专断系统(arbitrary system)(斯达纽斯,普拉图,2011; Van den Berghe, 1973, 1978; Sidanius & Pratto,

1999)。

既定的社会分类体制尤其是其中原初的分类线索，是国家基本制度的基础。以年龄为例，宏观层面的制度安排如政治制度（完备公民权的获得）、法律制度（惩罚处置）、教育制度（义务教育资格）和劳动用工制度（童工和退休安排），都以它为基本轴心（方文，2008a：162-163）。

国家控制特定人群的心理和行为最直接最简便的方式，就是对特定人群进行分类或再分类。通过将农民从"社员"重新分类为"村民"，将村委会选举法制化，国家构造了新范畴"村民"。相对于"社员"身份，"村民"身份负荷更多政治意涵，成为基层政治中有实际影响力的"选民"。一旦个体成为某一群体的成员，其自我认知方式就会发生改变，他们将把自己范畴化为群体中的一员（Levine & Moreland，1994），随之产生对其群体资格或者范畴资格的积极认知评价。这种积极的认知评价必然通过诸多行为不断表达。当个体所认同的群体成员资格遭到否认时，便开始了终生的为承认而斗争。在国家给予"村民"直接"选民"这样一种政治赋权后，就在每个"村民"心中种下了民主意识的种子，但这颗种子需要精心呵护才能生根发芽。

（二）村民自治中的分类操纵：从"社员"到"村民"

中国农民身份一直都不言自明。从中华人民共和国成立初期的土地改革运动开始，国家权力逐渐全面入驻农村社会。从农业合作社到人民公社，再到村民委员会，"村民"突然从一个单纯的地域群体身份，变成了负载诸多利益争夺的政治身份。大队消失了，村委会现身了；自然村分割了，行政村涌现了；"社员"悄然隐退了，"村民"隆重登场了。

因为国家的分类支配及其强大的动员能力，外在强加的分类范畴，就会内化为自我范畴（特纳等，2011；Turner et al.，1987）。一旦个体自我归类为某一群体成员，其自我认知方式就会发生改变，随之产生对其群体资格或者范畴资格的积极认知评价、情感体验和行为表达。当个体所认同的群体成员资格不被承认（nonrecognition）或被错误承认（misrecognition）时，便开始了为承认而斗争（霍耐特，2005；Taylor，1994）。不管国家意愿如何，在其赋予"村民"直接"选民"的权利后，每个"村民"心中就开始萌生民主意识的种子。

在社会结构相对简单、组织化程度不高的农村社会,农民的生活和劳作都以家庭为核心,个体间的交往多为人际交往而非群际交往(Tajfel & Turner, 1986),群体成员资格并不常为日常生活所需要。个体的宗族身份,在传统背景下具有最大的权重;而"村民"身份,只体现在与他村村民交往时的我群—他群区分。村民自治推动了村民选举,三年一次的村委会选举,成了农民生活中的重大事件。原本基于地缘性的先赋成员资格,因其浓厚的政治色彩也突然明晰起来。自从国家大规模征用农村土地,特别是在中央允许农民流转土地承包权之后,"村民"身份更是承载着巨大的经济利益,其重要性与排他性更为突出。国家的分类调控,使得"村民"这一成员资格在农民的多元群体资格中脱颖而出,在公共领域中甚至有凌驾宗族群体资格之态势。

国家的分类支配,借助行政动员和政治话语宣传,不仅重置了农民群体的"村民"身份,并且也改变了农民群体多元群体资格的相对权重或群体实体性(方文,2013:第6章;方文,2008b;Fang, 2009;Yzerbyt et al., 2004)。通过设置大众舆论议程,设定舆论基调,国家权力在形塑公众共识。主流媒体大幅报道村民自治的示范活动,发表村民煽情的经历和感言,引导和再生产农民的参政模式和热情。一旦作为"选民"的"村民"这一群体成员资格在农民心中,同时也在村庄公共领域中占据突显地位,乡村公民社会就会破茧而出。

(三) 移民社会生态适应的困境

国家的分类支配,也并不总是如愿,例如违背民心民情民意的社会分类有时无法为继,甚至激发抗争。

1. 移民社会生态适应模式

大量群体,无论是自愿的,还是非自愿甚至是强制的,都处在流动中,或暂时或永久。表 5-1 概括了多元社会中的群体类型,尤其是流动群体类型。

表5-1 多元社会中的群体类型

流动性		接触的自愿性	
		自愿	非自愿
定居		族群文化群体 (ethnocultural group)	原居民 (indigenous peoples)
移居	永久性	移民（immigrants）	难民（refugees）
	暂时性	旅居者 (sojourners)	寻求庇护者 (asylum seekers)

资料来源：Berry，2006：30.

移民离开故土，栖身异乡，面临艰难的社会生态适应或文化适应（acculturation）。原居文化（home culture）与客居文化（host culture）之间的差异以及文化认同的差别，都在影响着他们的社会生态适应策略。贝里发现移居者及主流社群各有四种不同的社会生态适应策略，它们彼此之间相互对应（Berry，2011）（见图5-1）。

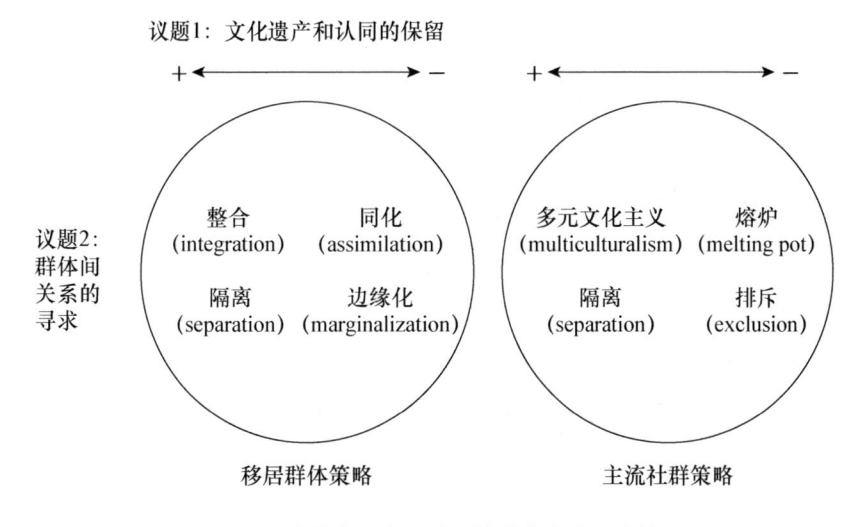

图5-1 移居者及主流社群的社会生态适应策略

资料来源：Berry，2011：5.

2. 移民社会生态适应困境

规模性迁移农村人口是比较常见的社会政策，其中最为典型的就是水库移民。除此之外，多灾地区的居民也经常被重新安置。虽然政府是出于安全考虑，但对于大部分的农民而言，背土离乡实非所愿。特别是在村民自治的语境中，这些被国家重新分类的非自愿移民遭遇了前所未有的尴尬，陷入了无止境的自我认同困境。所调查的温州农村，接收了部分山区移民。空间政治学意义的居住格局和难以逾越的方言障碍，隔离了移民和本地村民。

（1）居住格局。在一条比原先的石板路面突兀地高出10厘米左右的水泥小路上，耸立着几幢排屋，因为地基，也因为楼房本身，显得与村中老旧、低矮的房屋格格不入。这就是BY村的移民居住区。10厘米不仅仅将一条小路唐突地一分为二，更是将原村民与移民隔成了两个世界。10厘米对于原村民是眼不见为净的隔墙，而对于移民则是望而却步的台阶。

"我从不去那儿（指移民居住区），去那儿干吗？"（访谈资料：A，原村民）

"只有村干部有事情的时候会去（移民居住区）。我们村民不会去。"（访谈资料：B，原村民）

"我平时不大去村里的。就是开（村民代表）会时凑巧去一趟。"（访谈资料：C，移民）

"（我）小孩子也不那（么）喜欢玩，公园也不大去，就在这里路上玩玩。"（路边移民非正式访谈记录）

集中安置，使得移民之间仍能以熟悉的方式进行社会交往，保持原有的社会关系网络，或者重建与原先相近的社会关系。但移民群体和原居民群体居住空间上的分离，引发了社会和心理"隔离"，并强化了"我群"与"他群"的区分。

（2）方言。方言是决定农村移民社会适应的重要因素。对于跨地区的农民而言，这一点尤为真切。语言差异，除了表面的沟通困难，更深层的其实是群体经验和社会技能的差异。"隔离"在所难免。

"（我在）村民大会上也没有发言。（问：为什么？）（因为）听不懂喏。"（访谈资料：C，移民）

"（问：您为什么会选他呢？）选谁都一样。反正都不认识。"（访谈资料：D，移民）

移民和原居民的"隔离"，一方面强化了群际边界，另一方面也将移民实质性地排除在"村民自治"之外。

"我们村民……""那些移民……"，访谈中，BY村的村民在谈及与移民的关系时，不约而同地以这种方式开始叙述他们的相处。不只是在 BY 村，各地的移民都遭遇着类似的抵制和排斥。"移民"作为一个群体对另一个群体的称呼，代表着社会距离，表明了我群有别于他群的鲜明立场，负荷有贬低性的负面情感和歧视行为。

"他们（村民）会欺负我们么。我们移民要再不团结，在村里还怎么办？"（访谈资料：C，移民）

"那些移民很坏。团结得很，凶得很。"（问卷访谈时原居村民的普遍反应）

"移民很坏，把我们的地都分去了。"（问卷访谈时原居村民的普遍反应）

无论是移民还是本地村民都无异议地接受了国家的安置。然而，接受不代表接纳；服从也不表示赞同。非自愿移民原本就倾向于原居文化，但又不得不接受不可变更的新群体身份。虽然在言及"村里"事务的时候，他们也主动将自己归入村民范畴，但言谈中，他们更清晰表达的是与本地村民相区分的自我觉知，和对于自身合法参与村庄公共事务的不确定性。

在随俗和守俗之间徘徊，在融入和隔离之间抉择，无所适从的移民，面临着持续的焦虑和不确定感。

二、乡镇—村干部联盟：经营基层精英地位

国家所启动的村民自治，彻底改变了中国基层社会的精英生产方式，也激活了潜在精英地位追求的内在动力。乡镇—村干部联盟，占据舞台中心。以乡镇干部为依托，村干部群体凸现了。

（一）编织关系网络

国家是抽象的权力符号，乡镇干部则是权力的具体化身。决策与执行的代理转移（agentic shift）(Milgram，1974)，必然导致决策偏离。决策者有决策者的考量，执行者有执行者的计算。作为公权力的直接执行人，乡镇干部直接影响了国家政策执行的最终效果。不同于上级机关，乡镇干部要直面

民众，关注民众利益诉求；更不同于决策层，处在科层制最底端的基层干部有层层的行政压力，是行政体制中最为脆弱的被问责者，在行政任务的完成上不能有半点差池。在村民自治的反对者中，乡镇干部占据了最大的比例。以往为了完成行政任务，他们有时会采取极端手段强制执行，但是村民自治剥夺了他们对农民的控制权，于是他们一方面经受政绩考核压力，另一方面还得面对农民日益高涨的自主意识。行政任务，成了他们日常工作的最大焦虑。

在国家分类体制的脉络中，乡镇干部也在建构自身对于乡村社会的操作性分类体系。在乡镇干部眼中，乡村社会只有村干部和村民这两类人：前者有的可与之共谋，有的则只可驱使；而后者要么是"良民"要么是"刁民"。这样的操作性分类，直接强化了乡村精英群体的固化和再生产。

乡镇政府是中国行政体系的末梢。但对乡民而言，就是威严的国家权力的象征。任何潜在的村民想在村民选举中胜出，并且能维持其精英地位，乡镇干部就是他们所经营的社会网络当中最有价值的节点。以乡镇干部为核心节点的社会关系网络，实际上是村委会干部（主要是村主任）的"贵人网络"。但这种关系网络的经营，绝非单向的工具性运作过程。村干部绝不是被动地等待乡镇干部的"恩宠"，他们自身也有独特的社会交换资源吸引乡镇干部的关注。同时在网络运行过程中，工具关系之外也会滋生情感关系。其基本逻辑是完成行政任务过程中的积极互依。

依据情感交换论（the affect theory of social exchange），交换任务的联合性（jointness）程度决定了相关情绪体验的强弱程度，因此也决定了社会交换各方的关系强弱。如果完成某项任务，任何一方都不可或缺，即任务具有不可分割性（nonseparability），并且行动者感知到对交换任务的成败负有共享的贡献或责任（shared responsibility）时，任务的联合性达到最大程度，此时交换双方对对方的情绪体验最为积极，双方也由此发展出最强的关系纽带（赵德雷，2010；Lawler，2001）。

"（问：那你们跟村里打交道累不累？）因为我们打交道一般都是村干部……（问：也不会特别……）啊，不会的。他们还是挺配合的。村民这一块就让他们（做）。"（访谈资料：E，某社区主任）

"我弟弟是市政府办公室秘书，我哥在镇办事处当主任也有40多年

了，我妹妹是搞房地产的……我们村是计划生育示范村，去年市计划生育会议就在这里开的哪。"（访谈资料：F，某村主任）

在温州农村，竞争村干部选举的，大多数是乡村的经济精英。虽然在问及村主任们最初参加竞选的理由时，多数回答都是"为村民做贡献"这类冠冕堂皇的说辞（如访谈资料：F；G）。每月的财务补贴对于贫困村的村干部或许有些吸引力，但是对于富裕村的村干部而言则无足轻重。农民所看重的"名声"当然也是一个因素，但名声背后其实是威望与影响力。对于那些挖空心思当村主任的人而言，他们最为看重的是社会网络与政治资本。当选村主任或者村支书是农村经济精英们的机会，他们可以借此名正言顺地刻意结交各级干部并且主动与他们保持经常性的联系。

"我们（与镇干部）都很好的哪，像兄弟一样，经常吃饭喝酒的啦。他们（镇干部）有什么交代，我们马上把它们办了。"（访谈资料：H，某村主任）

农村经济精英要求助政府力量以寻求更多的经济利益，基层干部则要借助地方精英的社会力量来完成自己的行政任务，两者顺理成章地通过任务互依（interdependence of tasks）结成利益联盟。经济资本与政治资本一旦结合在一起就会相互助长，要经济利益的如愿获得经济利益，要政绩的则如愿收获政绩。基层政府对经济精英的这种扶持，使得马太效应益发快速明显，经济精英与普通村民之间的贫富差距日益扩大。

选举政治有朝向能人治理发展的内驱力。经济与社会能力在农村选举中的强势已十分明显，这一点在村干部的个人社会经济背景以及选举费用上可见一斑。

在实行村民自治的中国农村，地方干部与地方精英之间的联盟，就不断演绎着这样的逻辑。一旦这些上台的本土精英能够达成领导的预期，那么基于他们密不可分的合作关系，就能够逐渐发展出良好的私人情感；这种情感又反过来加强了双方关系，从干—群的群际关系迈向人际关系；个人偏好也由单纯的"共事依赖"（王思斌，2012：第一编：95-107）中衍生而出。

（二）村委会与村党支部

任何语境中的精英位置都是有限的，自然也会激发对有限精英位置的激烈竞争。《中华人民共和国村民委员会组织法》设置了两类合法化的乡村权威。其一是自治性质的村委会，其功能是"办理本村的公共事务和公益事业"和"协助维护社会治安"，并"向人民政府反映村民的意见、要求和提出建议"。其二则是村党支部，法律将其置于"领导核心"地位，合法化其监管村委会的权力。村党支部是党在乡村的最基层的组织。法律对村委会与党支部进行了分条规定，但是基层一般推行甚至安排村委会主任由村支书或者副支书担任。

在所调查的五个村庄中，只有MZ村两委的关系较为和谐，但MZ村有一个极为特别之处或许能解释这种和谐，那就是现任村支书是上届村主任。除此之外的四个村庄，两委即使没有激烈的对抗，也在暗中进行着无形的较量。

党支部与村委会所援引的政治资源不同。党支部是国家权力的末梢触须，其责任对象是国家；村委会则是村民权利的代表组织，其责任对象是所有村民。长期以来，农村是国家财政收入的来源之一，在农业税取消前国家政策一直以资源汲取为主导。与此相对，村委会的任务则是保护村庄资源。虽然两者的直接代理人村支书与村主任出于种种原因，可能会在政府与村民之间有个人倾向性，但个人倾向性并不会也不能过于偏离职责，否则两者都不能久居其位。

一些学者曾经试图用"两委合一"与"两票制"来解决两委冲突问题（如郭正林，2001）。无论是"两委合一"还是"两票制"，其实都表明"两委"之间的张力是期望以一种力量统合另一种，也就是说要消除群际差异，构建一个新的实体性群体。随着民主选举在农村的落实，农民的公民意识在村民自治过程中逐渐得到滋养，很多地方已经发展出自主民主选举的能力，"两委合一"也已经逐渐淡出政治舞台；与此同时，全权政权的强大控制意愿和能力，也会坚持"两票制"。

村支书与村主任的个人利益及声望竞争与合作，表现形式多种多样，但集体经济是支点。明显例证就是在贫困村无人愿当村主任，但在富裕村，"两委"竞争通常更为激烈。

（三）大学生村官：精英争夺中的局外人

国家启动的大学生村官计划，造就了大学生村官这个新群体。他们被分配到农村担任村支书助理或村主任助理或其他两委职务。虽然国家政策通过利益引导使得部分高校毕业生奔赴农村，但是相关配套政策建构不足，让很多刚出校门的大学生面对艰难的基层工作与艰苦的农村生活产生一定失望困惑。

合法性意指事物符合其实然性与应然性，具有自然性、正确性与正当性。合法性产生权威。合法权威来源于两个基本因素：群体层面的效力（validity）与个体层面的正当性（propriety）（赵德雷，2010；Zelditch，2006）。两者缺一就会导致权威的不稳定，两者俱无则必然导致去合法化以致去权威化过程。虽然国家冠之"大学生村官"以"官"之名，但却没有赋予这一职位足够的效力与正当性，很多大学生村官因此茫然无措，无所作为。

（1）效力。大学生村官与前述的"移民"类似，都是国家政策的产物。人们对这一职位的性质与职责没有基本共识。对于社会位置而言，效力在某种程度上可类比于社会角色预期。国家、乡镇领导、村干部、村民以及大学生村官自己对于"村官"这一职位都有不同的定位。

（2）正当性。大学生村官政策合法性最重要的立足点，在于农村人才的"极其短缺"。对大学生村官的定位是"官"，虽然没有具体的职责规定，但肩负"改善基层人才队伍的结构"的重任（《关于引导和鼓励高校毕业生面向基层就业的意见》，2005），因此在基层工作中举足轻重，而村务参与是实现政策政治目的的基本前提。但在实际操作中，对农事一窍不通的大学毕业生走上了"村官"岗位，英语、数学等专业在农业生产与村民日常纠纷的解决上毫无用武之地。没有可见的工作业绩，他们得不到乡镇干部、村干部与村民的认可。对于村干部而言，大学生村官只是文书。

由于人们对"村官"这一职位没有先在的认识，大学生村官角色的合法性只来源于国家权威的宣称。这种缺乏效力和正当性支撑的宣称，就要得到人们的普遍认可，要么有国家权威作为坚强后盾，要么依靠自身业绩赢得群众支持。

三、村民：能动的政治策略家

普通农民通过村民自治实践所启动的政治学习过程，逐渐超越私己性的家庭生计，策略性地参与到乡村政治生活和公共领域的转型中，在三年一次的自治选举中扮演着受人关注的角色。他们类似于政治策略家，或者利用家族资源影响选举，或者审时度势地迎合选举。就连隐忍的女性村民，也开始学习并尝试摸索影响村庄政治生态的计策。

(一) 宗族资源作为适应性工具

村民自治推行之后，农村成了各个利益群体激烈争夺合法权益的场域。根深叶茂的宗族势力，便自然回归乡村的政治生活。宗族强盛背后的集体逻辑是什么？而宗族是否又是乡村社会不解的症结？当代进化社会心理学的利他模型能够对此给予雄辩的解释和预测（诺瓦克，2013；Nowak & Sigmund，2005；Trivers，2002）。

所有物种包括人类物种进化的目标就是适应性的拓展，即让和自身有关的遗传特质在更多的后代身上得到传递和表达。适应性的拓展有两种方式。第一种是直接方式，即通过性选择来找寻配偶以生养更多后代。性选择过程，受制于两性亲本投资的逻辑（巴斯，2007，2011；Trivers，2002）。第二种则是间接方式，即通过生命机体之间的利他行为，如亲属选择/亲属偏好、直接互惠或间接互惠。其中，利他行为的亲属选择/亲属偏好则是基本逻辑。亲属偏好的直接收益就是更容易获得自身生存与繁衍所需的间接资源，间接收益则是通过对携带自身部分基因的亲属的救助，使自己的基因得以繁殖。

人类繁衍与进化的冲动具有物种普适性，因此宗族兴盛绝非中国文化特异性的表征。西方豪门望族的政治影响力，在西方国家中也清晰可见。宗族兴盛的基础在于个体最大化自身适应性的压力。在传统农村，因为地缘上的接近性，也因为社会交往空间的封闭，宗族是个体获取资源的最主要渠道。随着市场经济与现代通信技术和交通手段的迅猛发展，地域空间对人之交往的限制越来越小，人们资源获取的渠道也有了极大的拓展。当个体从外部资源所获得的收益超过对宗族投入所能得到的收益时，这种投入自然会停止，宗族势力也随之萎缩。转型中的中国农村，受城市化程度、村庄公共资源规模以及村民居住区位等因素的影响，宗族显著性在各个村庄存在差异。而种内适应性（inclusive fitness）正是造成这种差异背后的驱动力。

在本研究所涉及的五个村庄中，ZZ 村、BY 村、MZ 村与 BL 村主任都是村中大姓人家，只有 MX 村辞职的村主任是村中的小姓人家。乍一看，宗族似乎的确左右着选举，但仔细勘察就会发现，宗族只是掩盖个体利益诉求的假象，只是个体追寻资源从而增加适应性所借助的群体力量。遗传相关度或亲缘系数（co-efficient of kinship）所表达的亲疏程度，导致个体对宗族的本能亲缘。如果没有其他可与之匹敌的资源来源，宗族成势也自然是水到渠成。但是，一旦宗族关系与自身的利益相冲突，对宗族投入的成本超过收益，并且个体可以通过转投其他渠道获取更多资源的时候，个体就会义无反顾地抛弃宗族身份，停止对宗族的投入而追随自身的利益。其逻辑机制隐藏在如兄弟反目（BL 村）、小姓当家（MX 村）以及宗教势力强盛的不同表象背后。

影响村民资源获得渠道的因素，主要是公共资源规模和社会网络。

（1）公共资源规模。狭义地说就是集体经济规模。集体经济是村民的重要资源来源。当集体经济赋予村民实际的或潜在的收益超出宗族所能给予的收益时，最大化适应性的驱动力就会促使村民选择能够最大化集体经济收益即最大化自身收益的领导者，而非不能扩大自身收益的族内人。ZZ 村族内人对本族村主任工作的观望、BY 村主任的连任、MX 村小姓村主任的当选以及 BL 村族内人集体参与罢免本族村支书，都是公共资源作用于村民决策的结果。

（2）社会网络。村中的社会交往网络，意味着村民可资获得资源的渠道。公共资源能解释村民对宗族身份与村民身份之间的抉择，社会网络则能说明亲属偏好程度在不同村庄的差异。"远亲不如近邻"，古语早已洞悉社会交往能够突破狭隘的宗族观念。互惠利他行为所引发的社会交换，如果有助于提高个体的种内适应性，自然选择就会让这种互惠交换得以进化。

社会网络首先受制于社会形态。在仍是熟人社会的现代农村，透明的信息交换、频繁的人际互动和村庄内部的声望评定（image scoring）（Nowak & Sigmund，1998）使得个体更有信心合理决断，亲属偏好可能因此被打破。而在半熟人社会或者陌生人社会的农村，信息的不完全与人际交往的限制使得建立在亲属关系之上的大规模联盟在群际竞争中极具优势，亲属偏好自然脱颖而出。这一点对比 ZZ 村、BL 村和 MX 村就非常明晰：ZZ 村是典型的陌生人社会，同很多城市居民一样，邻居间互不往来，甚至互不相识。本研究中的一个访谈对象就不认识隔壁居住了十来年的邻居。BL 村则不同，据被罢免的支书说"大家基本都认识",并且多少都有些"亲戚关系"。MX村更是一个典型的熟人社会,正是因为村民对村主任能力的推崇、对其公正的信任,才会让一个"小姓人"当选该村的村主任。

同是熟人社会,社会网络则受居住格局的影响。MZ村一个尤为突出的特点,就是亲属偏好与受居住区位影响的社会交往网络的重叠。本研究对村中几个访谈对象做了"提名法"实验,让参与者说出三个日常交往对象。结果表明,亲属与邻居是大姓村民共同的选择。因为MZ村同姓氏居住集中,因此亲属就是邻居而邻居绝大部分也都是亲属。而小姓村民的回答则指向外村,这表明小姓村民跟村里人联系少,村里一般都"自姓人跟自姓人"交往。与大姓村民相对,小姓村民的住房都基本独立,与大姓村民居住区有较远的距离。这刚好与MX村形成鲜明的对比,MX村村民混居,社会交往外溢出宗族范围(参见本章附录1)。因此,社会交往的限制使得亲属偏好在MZ村明显,而在MX村并不具有显著性。

(二)选举:选票争夺

选举的发生必然以民主选举制度为前提。与政客的媒体竞选和空口承诺类似,乡村选举以饭桌代替媒体,以金钱或者其他有价物品取代承诺,甚至以隐晦的方式表现了某种程度的选举自由。

(1)参选者:集体经济控制权。竞选之所以会出现,首先是因为当选村干部有利可图。

在ZZ村,从事石矿、建筑材料生意的村主任,正在筹划投资6500万建数码城,投资500万整治河道,同时还预算700多万正在建设一个实验学校。村庄建设诚然能为所有村民带来福利,但是在资金预算、工程招标、土地买卖等方面村干部也有空间做文章、为己谋私。ZZ村的建设项目与村主任的背景如此匹配即使只是一个巧合,无疑也会给村主任的个人事业发展带来诸多机遇。BY村与BL村的罢免事件,都是源于村干部在土地买卖中的暗箱操作。由此可见,集体资产的管理权能带来巨大的个人收益,当个体预期这种权力能带给自己足够大的利益时,就可能诉诸一切可能的手段包括贿赂去争取。

(2)选举者:评价需求。评价需求(the need to evaluate)就是个体自主地进行评价性反应的倾向（Blair et al.，1996）。民主选举的公平性基于选民态度的自由表达。例如，单凭集体经济变量并不足以预测贿赂的发生，受抑制的评价需求是导致贿赂的必要条件。BY 村虽然集体经济不如 ZZ 村发达，但集体经济收益也算颇丰，并且有 80 亩非法买卖的回收土地随时都可能被国家征用。这些土地有足够的吸引力导致出现恶性竞争，但是贿赂不但在该村没有出现并且还受村民的强烈抵制。

与 ZZ 村相比，该村城市化水平远远不如，村民的受教育水平也没有比 ZZ 村高，民主选举也与 ZZ 村一样在国家政策的指导下同时期展开，在选举程序的规范程度上与 ZZ 村也没有差异。因此用村民的民主意识来解释这种差异显然牵强。但是这两个村庄的明显差别就在于，BY 村首先基本上算是熟人社会，其次村中凡有大事都会召开全体村民会议集体协商，并且在选举之前，竞选者需要在全体村民会议上发表竞选宣言。信息的透明与权力的可接近性，使得村民有能力并且有意愿积极参与村庄治理，贿赂因此被有效地抵制。

村民自治在实际运作中面临重重流弊和困难。尽管如此，民主选举程序还是解放了村民对民主的想象。在多轮村委会选举中，村民逐渐萌生了作为公民的权利自觉。这种自觉，不但表现在主动参与政治生活、集体罢免行动、对选举形式的偏好上，也同样表现在对选票政治意义的认识和利用上。

在民主选举过程中，村民已经萌生了实质民主所需要的基本政治效能感。他们强烈地认识到自己选票的价值，即使作用有限，也是奇货可居。选举的权利，也因此成为他们维护自身利益最有力的武器。他们会通过街谈巷议主动或者被动地参与到政治生活之中，公民意识也在这种参与中不断地被滋养。民主选举已经根植于村民心中，公民意识也已经成为他们自我概念中不可剥离的一部分。这一点可见诸村民对民主选举形式的普遍偏好。2012 年 8 月，我们第三次实地研究中的问卷调查显示，46.1%（有效问卷 193 份）的农民明确表示选举这种形式比之政府任命的要好，其中包括对地方选举风气极其不满的村民；有 10.4% 的村民认为还是政府任命好，其中有一部分是曾经的公社领导；其余的回答便是对制度失望的不置可否。但所有村民都不约而同地表示了对乡村治理中"歪风邪气"的愤怒。

中国农民经过民主程序的历练和政治学习，已经培养出朴素的公民意识。虽然在大部分地方抗议仅止于抱怨或听之任之，但是他们已经觉知到自己的公民权利；并且在一些地方，这种觉知已经转化为实际行动。随着程序正义的日益完善，村民的自治需求进而是民主意识也会不断提高。

（三）女性群体：自主意识的觉醒和隐晦表达

妇女参政一直是村民自治的热点议题。随着入城民工数量的连年攀升，妇女更成为很多留守村的人口主体。早在1999年，民政部就印发了《关于努力保证农村妇女在村委会成员中有适当名额的意见》，明确要求各地采取有效措施确保妇女在村委会成员中的名额。但是在本研究所调查的五个村庄中，就有两个村的村两委中没有女性，连计生员都由男性出任，女性村民代表也十分罕见。农村妇女真的没有权力诉求吗？她们真的对村务不感兴趣，真的对村中的事务没有意见吗？

虽然妇女个体在诉求的强烈程度上存在差异，但是毫无疑问，在中国农村存在一批有急切诉求的妇女，她们愤怒、无奈、无助，只能进行无声的消极抗议。与此同时，农村地区还有一大批外来媳妇以及女性移民，跟本地妇女一样，她们对村中的事务一无所知。同样，她们也和本地妇女有一样的抱怨和忧虑。但除此之外，她们还要承受本地妇女所没有的强烈孤独感。她们在村中认识的人很少，交际圈狭隘，也不参加村里组织的妇女活动。她们只能依附于丈夫，只能每天待在家里。她们的内心需求比之本地妇女更为强烈。

农村妇女并不是没有诉求，没有意见，只是她们或者被消音，或者主动把声音埋葬在心底。农村妇女个体的声音太过微弱，太缺乏众人的声援，这一点助长了村干部的傲慢。他们在内心对女性不以为意，认为"女人有什么见识？"。很少有人能看到女性作为一个群体的强大力量。

女性的确花费更多的时间在家庭琐事上，她们关心的事务确实不多。然而也正因为这样，她们一旦关注某一事务，其热忱和投入就无可比拟。农村妇女从最单纯的改善生活的愿望到忧心子女的婚嫁再到与别人的攀比，她们对于经济的敏感程度远远超越村中的老人或者男性村民，她们只听她们想听的事情。

（问：您主要通过哪些渠道了解村里的村务、财务管理情况？）这些我们（女人）都不知道。（问：既然都不知道村里事情，那怎么当初对村干部贪污的事情知道得这么清楚？）这个他们不会讲起来的啊？（我）自然就（听）会与这个有关系的事。（问：他们是谁？他们在哪里讲的这些？）他们就是村民啊！他们在菜场、公园里讲啊……大家就讲起来了啊。（访谈资料：B，村民）

在工业村，妇女是公共场所的主要活动者，因此也是村中舆论的主要传播者。男人通常"白天待在自己的工厂里做做事情，晚上才回家"，因此男人之间的接触更少。除了重大的事情要参加村民会议以外，他们如果不去看村务公开栏的话（而通常"看的人少"），主要的信息来源就是妻子。因此妇女又主导着舆论的方向。

如果说在 BY 村，罢免行动成功铲除了腐败村干部，而 BL 村的罢免似乎并非如此。在对 BL 村被罢免下台的支书的访谈中，同样也发现妇女的舆论导向作用。妇女不但快速有效地传播着谣言，并且还是参与罢免的主要行动力量。

> 开始是几个混混造谣，很快就传播开来……他们把那些女的撺掇起来，说主任支书贪进去多少多少，许她们罢免成功后把赃款拿出来大家分……就是女的都冲在前面，男的都躲在后面。（问：为什么会这样？）男的要面子。女的是没关系的。哭啊、闹啊，转身就一样，说"反正我是女的，没有脸皮"……上面的人下来时，这些女的都跪下来喊冤……（问：那参加罢免基本上以妇女为主，还是男的多一点？）妇女蛮多的。妇女很厉害的。（问：妇女比较多是吧？妇女比男的还多？）妇女比男的还多！（问：大概占了多少？）妇女应该是多一点的。三分之二有的。为什么呢？妇女全部给他发动了哪。（访谈资料：P，某村前支书）

当年的这起村民罢免村干部的事件，被宣传得轰轰烈烈，也被赞誉为中国民主进步的一个标志，然而看到事情并没有如愿发展的媒体虎头蛇尾，"再也没回来了……他们现在哪敢来看啊"（访谈资料：P，某村前支书）。在这次罢免事件中，我们看到了妇女作为群体的强大力量。

BL 村的罢免事件，似乎佐证了很多男性认为妇女"爱贪小便宜""没有辨别能力""就是愚昧"的想法。我们好几次对妇女的访谈意图，都因为丈夫的在场而不得不取消。对于"她什么都不懂"的评价，妇女也急忙予以肯定而让研究者采访其夫。但事实绝非如此。所有文盲女性受访者都认为参选村干部的个人能力和为村集体办实事的决心是最重要的。在 ZZ 村，在能力好、人品好但不分钱的大学生村官和分钱的候选人之间，妇女们毫不犹豫地选择了前者为村主任。她们认为分钱的人总是别有所图。在 BY 村，妇女们则一致赞扬自己村的选举正气，她们同样看到了其背后的不良动机。这些事实佐证了在村庄重要的公共议题上，那些没有受过教育的妇女，仅仅基于健全的常识也能进行睿智的理性决断。

未竟的结语：从消极互依迈向积极互依

在村民自治中，国家、乡镇—村干部联盟和村民三方，构成动态互依的三角，或消极角力，或积极互依。

（一）国家的策略和偏好

村民自治之后，失去了强权正当性的基层组织，只能进化出与国家笼络政策类似的逻辑。国家的安抚对象是农民群体，而基层干部拉拢的则是本土精英，双方各取所需又要各司其职，相互合作又不能过于偏离各自的基本立场。

（二）乡村精英的策略和偏好

中国农村民主的困境，可能一部分来自"一山二虎"的权力设置。只要自上而下的权威仍然滞留在农村，乡村内耗就不能避免。

（三）普通村民的策略和偏好

村民自治只保证了选民在选举期间的主人地位，而大多数情况下，村民无法直接参与选举后的民主管理、决策和监督。村民只能期盼和谋划三年后的下次选举。

中国农村现在应该是理想的公民社会培育地：既有自治的历史传统，又有制度性保障的民主选举，并且乡村社会的权力结构也相对平缓。即使没有特定的公共空间如咖啡酒馆或集会广场，田间地头也能成为农民日常议政的场所。如果能充分利用和依靠乡村社区资源，重视并解决层级之间和层内的由于消极互依引发的严重内耗，中国乡村社会必然会呈现出勃勃生机。

但村民自治还面临另外的严重隐患：乡村的凋敝、空洞和萧条。出身农村的大学生、年轻的打工者、自小生活在城市的第二代农民工，他们对农村的依恋慢慢衰减。一些村子已成空村，另外一些也只有迟暮老人孤独的身影。随着这些老人的离世，乡村集体记忆、乡土符号资源和村庄共同体也将永久消逝。如何让有志者扎根农村，重整美丽山河，那是另一项紧迫的社会政策议程。

参考文献

贝瑞，威尔科克斯. 利益集团社会（第5版）. 王明进，译. 北京：中国人民大学出版社，2012.

巴斯. 进化心理学：心理的新科学（第二版）. 熊哲宏，张勇，晏倩，译. 上海：华东师范大学出版社，2007.

巴斯. 欲望的演化（修订版）. 谭黎，王叶，译. 北京：中国人民大学出版社，2011.

方文. 中国社会转型：转型心理学的路径. 北京：中国人民大学出版社，2013.

方文. 当代西方社会心理学名著译丛. 北京：中国人民大学出版社，2011.

方文. 学科制度和社会认同. 北京：中国人民大学出版社，2008.

方文. 转型心理学：以群体资格为中心. 中国社会科学，2008b（4）：137-147.

郭正林. 中国农村权力结构的制度化调整. 开放时代，2001（7）：34-40.

贺东航，孔繁斌. 公共政策执行的中国经验. 中国社会科学，2011（5）：61-70.

哈耶克. 通往奴役之路. 王明毅，冯兴元，马雪芹，等译. 北京：中国社会科学出版社，2012.

霍耐特. 为承认而斗争. 胡继华，译. 上海：上海人民出版社，2005.

科尔奈. 社会主义体制：共产主义政治经济学. 张安，译. 北京：中央编译出版社，2007.

罗尔斯. 正义论. 何怀宏，何包钢，廖申白，译. 北京：中国社会科学出版社，2009.

乐国安. 应用社会心理学. 天津：南开大学出版社，2003.

诺瓦克，海菲尔德. 超级合作者. 龙志勇，魏薇，译. 杭州：浙江人民出版社，2013.

彭华民. 从沉寂到创新：中国社会福利构建. 北京：中国社会科学出版社，2012.

森，科利克斯伯格. 以人为本：全球化世界的发展伦理学. 马春文，李俊江，等译. 长春：长春出版社，2012.

斯达纽斯，普拉图. 社会支配论. 刘爽，罗涛，译. 北京：中国人民大学出版社，2011.

斯科特. 国家的视角：那些试图改善人类状况的项目是如何失败的：修订版. 王晓毅，译. 北京：社会科学文献出版社，2012.

特纳，等. 自我归类论. 杨宜音，王兵，林含章，译. 北京：中国人民大学出版社，2011.

王思斌. 走向社会的基础结构. 北京：社会科学文献出版社，2012.

希尔，休普. 执行公共政策：理论与实践中的治理. 黄健荣，等译. 北京：商务印书馆，2011.

赵德雷. 当代美国社会心理学的发展图景：以"库利—米德奖"为线索. 中国农业大学学报（社会科学版），2010（2）：90-99.

熊跃根. 社会政策：理论与分析方法. 北京：中国人民大学出版社，2009.

赵树凯. 农村基层组织：运行机制与内部冲突//徐勇，徐增阳. 乡土民主的成长：村民自治20年研究集萃. 武汉：华中师范大学出版社，2007：460-475.

周光辉. 当代中国决策体制的形成与变革. 中国社会科学，2011（3）：101-120.

中共中央办公厅，国务院办公厅. 关于引导和鼓励高校毕业生面向基层就业的意见. 中办发［2005］18 号，2005.

周雪光. 基层政府间的"共谋现象"：一个政府行为的制度逻辑. 社会学研究，2008 (6)：1-21.

朱旭峰. 中国社会政策变迁中的专家参与模式研究. 社会学研究，2011 (2)：1-27.

Berry, J. (2006). Contexts of Acculturation. In D. Sam, & J. Berry (Eds.). *The Cambridge Handbook of Acculturation Psychology*. Cambridge, U. K.：Cambridge University Press.

Berry, J. (2011). Integration and Multiculturalism：Ways towards Social Solidarity. *Papers on Social Representations*, 20 (2), 1-21.

Blair, W., Jarvis, G., & Petty, R. E. (1996). The Need to Evaluate. *Journal of Personality and Social Psychology*, 70 (1), 172-194.

Brewer, M. B., & Hewstone, M. (Eds.). (2004). *Applied Social Psychology*. Oxford：Blackwell.

DeLeon, P. H., & Kazdin, A. E. (2010). Public Policy：Extending Psychology's Contribution to National Priorities. *Rehabilitation Psychology*, 55 (3), 311-319.

Fang Wen（方文）(2009). Transition Psychology：The Membership Approach. *Social Sciences in China*, 30 (2), 35-48.

Fiske, S. T., & Taylor, S. E. (2012). *Social Cognition：From Brains to Culture*. New York：McGraw-Hill Higher Education.

Herman, E. (1996). *The Romance of American Psychology*. Berkeley：California University Press.

Janis, I. L. (1982). *Groupthink*. Boston：Houghton Mifflin.

Kelley, H. H., & Holmes, J. G. (2003). *An Atlas of Interpersonal Situation*. Cambridge University Press.

Lanning, K. (2012). Social Psychology and Contemporary Immigration Policy：An Introduction. *Analyses of Social Issues and Public Policy*, 12 (1), 1-4.

Lawler, E. J. (2001). An Affect Theory of Social Exchange. *American*

Journal of Sociology, 107 (2), 321-352.

Levine, J. M., & Moreland, R. L. (1994). Group Socialization: Theory and Research. In W. Stroebe, & M. Hewstone (Eds.). *European Review of Social Psychology* (Vol. 5, pp. 305-336). Chichester: Wiley.

Milgram, S. (1974). *Obedience to Authority: An Experimental View*. Harpercollins.

Midgley, J., & Sherraden, M. (2009). The Social Development Perspective In Social Policy. In J. Midgley, & M. Livermore (Eds.). *The Handbook of Social Policy* (pp. 279-294). London: Sage.

Nowak, M. A., & Sigmund, K. (1998). Evolution of Indirect Reciprocity by Image Scoring. *Nature*, 393, 573-577.

Nowak, M. A., & Sigmund, K. (2005). Evolution of Indirect Reciprocity. *Nature*, 437, 1291-1298.

Polisenska, V. (2012). Psychology: A Contribution to EU Policy Making. *European Psychologist*, 17 (2), 168-169.

Rusbult, C. E., & Van Lange, P. A. M. (2003). Interdependence, Interaction and Relationships. *Annual Review of Psychology*, 54, 351-375.

Schmukler, K. R., & Rasquiza, A. (2010). Public Policy. In J. F. Dovidio, & M. Hewstone (Eds.). *The Sage Handbook of Prejudice, Stereotyping and Discrimination*. London: Sage.

Sidanius, J., & Pratto, F. (1999). *Social Dominance: An Intergroup Theory of Social Hierarchy and Oppression*. Cambridge University Press.

Stone, D. (2002). *Policy Paradox: The Art of Political Decision Making* (Rev. ed.). New York: Norton & Company.

Tajfel, H. (1981). *Human Groups and Social Categories*. Cambridge University Press.

Tajfel, H., & Turner, J. C. (1986). The Social Identity Theory of Intergroup Behavior. In S. Worchel et al. (Eds.). *Psychology of Intergroup Relations*. Chicago: Nelson-Hall.

Taylor, C. (1994). *Multiculturalism: Examing the Politics of Recog-*

nition. Princeton University Press.

Trivers, R. (2002). *Natural Selection and Social Theory: Selected Papers of Robert Trivers*. Oxford University Press.

Turner, J. C., Hogg, M. A., Oakes, P. J., Reicher, S. D., & Wetherell, M. (1987). *Rediscovering the Social Group: A Self-Categorization Theory*. Oxford: Blackwell.

Van den Berghe (1973). *Age and Sex in Human Societies: A Biosocial Perspective*. Belmont, California: Wadsworth Publishing Company.

Van den Berghe (1978). *Man in Society: A Biosocial View*. New York: Elsevier.

Van Lange, P. A. M., & Rusbult, C. E. (2012). Interdependence Theory. In P. A. M. Van Lange et al. (Eds.). *Theories of Social Psychology* (Vol. 2, pp. 251–272). London: Sage.

Zelditch, M., Jr. (2006). Legitimacy Theory. In P. J. Burke (Eds.). *Contemporary Social Psychological Theories* (pp. 324–349). Stanford University Press.

Yzerbyt, V., Judd, C. & Corneille, O. (2004). *The Psychology of Group Perception*. New York: Psychology Press.

附录1 村庄生态

村庄	类型	城市化水平	集体经济（2008年）	社会类型	居住格局
ZZ	工业村	极高	强劲（年收入800万元）	陌生人社会	各姓氏混居
BY	半农业半工业	半城市化	较强（年收入42万元）	半熟人社会（移民与本地村民熟识度不高，但两个群体各自均为熟人社区）	移民集中居住
MZ	农业村	不高	正在起步（乡政府在本地扶持原生态农业项目）	熟人社会	同姓氏聚居
MX	农业村	不高	无（负债17万元）	熟人社会	各姓氏混居
BL	半农业半工业	半城市化	不详（有村集体企业）	熟人社会	不详

附录 2　访谈对象统计表

	性别	年龄	职位	受教育水平	政治面貌
A	男	55	无	文盲	群众
B	女	53	无	文盲	群众
C	男	47	村民代表（移民）	小学	群众
D	女	44	无（移民）	小学	群众
E	男	不详	社区主任	本科	党员
F	男	52	村主任	初中	群众
G	男	32	村主任	初中	群众
H	男	38	村主任	初中	群众
I	女	35	无	初中	群众
J	男	48	无	小学	群众
K	女	不详	社区工作人员（刚从大学生村官转岗为公务员）	本科	党员
L	男	25	大学生村官	本科	团员
M	男	52	村支书	初中	党员
N	男	34	无	初中	群众
O	女	49	无	文盲	群众
P	男	57	被罢免下台的村支书	小学	党员

第 6 章 心态地图

提要：当代中国宗教与灵性的复兴，为中国社会的社会关系/社会行为结构增添了新的突显维度。中国非信徒与宗教信徒之间以及不同类别的宗教徒之间的社会关系，已成为当代中国社会中最重要的社会关系形态之一。本章以地位感知和合法性表征为基础，尝试把偏差地图模型修正为心态地图模型，并采用恐惧管理论的经典实验范式，通过牙痛启动和死亡显著性启动，以探究当代中国非信徒大学生和基督徒大学生样本作为评价主体在世俗语境和死亡启动语境中心态地图的异同。本章发现存在显著的评价主体的内群偏好效应、非线性的死亡启动效应和中国不同宗教群体作为评价对象上的分化效应。本章期望为宗教对话、宗教宽容和宗教治理提供洞识和灵感。

关键词：偏差地图，心态地图，内群偏好效应，死亡启动效应

一、问题的缘起

中国社会转型，重塑了整体的中国宗教图景。当代中国宗教和灵性的现实图景，为转型中国社会的社会关系/社会行为结构增添了新的突显维度。在以往广受关注的城乡关系、阶层关系、劳资关系、民族/族群关系、干群关系之外，中国非信徒和宗教信徒之间以及不同类别的宗教徒之间的社会关系，已成为当代中国社会中最重要的社会关系形态之一。

中国非信徒和宗教徒之间以及不同类别的宗教徒之间的社会关系，实质

上是宏观的群际关系，它无法化约或还原为微观的人际关系（Tajfel，1981；Tajfel & Turner，1986）。这种群际关系，涵盖相互关联的认知面向、情感面向和行为面向，亦即刻板印象（群际认知）、偏见（群际情感）和歧视（群际行为）的三位一体。新近的偏差地图模型，力图为群际关系研究奠定新的整合模型，并尝试勾画群际认知、群际情感与群际行为之间的因果链条（Cuddy et al.，2007；Fiske et al.，2002）。本章将以地位感知和合法性表征为基础，尝试把偏差地图模型修正为心态地图模型，并采用恐惧管理论的经典实验范式，探究当代中国非信徒大学生和基督新教教徒（下文简称为"基督徒"）大学生样本在世俗语境和死亡启动语境中心态地图的异同。还期望为当代中国多元宗教语境中的宗教对话、宗教宽容和宗教治理提供洞识和灵感。

二、文献评论：从偏差地图到心态地图

（一）偏差地图

1. 社会认同论及其修正

泰弗尔的社会认同论革新了当代群际过程的研究。泰弗尔和他的团队构造了以社会范畴化、社会比较、认同建构和认同解构/重构为核心的社会认同论，以超越前泰弗尔时代北美盛行的还原主义和个体主义的微观—利益解释路径（Brown，2007；Tajfel，1981；Tajfel & Turner，1986）。

泰弗尔的学生特纳等人随后发展了自我归类论（特纳等，2011；Turner et al.，1987）。而在过去几年中，社会认同论又发展了更为精致的修正模型。其一是在主观不确定性降低模型基础上所完善的"不确定性—认同论"（Hogg，2007）。豪格的不确定性—认同论，致力于解释当代世界种种极端组织和恐怖活动的兴起。其二是赖歇尔的动态认同论。从1987年开始，赖歇尔尝试从社会认同视角来解释集体行动和社会运动，提出了"去个体化的社会认同模式"（social identity model of deindividuation，SIDE）（特纳等，2011）。赖歇尔近年来又发展了动态认同论，它以"集体心理赋权"或"集体心理给力论"（collective psychological empowerment）为核心，来解释集体行动过程中的认同动员和重构（Drury & Reicher，2009）。

但社会认同论仍存在一些基本理论困扰如内群偏好和外群敌意难题。不同的修正版本都没有完善解决这个基本问题。当代社会认知大家费斯克从群体认知出发,在刻板印象内容模型(Fiske et al.,2002)中巧妙处理了这个难题,并在偏差地图模型中把刻板印象(群际认知)、偏见(群际情感)和歧视(群际行为)融为一体。

2. 偏差地图模型

费斯克团队发现对内群体—外群体的刻板印象,并不总是呈现出内群偏好和外群敌意,它们有时是混合的、矛盾的甚至是外群偏好的。为了处理这个基本理论难题,费斯克团队构造了"才能"(competence)和"温暖"(warmth)的双维度模型,即刻板印象内容模型(高明华,2010;Fiske et al.,2002)。

在刻板印象内容模型的基础上,费斯克团队又发展了"偏差地图"(Cuddy et al.,2007,2008)(见图6-1)。

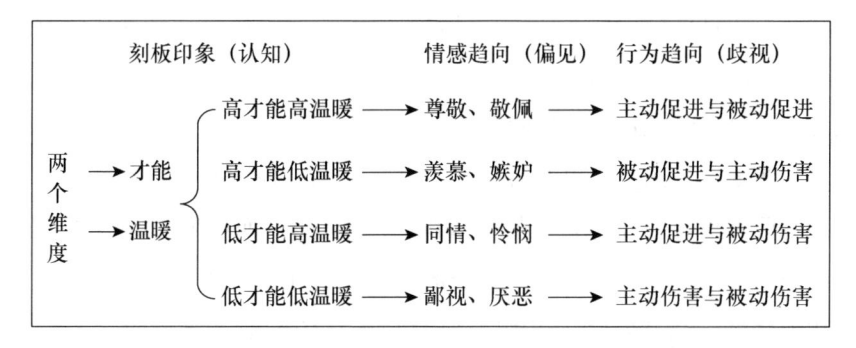

刻板印象(认知)	情感趋向(偏见)	行为趋向(歧视)
两个维度 → 才能 / 温暖		
高才能高温暖 →	尊敬、敬佩 →	主动促进与被动促进
高才能低温暖 →	羡慕、嫉妒 →	被动促进与主动伤害
低才能高温暖 →	同情、怜悯 →	主动促进与被动伤害
低才能低温暖 →	鄙视、厌恶 →	主动伤害与被动伤害

图6-1 偏差地图

资料来源:Cuddy et al.,2007:634.

偏差地图模型辨识出四类群际情感:尊敬、敬佩(admiration),羡慕、嫉妒(envy),同情、怜悯(pity),鄙视、厌恶(contempt),它们分别对应于刻板印象双维度所形成的四类群体。具体来说,尊敬归属于高才能高温暖的双高群体,如内群体或社会榜样群体;嫉妒归属于高才能低温暖的群体;同情针对低才能高温暖的群体;而鄙视则指向无德无能的双低群体。

偏差地图也发现两个维度足以概括大部分群际行为:主动—被动(active-passive)与促进—伤害(facilitation-harm),前者关涉行为的强度,后者关涉行为的性质（Cuddy et al.，2007，2008）。所谓主动行为是指行动者在行动中有明晰意图，直接指向目标群体；而被动行为则间接指向目标群体，其意图相对隐晦。促进行为则会增进目标群体收益（如帮助、合作）；而伤害行为则会给目标群体带来有害结果（如攻击、排斥）。

偏差地图模型为群际关系研究奠定了清晰简洁的理论框架，并被认为具有跨文化的普适性（Cuddy et al.，2008）。但偏差地图模型有待修正和拓展。首先，偏差地图对社会结构这个前因变量的理解及其操作化，有重要缺陷有待修正。它把社会结构不恰当地简化为社会地位与群际竞争性，并且主张它们分别可以预测才能和温暖：地位与能力呈正相关，地位高的群体倾向于被认为才能也更强；竞争性与温暖呈负相关，对于与本群体有竞争关系的群体，通常会被认为不够温暖。这种理解，有几重缺陷。第一，社会地位的获得，隐含了激烈的群际竞争。偏差地图模型把它们拆分为两个平行的独立构念，没有逻辑合理性和自洽性。第二，偏差地图模型所默认的地位与能力呈正相关的命题，也许适应于稳态社会，但对转型中的中国社会显然存在疑惑（方文，2008，2014；张宛丽，2004；Fang，2009）。下文将以地位感知与合法性表征为基础，尝试把偏差地图修正为心态地图。

其次，偏差地图模型也有待拓展。已有的偏差地图研究，都是在世俗情景中的群际评价，而没有关注在神圣情景中的评价。而如果启动死亡显著性，依照恐惧管理理论，行动者就能从世俗情景迅速转化为神圣情景，其群际评价会发生系统性的变化，亦即其偏差地图和本章中的心态地图也会系统性地变化。

（二）心态地图：以地位感知和合法性表征为基础

以权势、经济和教育作为当代中国社会分层基本线索的研究，获得广泛赞同（陆学艺，2002）。但客观的地位分化指标，在群际评价中只能转换为对权势、经济和教育指标的地位感知（方文，2005；张宛丽，2004）。同时，以权势、经济和教育指标的分化而获得的社会地位，又受制于合法性感知。对不同社会地位群体的合法性感知，已有基本共识，如"官二代""富二代""贫二代"。这种社会共识，也可称之为社会地位的合法性表征（莫斯科维奇，2011）。因此，作为偏差地图的前因变量社会结构，就可以更合理地修正为社会地位感知与合法性表征。

当某种社会地位被认为符合社会价值规范，身处特定地位的行动者遵循相应的实践程序与策略，并承认此地位获得为正当（right）且公正（just）的时候，这种地位就具有合法性。在社会支配论（斯达纽斯，普拉图，2011；Sidanius & Pratto, 1999）和系统合理化理论（Jost & Banaji, 1994；Jost & Major, 2001）中，合法性源于支配群体所努力构造的合法化意识形态，并且动员和设计种种话语策略以使大多数从属群体成员默认和赞同。

继承韦伯合法性的遗产，车尔迪奇的合法性理论在理论论辩中占据中心地位。车尔迪奇指出合法性包含个体层面的行为准则（propriety）和群体层面的效力两个面向（赵德雷，2010；Zelditch, 2001, 2006；Zelditch & Walker, 1984, 2001）。

概言之，在转型中国的语境中，偏差地图中的社会结构变量通过情景界定，作为共识性的社会表征，可操作化为对特定群体的地位感知和合法性表征。地位感知可分解为对特定群体的权势、经济和教育地位的主观感知，而合法性表征可分解为对特定群体的应得权力（entitlement）、合乎规矩和公平对待的主观感知。融会有关社会心态的研究（王俊秀，2014；杨宜因等，2013；周晓虹，2014），本章尝试将特定群体有关自身和他群体的社会结构感知及群际评价的社会知识，理解为社会心态的基本样态，亦即心态地图。由此，偏差地图在当代中国语境中可修正为心态地图（见图6-2）。下文将分别探索非信徒和基督徒作为评价主体的心态地图。

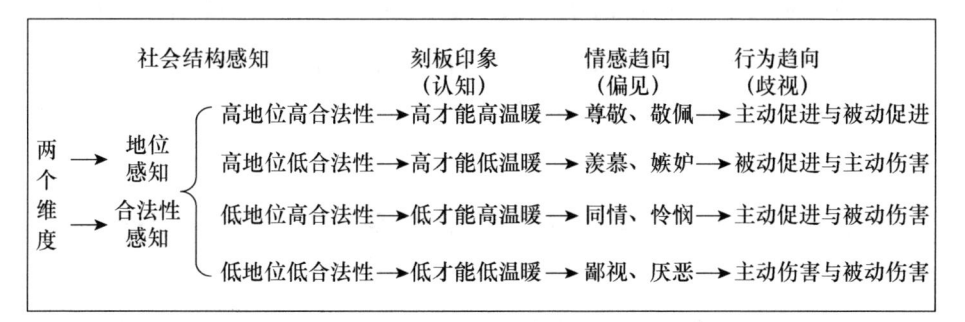

```
         社会结构感知      刻板印象      情感趋向      行为趋向
                        （认知）      （偏见）      （歧视）
        ┌高地位高合法性→高才能高温暖→尊敬、敬佩→主动促进与被动促进
两  地位│高地位低合法性→高才能低温暖→羡慕、嫉妒→被动促进与主动伤害
个→感知┤
维  合法│低地位高合法性→低才能高温暖→同情、怜悯→主动促进与被动伤害
度  性感 │
   知   └低地位低合法性→低才能低温暖→鄙视、厌恶→主动伤害与被动伤害
```

图6-2 转型中国社会中的心态地图

(三) 世俗—神圣语境中的心态地图：死亡显著性启动程序

以往的偏差地图模型，本质上都是日常或世俗语境中的群际评价模型。但如果融会作为实验存在主义心理学（experimental existential psychology）的恐惧管理论，就有可能来探究神圣语境中的心态地图，并比较世俗—神圣语境中心态地图可能的差异（Greenberg et al.，2004；Pyszczynski et al.，2010）。

恐惧管理论的出发点在于死亡无可逃避的本体困境（existential quandary），其核心是自尊命题和死亡显著性命题。自尊命题主张个体自尊作为焦虑缓冲器（anxiety-buffer）主要是应对存在焦虑；而死亡显著性命题则主张当死亡意识和死亡意象凸显时，群体就会更依附于内群文化世界观，以实施恐惧管理（谭黎，2011；Greenberg et al.，1990，1997；Rosenblatt et al.，1989；Schimel et al.，1999）。

恐惧管理论构造了其典范实验程序死亡显著性启动程序（priming of mortality salience）。如果启动死亡显著性，评价语境就迅速从世俗语境转化为神圣语境，对内群—外群的群际评价就会系统变化。在死亡显著性启动实验中，标准程序是对实验组进行死亡显著性启动，亦即激活研究参与者的死亡意识或死亡意象，如想象自己生命垂危时候的情景并用文字简要描述，而对控制组则进行牙痛启动。

作为文献评论的总结，下文将采用典范的死亡显著性启动实验程序，分别选择非信徒大学生群体和基督徒大学生群体作为两类不同的评价主体，实施两个实验，揭示他们在世俗—神圣条件下对自身群体以及三类外群体评价的心态地图，并系统检验内群偏好假设和死亡显著性假设。

三、实验一：非信徒大学生作为评价主体的心态地图

实验一将探究中国非信徒群体作为评价主体如何评价自身群体以及三类宗教群体即中国佛教徒、基督徒、天主教徒，并尝试检验死亡显著性假设。

(一)方法

1. 研究参与者

研究参与者为某大学本科生，66人参加实验，有两人为佛教徒，在统计时排除。结果非信徒被试有效样本为64人（男性18人，女性42人，4人未填性别；平均年龄＝19.56，标准差＝2.60）。

2. 实验设计和研究程序

本实验采用2（牙痛启动对死亡启动）×4（自我评价对3类宗教群体的评价）的组间设计。64名学生在教室里于上课时间被随机分配进牙痛启动组和死亡启动组集体施测，他们首先被要求花两分钟时间简要回答一个开放式问题。牙痛启动组的被试要回答"当您拔牙时，会出现怎样的身体反应和情感体验？"，死亡显著性启动组的被试要回答"当您濒临死亡时，会出现怎样的身体反应和情感体验？"。两分钟的启动程序完成后，所有参与者都被要求填答一份包括社会结构感知—刻板印象—偏见—歧视量表，共26个条目，对非信徒群体和三类宗教信徒群体进行评价（量表见本章附录）。研究参与者回答完所有问题后，实验者将问卷回收。实验过程共花15分钟。

3. 实验材料

本研究所用实验材料，修正了刻板印象内容模型和偏差地图的实验材料，包括地位感知与合法性感知、刻板印象、情感倾向和行为倾向共四个量表。研究参与者需要对每个项目在6点等距量表上进行打分。采用6点量表而不是7点量表，是为了避免反应趋中偏差。量表总体的内部一致性信度经检验，Cronbach α 系数为0.761，信度较好，可用于研究。

(二)实验结果

首先分别分析在牙痛启动条件下和死亡启动条件下非信徒群体作为评价主体在评价自身和其他三类宗教群体上是否存在内群—外群显著性差异，然后进行死亡显著性效应检验，即比较牙痛启动与死亡启动是否存在显著性差异。

1. 非信徒牙痛启动条件下的统计结果

牙痛启动条件下的评价,实质上就是日常的群际评价,它反映了非信徒有关群际地位和群际关系的社会表征(见表6-1)。

表6-1　　　　　　　非信徒牙痛启动条件下内外群检验汇总表

内群评价	外群评价	地位	地位合法性	才能	温暖	羡慕嫉妒	鄙视厌恶	同情怜悯	尊敬敬佩	帮助保护	攻击批评	合作联合	排斥贬低
非信徒	佛教徒	1.23** (0.23)	0.45 (0.24)	0.88** (0.23)	−0.31 (0.24)	0.30 (0.27)	0.14 (0.25)	−0.31 (0.26)	−0.22 (0.25)	0.05 (0.28)	0.11 (0.23)	0.91* (0.28)	−0.66* (0.26)
	基督徒	0.07 (0.23)	0.25 (0.24)	0.00 (0.23)	−0.41 (0.24)	−0.14 (0.27)	−0.03 (0.25)	0.00 (0.26)	−0.17 (0.25)	0.17 (0.28)	−0.03 (0.23)	0.66* (0.28)	−.052* (0.26)
	天主教徒	0.46* (0.23)	0.48* (0.24)	0.48* (0.24)	−0.03 (0.27)	0.23 (0.25)	−0.08 (0.26)	0.00 (0.25)	0.11 (0.28)	0.34 (0.23)	−0.09 (0.28)	0.80* (0.23)	−0.64* (0.26)

注:表格内上面一行数值为内群与外群评价之差,下面一行括号里数值为标准差值。** 表示经单变量方差分析,牙痛启动条件下,非信徒的自我评价显著高于(正值)/低于(负值)对某一宗教群体的评价,$p<0.01$;* 表示 $p<0.05$。

(1)社会结构感知和群际认知。

牙痛启动条件下,非信徒的社会结构感知即地位评价和地位合法性评价表现出内群偏好与外群敌意。单变量方差分析结果显示非信徒的地位得分最高,显著优于佛教徒($p<0.01$),也优于天主教徒($p<0.05$),但和基督徒类似;非信徒地位合法性也高于所有三类宗教群体,显著优于天主教徒($p<0.05$),但和基督徒与佛教徒的差异没有显著性。

而就以才能和温暖评价为核心的群际认知而言,非信徒和基督徒的才能得分相等,显著优于佛教徒($p<0.01$),也优于天主教徒($p<0.05$)。

基督徒群体的温暖得分最高,佛教徒次之,天主教徒再次之,非信徒的温暖得分最低。

(2)群际情感模式。

在牙痛启动下,非信徒针对自身和外群体的群际情感体验,没有显著性差异。

(3)群际行为模式。

牙痛启动条件下,非信徒的群际行为模式总体上也表现出内群偏好与外群敌意。非信徒对自身群体的积极行为如合作联合显著优于所有宗教群体($p<0.05$),而对自身群体的消极行为如排斥贬低行为显著低于所有宗教群体($p<0.05$)。

(4) 小结。

牙痛启动条件下，非信徒的心态地图模式整体上都表现出内群偏好与外群敌意，但对不同宗教徒群体的评价存在分化。

2. 非信徒死亡启动条件下的统计结果

死亡启动条件下的评价，实质就是神圣语境中的群际评价，它反映了非信徒有关群际地位和群际关系的神圣表征（见表 6-2）。

表 6-2　　　　　　非信徒死亡启动条件下内外群检验汇总表

内群评价	外群评价	地位	地位合法性	才能	温暖	羡慕嫉妒	鄙视厌恶	同情怜悯	尊敬敬佩	帮助保护	攻击批评	合作联合	排斥贬低
非信徒	佛教徒	−0.81* (0.23)	0.56* (0.28)	0.86* (0.25)	−0.36 (0.25)	0.70* (0.29)	0.22 (0.27)	−0.31 (0.27)	0.19 (0.28)	−0.02 (0.26)	0.36 (0.31)	0.95* (0.27)	−0.09 (0.29)
非信徒	基督徒	−0.18 (0.23)	0.56* (0.28)	0.00 (0.25)	−0.36 (0.25)	0.20 (0.29)	0.22 (0.27)	0.17 (0.27)	0.22 (0.28)	0.53* (0.26)	0.33 (0.31)	0.86* (0.27)	−0.20 (0.29)
非信徒	天主教徒	0.07 (0.23)	0.67* (0.28)	0.31 (0.25)	−0.22 (0.25)	0.34 (0.29)	0.13 (0.27)	0.27 (0.27)	0.47 (0.28)	0.70* (0.26)	0.36 (0.31)	1.08* (0.27)	−0.34 (0.29)

注：表格内上面一行数值为内群与外群评价之差，下面一行括号里数值为标准差值。** 表示经单变量方差分析，死亡启动条件下，非信徒的自我评价显著高于（正值）/低于（负值）对某一宗教群体的评价，$p<0.01$；* 表示 $p<0.05$。

(1) 社会结构感知和群际认知。

死亡启动下，非信徒的自身地位感知和基督徒及天主教徒没有显著差异，但劣于佛教徒（$p<0.05$），而非信徒的地位合法性显著高于其他三类群体（$p<0.05$）。

而就以才能和温暖评价为核心的群际认知而言，非信徒和基督徒的才能得分相等，天主教徒的才能评价次之，三者的得分均显著高于佛教徒。

(2) 群际情感模式。

非信徒在死亡启动下，最羡慕嫉妒本群体，显著高于对佛教徒的羡慕情绪（$p<0.05$），但与对基督徒和天主教徒的羡慕情绪无显著差异；而在尊敬敬佩维度上，非信徒的自我评价整体趋势良好。

(3) 群际行为模式。

死亡启动下，非信徒的自我保护倾向与佛教徒类似，显著高于另外两类宗教群体（$p<0.05$），自我的合作联合倾向高于所有的宗教群体（$p<0.05$）。

(4) 小结。

死亡启动条件下，非信徒的心态地图模式整体上都表现出内群偏好与外群敌意，但对不同宗教徒群体的评价存在分化。

3. 非信徒作为评价主体的死亡显著性启动效应检验

非信徒群体在牙痛启动和死亡启动条件的心态地图比较（见表6-3），其内外群的评价在所有维度上的整体趋势，表现出微弱的死亡显著性启动效应，但几乎没有统计上的显著差异，唯一例外是对自身的排斥贬低在死亡条件下更强烈了，达到边缘显著（$p=0.09$）。换言之，对于中国非信徒群体而言，其日常语境中的自我评价和外群评价，相对弱于神圣语境中的评价。

表6-3　非信徒作为评价主体的死亡显著性启动效应检验

	非信徒—非信徒 均值差（标准差）	非信徒—佛教徒 均值差（标准差）	非信徒—基督徒 均值差（标准差）	非信徒—天主教徒 均值差（标准差）
地位	0.15（0.21）	−0.27（0.22）	−0.11（0.24）	−0.24（0.24）
地位合法性	−0.08（0.26）	0.03（0.27）	0.23（0.23）	0.11（0.25）
才能	−0.05（0.24）	−0.06（0.23）	−0.05（0.23）	−0.22（0.22）
温暖	−0.08（0.22）	−0.13（0.24）	−0.03（0.25）	−0.27（0.23）
尊敬敬佩	−0.25（0.28）	0.16（0.27）	0.14（0.25）	0.11（0.25）
同情怜悯	−0.20（0.27）	−0.20（0.30）	−0.03（0.22）	0.06（0.23）
羡慕嫉妒	−0.27（0.32）	0.14（0.25）	0.08（0.30）	−0.16（0.28）
鄙视厌恶	−0.13（0.28）	−0.05（0.25）	0.13（0.23）	0.08（0.23）
帮助保护	−0.03（0.28）	−0.09（0.23）	0.33（0.26）	0.33（0.22）
攻击批评	−0.33（0.31）	−0.08（0.23）	0.03（0.24）	0.13（0.23）
合作联合	−0.05（0.25）	0.00（0.29）	0.16（0.26）	0.23（0.25）
排斥贬低	−0.52（0.29）	0.05（0.28）	−0.20（0.24）	−0.22（0.23）

注：经独立样本T检验，非信徒在死亡启动条件下对某一宗教群体的地位评价、刻板印象、情感和行为反应，与其在牙痛启动条件下的相关反应没有显著差异。（表中所有均值都是牙痛启动分数减去死亡启动分数的结果。正值表示牙痛启动条件下的评价分数高于死亡启动下的分数；负值表示死亡启动下的评价分数高于牙痛启动下的分数。如在非信徒对本群体的评价结果中，大多都是负值，这说明死亡启动情况下，非信徒对本群体的评价还是要高于牙痛启动情况下的内群评价，只是这个变动没有达到显著性水平。）

四、实验二：基督徒大学生作为评价主体的心态地图

实验二将探究中国基督徒大学生作为评价主体如何评价自身群体以及中国非信徒群体和其他两类主要的宗教群体即中国佛教徒和天主教徒，并且尝试检验死亡显著性假设。

(一) 方法

1. 研究参与者

研究参与者为位于北京的基督新教神学院本科生，基督徒被试共 54 人，其中 27 人接受牙痛启动，另外 27 人接受死亡启动。参与者的平均年龄＝24.93，标准差＝2.90。男性 13 人，女性 34 人，7 人未填性别。

而实验设计、研究程序及实验材料完全等同于实验一。

(二) 实验结果

首先分别分析在牙痛启动条件下和死亡启动条件下基督徒在评价自身和其他三类群体上是否存在内群—外群显著性差异，然后进行死亡显著性启动效应检验。

1. 基督徒牙痛启动条件下的统计结果

和非信徒类似，基督徒在牙痛启动条件下的评价，实质上也就是日常的群际评价，它反映了基督徒有关群际地位和群际关系的社会表征（见表 6-4）。

表 6-4　　　　　基督徒牙痛启动条件下内外群检验总表

内群评价	外群评价	地位	地位合法性	才能	温暖	羡慕嫉妒	鄙视厌恶	同情怜悯	尊敬敬佩	帮助保护	攻击批评	合作联合	排斥贬低
基督徒	非信徒	−0.43 (0.27)	0.91* (0.35)	0.33 (0.29)	1.86* (0.26)	0.85 (0.31)	−0.48 (0.31)	−0.35 (0.34)	1.44* (0.33)	0.57 (0.35)	0.28 (0.36)	1.39* (0.35)	−0.22 (0.34)
	佛教徒	0.07 (0.27)	0.91* (0.35)	1.22* (0.29)	1.50* (0.30)	1.26* (0.26)	−0.65* (0.31)	−0.06 (0.34)	1.37* (0.33)	1.09* (0.36)	0.20 (0.36)	1.91* (0.35)	−0.46 (0.34)
	天主教徒	−0.19 (0.27)	0.07 (0.35)	0.06 (0.29)	0.50 (0.24)	0.24 (0.31)	−0.13 (0.31)	0.19 (0.33)	0.20 (0.33)	0.37 (0.36)	0.26 (0.36)	0.59 (0.35)	0.02 (0.34)

注：表格内上面一行数值为基督徒内群与外群评价之差，下面一行括号内数值为标准差。** 表示经单变量方差分析，牙痛启动条件下，基督徒对某一宗教群体（包括本群体）的地位评价、刻板印象、情感和行为反应，显著高于（正值）/低于（负值）对另一宗教群体的评价，$p < 0.01$；* 表示 $p < 0.05$。

(1) 社会结构感知和群际认知。

总体而言，牙痛启动条件下，基督徒的社会结构感知和群际认知表现出内群偏好和外群敌意，并且天主教徒是其近亲或准内群。具体来说，基督徒的自我地位感知和对三类外群评价没有什么差别；但地位合法性感知和天主教徒类似，显著优于非信徒和佛教徒（$p < 0.05$）。其才能感知和非信徒及天

主教徒类似，显著优于佛教徒（$p<0.05$）；而就温暖评价而言，基督徒和天主教徒类似，显著优于非信徒和佛教徒（$p<0.05$）。

（2）群际情感模式。

在牙痛启动下，基督徒针对本群体和天主教徒的情感模式高度类似，在所有的情感维度上都表现出内群偏好和外群敌意；在尊敬敬佩这个维度上显著优于非信徒（$p<0.05$）；在尊敬敬佩、羡慕嫉妒和鄙视厌恶这三个维度上显著优于佛教徒（$p<0.05$）。简单说，就群际情感模式而言，基督徒和天主教徒好似近亲，显著敌视佛教徒。

（3）群际行为模式。

在牙痛启动条件下，基督徒针对本群体和天主教徒的行为模式也高度类似，在所有的行为维度上都表现出内群偏好和外群敌意；在合作联合维度上显著优于非信徒（$p<0.05$），在帮助保护与合作联合两个维度上显著优于佛教徒（$p<0.05$）。

（4）小结。

牙痛启动条件下，基督徒的心态地图模式整体上都表现出内群偏好与外群敌意，而天主教徒是其近亲或准内群。外群敌意的严重程度从弱到强依次为非信徒、佛教徒。

2. 基督徒死亡启动条件下的统计结果

和非信徒类似，死亡启动条件下的评价实质就是神圣语境中的群际评价，它反映了基督徒有关群际地位和群际关系的神圣表征（见表6-5）。

表6-5　　　　　基督徒死亡启动条件下内外群检验总表

内群评价	外群评价	地位	地位合法性	才能	温暖	羡慕嫉妒	鄙视厌恶	同情怜悯	尊敬敬佩	帮助保护	攻击批评	合作联合	排斥贬低
基督徒	非信徒	−0.64* (0.26)	0.56 (0.32)	0.39 (0.27)	2.00* (0.29)	0.07 (0.30)	−0.63 (0.37)	0.13 (0.34)	1.20* (0.26)	0.48 (0.36)	−0.31 (0.38)	1.26* (0.35)	−0.65 (0.39)
	佛教徒	−0.04 (0.26)	0.87* (0.32)	1.02* (0.27)	1.59* (0.29)	0.20 (0.30)	−1.00* (0.37)	0.56 (0.34)	1.20* (0.26)	1.44* (0.36)	−0.69 (0.38)	1.80* (0.35)	−1.25* (0.39)
	天主教徒	−0.38 (0.26)	0.24 (0.32)	0.11 (0.27)	0.74* (0.29)	0.22 (0.30)	−0.19 (0.37)	0.37 (0.34)	0.13 (0.26)	0.52 (0.36)	−0.10 (0.38)	0.52 (0.35)	−0.17 (0.39)

注：表格内上面一行数值为基督徒内群与外群评价之差，下面一行括号内数值为标准差。** 表示经单变量方差分析，死亡启动条件下，基督徒对某一宗教群体（包括本群体）的地位评价、刻板印象、情感和行为反应，显著高于（正值）/低于（负值）对另一宗教群体的评价，$p<0.01$；* 表示 $p<0.05$。

(1) 社会结构感知和群际认知。

在死亡启动条件下，基督徒的社会结构感知和群际认知主宰倾向还是内群偏好和外群敌意，但细节更为复杂。具体来说，基督徒在温暖维度上显著优于所有的三类外群包括天主教徒（$p<0.05$）；在地位合法性和才能维度上显著优于佛教徒（$p<0.05$）；而在地位感知维度上显著低于非信徒（$p<0.05$）。

(2) 群际情感模式。

在死亡启动条件下，基督徒针对本群体和天主教徒的情感模式高度类似，在所有的情感维度上都表现出内群偏好和外群敌意；在尊敬敬佩这个维度上显著优于非信徒和佛教徒（$p<0.05$）；显著地鄙视厌恶佛教徒（$p<0.05$）。简单来说，就群际情感模式而言，在死亡启动条件下，基督徒和天主教徒好似近亲，显著敌视佛教徒。

(3) 群际行为模式。

在死亡启动条件下，基督徒针对本群体和天主教徒的行为模式也高度类似，在所有的行为维度上都表现出内群偏好和外群敌意；在合作联合维度上显著优于非信徒（$p<0.05$），在帮助保护、合作联合和排斥贬低三个维度上显著优于佛教徒（$p<0.05$）。

(4) 小结。

死亡启动条件下，基督徒的心态地图模式整体上都表现出内群偏好与外群敌意，而天主教徒是其近亲或准内群。外群敌意的严重程度从弱到强为非信徒、佛教徒。

3. 基督徒作为评价主体的死亡启动效应检验

相比于牙痛启动，基督徒在死亡显著性启动条件下，整体而言，仅仅在少数维度上表现出显著的死亡启动效应，亦即内群偏好和外群敌意更为明显（见表6-6）。就内群偏好而言，天主教徒是基督徒的近亲。而就外群敌意而言，在对佛教徒的评价上，在羡慕嫉妒、攻击批评和排斥贬低三个维度上，死亡启动效应显著（$p<0.05$）。基督徒对非信徒群体的评价，在地位合法性维度上死亡启动下的评价更高（$p<0.05$）。

表 6-6　　基督徒作为评价主体的死亡显著性启动效应检验

	基督徒—非信徒 均值差（标准差）	基督徒—佛教徒 均值差（标准差）	基督徒—基督徒 均值差（标准差）	基督徒—天主教徒 均值差（标准差）
地位	0.00 (0.28)	0.10 (0.28)	0.21 (0.25)	0.01 (0.25)
地位合法性	−0.74* (0.35)	−0.43 (0.35)	−0.39 (0.30)	−0.22 (0.29)
才能	0.15 (0.26)	−0.11 (0.28)	0.09 (0.30)	0.15 (0.24)
温暖	0.00 (0.28)	−0.06 (0.32)	−0.15 (0.24)	0.09 (0.28)
尊敬敬佩	−0.24 (0.26)	−0.17 (0.31)	0.00 (0.30)	−0.07 (0.30)
同情怜悯	0.13 (0.33)	0.26 (0.33)	−0.35 (0.36)	−0.17 (0.30)
羡慕嫉妒	−0.44 (0.33)	−0.72* (0.30)	0.33 (0.29)	0.31 (0.23)
鄙视厌恶	−0.27 (0.31)	−0.47 (0.40)	−0.11 (0.30)	−0.18 (0.29)
帮助保护	−0.17 (0.36)	0.28 (0.36)	−0.07 (0.35)	0.07 (0.35)
攻击批评	−0.54 (0.34)	−0.85 (0.36)	0.04 (0.39)	−0.31 (0.33)
合作联合	−0.33 (0.35)	−0.31 (0.35)	−0.20 (0.34)	−0.28 (0.34)
排斥贬低	−0.45 (0.39)	−0.81 (0.38)	−0.02 (0.34)	−0.21 (0.30)

注：经独立样本 T 检验，基督徒在死亡启动条件下对某一宗教群体的地位评价、刻板印象、情感和行为反应，与其在牙痛启动条件下的相关反应是否有显著差异。* 表示 $p < 0.05$。（表中所有均值都是牙痛启动分数减去死亡启动分数的结果。正值表示牙痛启动条件下的评价分数高于死亡启动下的分数；负值表示死亡启动下的评价分数高于牙痛启动下的分数。）

五、非信徒—基督徒心态地图比较

也可尝试比较非信徒和基督徒的心态地图（见表 6-7）。首先是牙痛启动条件下的格局。整体而言，在内群的自我美化倾向之外，非信徒和基督徒的系统差异主要涉及佛教徒。基督徒对佛教徒的评价，在许多维度上都显著地低于非信徒的评价，如温暖（$p < 0.05$）、尊敬敬佩（$p < 0.01$）、羡慕嫉妒

（$p<0.05$）、合作联合（$p<0.05$）等，但显著高估佛教徒的社会地位（$p<0.05$）。

表 6-7　　　　　　　　　非信徒—基督徒差异检验总表

评价对象	牙痛启动				死亡启动			
	非信徒	佛教徒	基督徒	天主教徒	非信徒	佛教徒	基督徒	天主教徒
地位	0.01 (0.24)	−0.71* (0.27)	0.37 (0.25)	−0.20 (0.24)	−0.13 (0.26)	−0.34 (0.24)	0.70* (0.26)	0.05 (0.25)
地位合法性	1.07** (0.32)	0.61 (0.30)	−0.09 (0.27)	−0.25 (0.29)	0.40 (0.29)	0.16 (0.33)	−0.71* (0.27)	−0.58* (0.26)
才能	0.17 (0.23)	0.18 (0.25)	−0.16 (0.29)	−0.59* (0.24)	0.36 (0.28)	0.13 (0.27)	−0.02 (0.25)	−0.23 (0.23)
温暖	0.78** (0.25)	0.74* (0.29)	−0.66* (0.26)	−0.54 (0.25)	0.86** (0.25)	0.81** (0.27)	−0.78** (0.25)	−0.18 (0.25)
尊敬敬佩	0.84** (0.26)	0.98** (0.29)	−0.44 (0.29)	−0.51 (0.29)	0.85** (0.29)	0.66* (0.29)	−0.58* (0.26)	−0.70** (0.24)
同情怜悯	−1.18** (0.29)	−0.57 (0.32)	−0.83** (0.28)	−0.64* (0.29)	−0.84* (0.32)	−0.11 (0.33)	−1.15** (0.30)	−0.87** (0.25)
羡慕嫉妒	0.56 (0.33)	0.67* (0.26)	−0.15 (0.27)	−0.29 (0.25)	0.38 (0.32)	−0.19 (0.30)	0.10 (0.33)	0.19 (0.29)
鄙视厌恶	−0.12 (0.29)	−0.43 (0.30)	0.39 (0.23)	0.31 (0.25)	−0.26 (0.31)	−0.85* (0.35)	0.15** (0.30)	0.06 (0.27)
帮助保护	0.06 (0.34)	0.53 (0.32)	−0.69 (0.30)	−0.49 (0.30)	−0.08 (0.31)	0.90** (0.32)	−1.09** (0.32)	−0.74* (0.28)
攻击批评	0.01 (0.29)	−0.17 (0.27)	−0.23 (0.29)	0.09 (0.27)	−0.20 (0.36)	−0.94** (0.32)	−0.22 (0.35)	−0.35 (0.30)
合作联合	1.18** (0.31)	0.79* (0.32)	−0.86** (0.30)	−0.41 (0.31)	0.89** (0.30)	0.48 (0.33)	−1.22** (0.31)	−0.92** (0.29)
排斥贬低	−0.57 (0.31)	−0.16 (0.30)	0.17 (0.29)	0.31 (0.26)	−0.51 (0.38)	−1.01** (0.36)	0.35 (0.29)	0.32 (0.28)

注：** 表示经双侧 T 检验，牙痛/死亡启动条件下，非信徒对某一特定宗教群体的地位评价、刻板印象、情感和行为反应，显著高于（正值）/低于（负值）基督徒对该群体的反应，$p<0.01$；* 表示 $p<0.05$。

其次是死亡启动条件下的格局。整体而言，在内群的自我美化倾向之外，非信徒和基督徒的系统差异同样涉及佛教徒。基督徒对佛教徒的评价，在更多维度上都显著地低于非信徒的评价，如温暖（$p<0.01$）、尊敬敬佩（$p<0.05$）、鄙视厌恶（$p<0.05$）、帮助保护（$p<0.01$）、攻击批评（$p<0.01$）和排斥贬低（$p<0.01$）等。

总结和讨论

(一) 心态地图格局

可以尝试勾画非信徒样本和基督徒样本作为评价主体的心态地图（见图6-3、图6-4、图6-5和图6-6）。

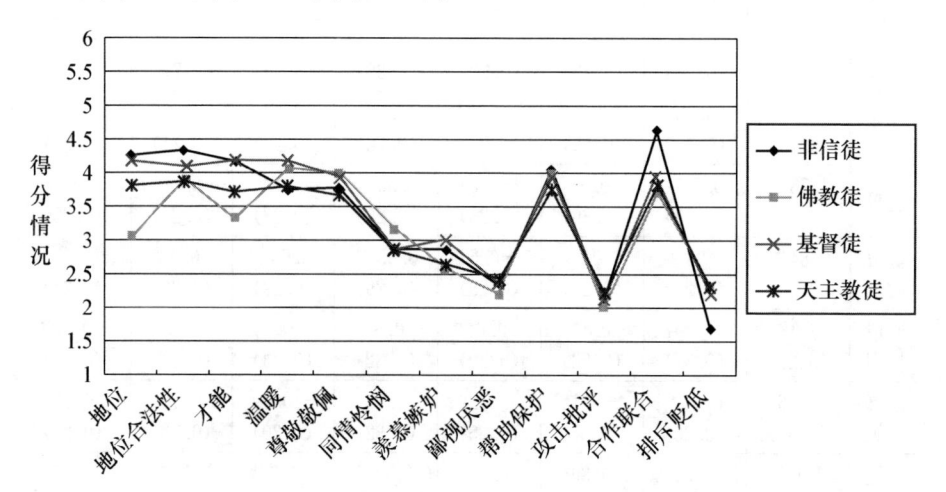

图6-3 牙痛启动下非信徒作为评价主体的心态地图

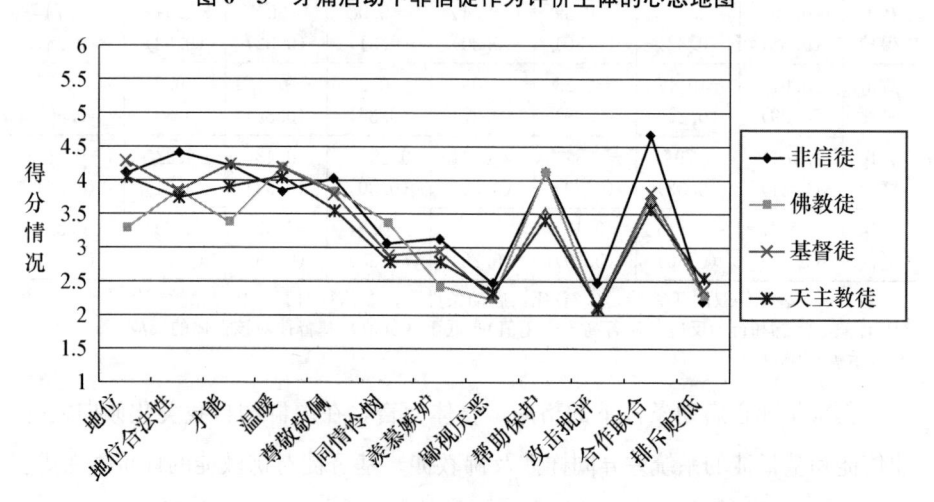

图6-4 死亡启动下非信徒作为评价主体的心态地图

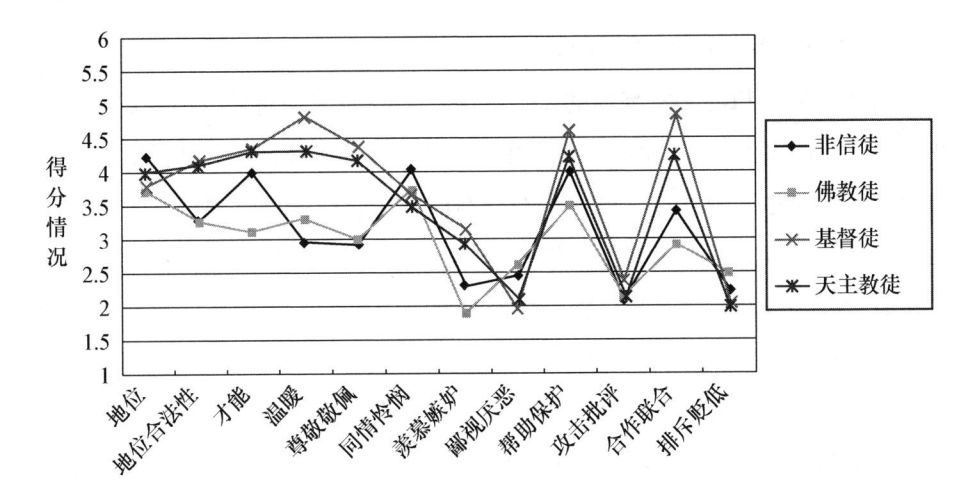

图 6-5 牙痛启动下基督徒作为评价主体的心态地图

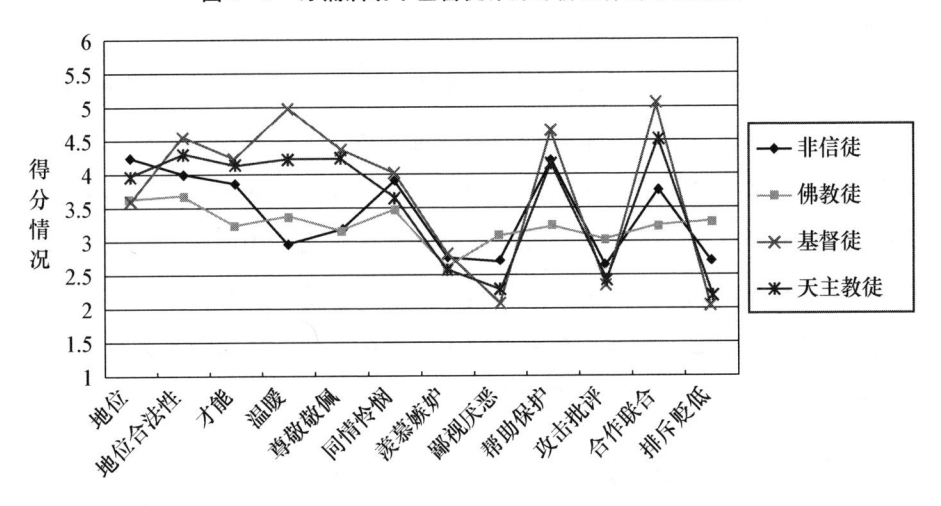

图 6-6 死亡启动下基督徒作为评价主体的心态地图

（二）主要发现和讨论

1. 内群偏好效应显著

本研究的两个实验结果都表明，评价主体无论是非信徒样本还是基督徒样本，无论在牙痛启动条件下还是在死亡启动条件下，都表现出明显的内群偏好和外群敌意。换言之，无论在世俗语境下还是在神圣语境下，评价主体的积极主效应显著。由此可见，社会认同论所揭示的群际过程的基本规律内群偏好和外群敌意，具有稳健的普遍性。

2. 存在非线性的死亡启动效应

总体而言，和英文文献中的死亡显著性启动研究相对照（Burke et al.，2010），本研究的两个实验结果表明死亡启动效应并不稳健，亦即世俗语境中的评价和神圣语境中的评价模式大部分类似。在非信徒群体中，两者几乎没有任何显著差异；而在基督徒群体中，两种条件下的自我评价以及对天主教徒的评价模式没有显著差异，但对佛教徒在羡慕嫉妒、攻击批评和排斥贬低这三个维度上表现了死亡启动效应。

这个结论令人迷惑。可能的解释是，要么死亡启动程序不严格，要么死亡启动效果在中国当代语境中受到干扰，或者非信徒大学生有关世俗和神圣的知识相互混合。具体原因，有待后续研究。

3. 宗教群体作为评价对象存在评价上的分化效应

非信徒群体作为评价主体，在内群偏好之外，更为积极地评价佛教徒，其次是基督徒和天主教徒。基督徒作为评价主体，天主教徒是其近亲，存在内群偏好。但基督徒对佛教徒的评价最差，并且和非信徒相比也高估两者的社会地位。基督徒的这种外群评价倾向可能依从于当代中国的宗教生态。高估佛教徒的社会地位，反映了在激烈的宗教竞争和政教关系中中国基督徒的地位焦虑和宣教焦虑。同时，在当代中国宗教图景中，佛教为最大宗教。就吸引潜在信徒而言，基督教可能视佛教为最大的竞争对手。

（三）未来的研究问题

中国宗教群体的实验研究刚刚起步，本章的研究发现也许远远不及它所激发的问题。本章只探讨了非信徒和基督徒群体的大学生样本作为评价主体的心态地图，没有进行变量间的中介效应检验和调节效应检验。未来的研究要探讨中国佛教徒、穆斯林和天主教徒作为评价主体的心态地图，进行社会心理机制的检验，并且拓展研究的生态效度。

参考文献

方文. 转型心理学. 北京：社会科学文献出版社，2014.

方文. 转型心理学：以群体资格为中心. 中国社会科学，2008（4）：137-147.

方文. 群体符号边界如何形成？：以北京基督新教群体为例. 社会学研究，2005（1）：25-59.

高明华. 刻板印象内容模型的修正与发展：源于大学生群体样本的调查结果. 社会，2010（5）：193-216.

豪格，阿布拉姆斯. 社会认同过程. 高明华，译. 北京：中国人民大学出版社，2011.

孔达. 社会认知：洞悉人心的科学. 周治金，朱新秤，等译. 北京：人民邮电出版社，2013.

陆学艺. 当代中国社会阶层研究报告. 北京：社会科学文献出版社，2002.

莫斯科维奇. 社会表征. 管健，高文珺，俞容龄，译. 北京：中国人民大学出版社，2011.

Rupert Brown. 群体过程. 胡鑫，庆小飞，译. 北京：中国轻工业出版社，2007.

斯达纽斯，普拉图. 社会支配论. 刘爽，罗涛，译. 北京：中国人民大学出版社，2011.

谭黎. 死亡启动下的宗教群体 BIAS 地图研究：以大学生非信徒群体为例. 北京：北京大学，2011.

特纳，等. 自我归类论. 杨宜音，王兵，林含章，译. 北京：中国人民大学出版社，2011.

王俊秀. 社会心态：转型社会的社会心理. 社会学研究，2014（1）：104-124.

杨宜音，王俊秀，等. 当代中国社会心态研究. 北京：社会科学文献出版社，2013.

张宛丽. 现阶段中国社会分层近期研究综述//中国社会科学院社会学研究所. 中国社会学年鉴 1999—2002. 北京：社会科学文献出版社，2004：33-45.

赵德雷. 当代美国社会心理学的发展图景：以"库利—米德奖"为线索. 中国农业大学学报（社会科学版），2010（2）：90-99.

周晓虹. 转型时代的社会心态与中国体验：兼与《社会心态：转型社会的社会心理研究》一文商榷. 社会学研究，2014（4）：1-23.

Burke, B. L., Martens, A., & Faucher, E. H. (2010). Two Decades of Terror Management Theory: A Meta-Analysis of Mortality Salience Research. *Personality and Social Psychology Review*, 14 (2), 155-195.

Cuddy A. J. C., Fiske, S. T., & Glick P. (2007). The BIAS Map: Behaviors from Intergroup Affect and Stereotypes. *Journal of Personality and Social Personality*, 92 (4), 631-648.

Cuddy A. J. C., Fiske, S. T., & Glick P. (2008). Warmth and Competence as Universal Dimensions of Social Perception: The Stereotypes Content Model and the BIAS Map. *Advances in Experimental Social Psychology*, 40, 61-150.

Drury, J., & Reicher, S. D. (2009). Collective Psychological Empowerment as A Model of Social Change: Researching Crowds and Power. *Journal of Social Issues*, 65 (4), 707-726.

Fang Wen (方文) (2009). Transition Psychology: The Membership Approach. *Social Sciences in China*, 30 (2), 35-48.

Fiske, S. T., & Taylor, S. E. (2013). *Social Cognition: From Brains to Culture* (2nd Rev. Ed.). New York: Sage.

Fiske, S. T., Cuddy, A. J. C., & Glick, P. S. et al. (2002). A Model of (often mixed) Stereotype Content: Competence and Warmth Respectively Follow From Perceived Status and Competition. *Journal of Personality and Social Psychology*, 82, 878-902.

Greenberg, J., Koole, S., & Pyszczynski, T. (2004). *Handbook of Experimental Existential Psychology*. New York: The Guilford Press.

Greenberg, J., Pyszczynski, T., Solomon, S., Rosenblatt, A., Veeder, M., Kirkland, S., & Lyon, D. (1990). Evidence for Terror Management Theory II: The Effects of Mortality Salience Reactions to Those Who Threaten or Bolster the Cultural Worldview. *Journal of Personality and Social Psychology*, 58, 308-318.

Greenberg, J., Solomon, S., & Pyszczynski, T. (1997). Terror Management Theory of Self-esteem and Social Behavior: Empirical Assessments and Conceptual Refinements. *Advances in Experimental Social Psychology*, 29, 61-139.

Hogg, M. A. (2007). Uncertainty-identity Theory. *Advances in Experimental Social Psychology*, 39, 69-126.

Jost, J. T., & Banaji, MR (1994). The Role of Stereotyping in System-justification and the Production of False Consciousness. *British Journal of Social Psychology*, 33, 1-27.

Jost, J. T., & Major B. (2001). *The Psychology of Legitimacy*. Cambridge University Press.

Pyszczynski T., Greenberg J., Koole, S., & Solomon, S. (2010). Experimental Existential Psychology: Coping With the Facts of Life. In S. T. Fiske, D. T. Gilbert, & G. Lindzey (Eds.). *Handbook of Social Psychology* (5th ed., Vol. 1, pp. 724-757). New Jersy: Wiley.

Rosenblatt A., Greenberg J., Solomon S., Pyszczynski T., & Lyon D. (1989). Evidence for Terror Management Theory I: The Effects of Morality Salience on Reactions to Those Who Violate or Uphold Cultural Values. *Journal of Personality and Social Personality*, 57 (4), 681-690.

Schimel, J., Simon, L., Greenberg, J., Pyszczynski, T., Solomon, S., & Waxmonski, J. (1999). Stereotype and Terror Management: Evidence that Mortality Salience Enhances Stereotypic Thinking and Preferences. *Journal of Personality and Social Psychology*, 77, 905-926.

Sidanius, J., & Pratto, F. (1999). *Social Dominance: An Intergroup Theory of Social Hierarchy and Oppression*. New York: Cambridge University Press.

Tajfel, H. (1981). *Human Groups and Social Categories*. Cambridge University Press.

Tajfel, H., & Turner, J. C. (1986). The Social Identity Theory of Intergroup Behavior. In S. Worchel et al. (Eds). *Psychology of Intergroup*

Relations (pp. 7-24). Chicago: Nelson-Hall.

Turner, J. C. et al. (1987). *Rediscovering the Social Group: A Self-categorization Theory*. Oxford: Blackwell.

Zelditch, M., (2001). Theories of legitimacy. In J. T. Jost, & B. Major (Eds.). *Psychology of Legitimacy: Emerging Perspectives on Ideology, Justice, and Intergroup Relations* (pp. 33-53). Cambridge University Press.

Zelditch, M. (2006). Legitimacy Theory. In P. J. Burke (Eds.). *Contemporary Social Psychological Theories* (pp. 324-352). Stanford University Press.

Zelditch, M., & Walker, H. (1984). Legitimacy and the Stability of Authority. *Advances in Group Processes*, 1, 1-25.

Zelditch, M., & Walker, H. (2001). Processes of Legitimation: Recent Developments and New Directions. *Social Psychology Quarterly*, 64 (1), 4-17.

附录 心态地图调查问卷

1. 请您花2分钟时间回答以下问题（牙痛启动）：

请您想象一下，当您拔牙时，会出现怎样的身体反应和情感体验？请在下面简要描述。

或者请您花2分钟时间回答以下问题（死亡启动）：

请您想象一下，当您濒临死亡时，会出现怎样的身体反应和情感体验？请在下面简要描述。

---

2. 调查问卷

请您根据您所属群体的大多数人的观点对下列问题进行打分。您在填答过程中无须思考，根据第一感觉回答即可。您的回答没有对错之分，非常感谢您的参与！

	在您所属群体的大多数人看来，右侧群体分别是：			非信徒	佛教徒	基督徒	天主教徒
1.	有权有势的	6 5 4 3 2 1	一点权势也没有				
2.	在经济上非常成功的	6 5 4 3 2 1	在经济上一点也不成功的				
3.	受过良好教育的	6 5 4 3 2 1	没有受过什么教育的				
4.	非常能干的	6 5 4 3 2 1	一点也不能干的				
5.	非常友好的	6 5 4 3 2 1	一点也不友好的				
6.	非常有才华的	6 5 4 3 2 1	没什么才华的				
7.	非常热情的	6 5 4 3 2 1	一点也不热情的				
8.	他们的社会地位是应得的	6 5 4 3 2 1	他们的地位并非应得				
9.	他们的社会地位是合乎规矩的	6 5 4 3 2 1	他们的社会地位不合规矩				
10.	他们受到公平对待	6 5 4 3 2 1	他们没有被公平对待				
11.	令人敬佩的	6 5 4 3 2 1	不被敬佩的				
12.	令人同情的	6 5 4 3 2 1	不被同情的				
13.	令人厌恶的	6 5 4 3 2 1	不被厌恶的				
14.	令人赞赏的	6 5 4 3 2 1	不被赞赏的				
15.	令人羡慕的	6 5 4 3 2 1	不被羡慕的				
16.	令人鄙视的	6 5 4 3 2 1	不被鄙视的				
17.	令人怜悯的	6 5 4 3 2 1	不被怜悯的				
18.	令人嫉妒的	6 5 4 3 2 1	不被嫉妒的				
19.	总是排斥这个群体	6 5 4 3 2 1	从不排斥这个群体				
20.	总是愿意与这个群体合作	6 5 4 3 2 1	从不愿意与这个群体合作				
21.	总是攻击这个群体	6 5 4 3 2 1	从不攻击这个群体				
22.	总是贬低这个群体	6 5 4 3 2 1	从不贬低这个群体				
23.	总是愿意帮助这个群体	6 5 4 3 2 1	从不愿意帮助这个群体				
24.	总是愿意与这个群体联手做事	6 5 4 3 2 1	从不愿意与这个群体联手做事				
25.	总是批评这个群体	6 5 4 3 2 1	从不批评这个群体				
26.	总是愿意保护这个群体	6 5 4 3 2 1	从不愿意保护这个群体				

3. 最后，请您填写自己的基本信息：

年龄：

性别：

民族：

宗教信仰：

年级：

系别：

再次感谢您的参与！

下 编

理论自觉：转型心理学路径

第 7 章 群体资格论

提要：面对多元社会力量的雕刻，个体作为能动行动者被赋予或力图获得多元的群体成员资格，并建构或解构/重构多元的社会认同，以缔造动态而同一的完整生命。这种社会认同事件的兴起，有其确定的思想史条件和历史脉络，并迫切地嵌入中国社会转型过程中。以认同语义变迁为切入点，本章概要评论当代社会认同研究的困境。基于群体资格构念，本章把个体生命历程中所遭遇的多元社会力量的雕刻过程归类为不同共同体的教化过程，尝试为超越现有的认同研究提供新方案。本章最后展现了群体资格路径可能具有的方法论意涵。

关键词：社会认同事件，群体资格，部分群体资格，认同政治，本真性

导论：社会认同事件

空洞的社会语境，不过是多元力量所构造的力量场；而所谓的结构对能动性（structure vs. agency），也不过是多元力量所构造的力量场和栖身其中的行动者之间的相互建构过程。行动者在生命历程中如何应对，让这些力量各得其所，各安其位，使之成为建构独特的完整生命（the whole person）的资源，就是生命历程的基本难题。人之命运，也因此具有一种崭新的历史形式：多元社会力量的雕刻对行动者动态完整生命的建构。这种现象，可称之为社会认同事件的兴起。社会认同事件，第一次系统而全面地从人类历史中

突现出来，物种共同体的每个人，都参与其中，或被卷入其中。

社会认同事件，也同样迫切地嵌入在当代中国社会转型中。中国社会的转型和变迁，不仅仅是社会结构、社会分层和社会流动的变化，也不仅仅是不同形塑力量的此消彼长。不断生成的新型社会力量，和原有的力量之间或有对抗，或有合作。但它们都力图雕刻和改变所有中国人的日常生活和生命诉求，也力图争夺积极的认知评价、情感体验和行动承诺。置身于其中的中国人，其社会行动的语境、认同建构的资源和行动逻辑，在发生可探测的深刻变化。

本章目的，在于以社会认同事件为契机，以群体（成员）资格（group memberships）作为基本的解释构念，来和两类研究对话：认同研究和中国社会转型研究。首先依次评论认同文献和中国社会转型文献。对认同研究的评论，将尝试以"认同"（identity）的语义变迁为切入点，正本清源，梳理相关的研究脉络，挖掘已有认同研究背后内隐的或外显的共相即群体资格。而对中国社会转型研究的评论，则直面一个基本问题：社会认同事件为何以及如何镶嵌在中国社会转型过程中？

在对两类文献高度选择性的评论基础上，本章尝试揭示社会认同事件的逻辑过程和内在机制。具体来说，将以个体的生命历程为线索，试图解剖基本的社会力量对行动者的雕刻过程，亦即行动者不断参与不同的共同体，获得多元群体资格，并建构或解构/重构多元而动态的社会认同过程，以缔造其动态而同一的完整生命。最后将讨论群体资格路径可能具有的方法论意涵。

一、社会认同事件的兴起

（一）identity 的语义演变：从同一性到认同

1. identity：哲学上的"同一性"

identity 源于拉丁文词根 idem，意即"同样的"，它从 16 世纪才用于英文中（Gleason，1983：911）。形式逻辑中的同一律"A＝A"即是"the law of identity"，它意指"人或物在所有时间及所有场合与自身等同"。

笛卡尔的"我思故我在"及其推演的身心二元论，洞开了 identity 的心理哲学意涵。一个思考认真并能进行道德决断的主体或自我的意义，开始占据西方近代形而上学的中心；而身心的分裂又使一个统一主体的存在遭遇困境。什么构成主体的本质特征，心灵还是身体？是否存在主体和自我在时空中的同一性？如果存在，如何进行论证和辩护？随后，洛克和休谟在各自的经典《人类理解论》和《人性论》中，开始论证和质疑"自我的完整性"(the unity of the self) 或同一性。

基于常识，"同一性"很容易理解。昨日之我、今日之我和明日之我，都是时间之流中的同一之我。我昨天手头写字的铅笔，还是我现在写字的那支铅笔。因为无论是我还是写字的铅笔，都还是它自身，而不是其他。

但在心理哲学上，同一性可是个大难题。今日臭气冲天的太湖还是当年渔歌唱晚的太湖吗？当年从哈佛退学的比尔·盖茨就是今天微软的比尔·盖茨吗？

洛克主张个人同一性的存在，基于穿越时间的个人意识的连续性，而不是身体连续性或精神实体的连续性。但休谟则质疑同一性宣称 (identity claim)，因为没有人或物在时间之流中是不变的和不间断的 (invariable and uninterrupted)，因此同一性只是基于知觉恒常性的类似性（休谟，1980：213-246，713-714）。

面对同一性困境 (identity dilemma)，当代同一性理论家力图应对休谟的质疑，以完善洛克方案。心理状态标准、身体标准和大脑标准作为现代方案来论证个人同一性的存在，但每一标准都有反例（波伊曼，2006：111-119）。

博罗夫斯基则主张同一性是一组家族相似概念 (identity as a "family resemblance" concept)。他区分了两类同一性：严格的同一性 (strict identity) 和宽松的同一性 (loose identity)。严格的同一性，也就是休谟意义上的，也许难以辩护；但宽松的同一性，则可以构造拯救方案。博罗夫斯基主张用历时同一性 (diachronic identity) 来挽救同一性。所谓历时同一性，也就是时间中的过程同一性，亦即确定对象多数关键特征的维持 (a weighted majority of properties of relata)，或包括时空连续性的多数关键关系的维持 (Borowski, 1976：502)。在生命历程中，个人尽管有变化史，但在不同阶段，存在多数关键特征和多数关键关系的连续性，以维持时间中的同一性。个人因此是过程性的存在。

经典哲学家对个人同一性的思辨，在人类思想史中具有理智解放的价值，同时也构成社会认同事件被讨论的思想史条件。同一性思想有多重可推论的深远内涵。首先，同一性意味着我一直是我，而你也一直是你。所以，我和你是不同的，存在差异。其次，同一性意味着我不臣服于也不隶属于你，而你也不是我的臣民或附属物。在我们都有同一性的意义上，我和你都是独立而平等的；进一步，主人和奴隶之间，只有等级和身份（status），而没有各自独立的同一性可言。再次，我和你的同一性的标准和来源，基于我和你自身的多数关键特征和关键关系的连续性[①]，不用再诉诸我们身体外的任何尺度和权威，如领主、国王或教会，因此我和你都是自由的。

哲学上的同一性思想，逐渐被灌注到社会科学的研究中。作为桥梁，埃里克森在其中有本质性的贡献。

2. 埃里克森：同一性危机

从1950年代开始，identity成为英语社会科学中的流行词汇，这主要归因于新精神分析学家埃里克森1950年出版的著作《童年和社会》（*Childhood and Society*）。因为这本著作的广泛影响，自我同一性和"同一性危机"（identity crisis）等概念广为人知（Gleason，1983：914）。

埃里克森主张，个体在生命周期中要经历8个阶段的人格发展，其中自我同一性作为核心。自我同一性，源于内在发展的个体人格和个体所置身于其中的社会语境的互动过程。在每一生命阶段，个体都有基本的发展任务，它们由一对矛盾所构成，依次为信任对不信任、自主对羞怯、主动对罪疚、勤奋对自卑、同一性对同一性混乱、亲密对孤独、繁殖对停滞和完善对失望。而积极特性的获得，即意味着个体在生命的这一阶段实现了基本目标，建构了自我同一性，并为下一更高阶段的发展奠定基础；否则就是同一性的混乱或危机（埃里克森，1998：79-127）。

埃里克森自我同一性的渐成性模型（epigenetic model），有开拓性价值。第一，心理哲学中抽象的同一性概念，被具体化为心理学中的解释构念，以

[①] 枢纽性的个体关键特征，已被发现是个体的传记叙事（biography narratives）或自传体记忆（autobiographical memory）的连续性（Skowronski et al.，2007）。研究还发现这种连续性基于识记个人过去经验以及回忆过去经验的能力。如果能力缺失，就会导致失忆症（amnestic disorders）（Klein et al.，2004：482）。

解释个体人格或自我的发展。第二，哲学上形式化的个人同一性概念，被埃里克森灌注了丰富而深刻的内容，这就是社会语境镶嵌在个体的自我和人格之中，成为个体建构自我同一性的基本资源。宏大的社会结构、社会制度和社会历史语境，因为自我同一性，而与现实的个体及其活生生的社会行动发生关联。埃里克森的智慧，洞开了当代社会科学家关注多元认同研究的空间。第三，埃里克森系列著作的巨大影响，使"同一性"这一学究气的行话，成为当时美国社会表征的一部分，就如同拉康使经典精神分析的许多概念在1950年代的法国成为日常话语一样。第四，尽管埃里克森的自我同一性还蕴含着对自我完整性的依恋，但同一性危机和动态的同一性的阶段目标，使整体的单数同一性（identity）裂变为丰富而复杂的复数认同（identities）成为可能。

3. identity 的裂变：从同一性到多元认同

无法考证从 identity 到 identities 的裂变过程到底是如何发生的。但因为 identity 裂变为 identities，不同学科的学者，从自身学科的理智脉络出发，就有可能来揭示独特而具体的社会力量如何雕刻在行动者身上，而形塑行动者相对应的独特品质，实质上也就是特定的群体成员资格。空洞、抽象而整体性的社会语境以及与之对应的整体性的自我同一性，裂变为独特、丰富而具体的社会力量以及与之对应的动态而丰富的多元认同。Identity 意味着绝对而排他的同一性，identities 则意味着多元自我特征共时存在的事实，而这种事实绝对不能理解为多元同一性。

当代社会科学文献中的 identity 或 identities，已经超越了哲学同一性和埃里克森的自我同一性的原初意涵，"认同"是最合适的中文翻译[①]。认同，亦即行动者对自身独特品质或特征积极的认知评价、情感体验和行动承诺，成为当代社会科学探究的核心；进一步，所有这些独特品质或特征，都可以理解为独特的群体资格。

认同的基本内涵应该有进一步辨析。行动者在多元社会力量的形塑下有

[①] 在"身份证"（identity card）之外，有中文学者把 identity 翻译为"身份"，很不合适。第一，"身份"在中文里主要指"地位"。梅因在《古代法》中的名言"从身份到契约"就是 from status to contract。第二，偏好"身份"的学者也在谈论"身份认同"，如果 identity 翻译为"身份"，那"身份认同"就是 identity identity，显然很无趣，但 status identity 就合适。

多元品质或特征，行动者的认同必然是多元的；行动者的多元品质或特征，都是自身对多元社会力量进行主观界定的结果，认同必然是主观性的；行动者的主观界定不是一蹴而就的，它面向多元力量之间的博弈和权衡，认同必然是动态的；行动者的主观界定不是私人性的，它以社会共识和社会协商为基础，认同必然是共识协商性的，或者说任何认同也都是社会认同；行动者并不总是对自身的某种品质或特征有积极的认知评价、情感体验和行动承诺，或者说，行动者有时会采取确定行动策略进行认同解构和认同重构（identity reconstruction）。认同建构、解构和重构过程，必然是能动的，同时也是微观社会变迁的基本动力。

一句话，认同是多元的、动态的、共识协商性的和能动的过程。这些复杂的社会心理过程的目标，都指向个体完整生命的动态建构。而这也就是社会认同事件兴起的历史意义之所在。

（二）社会认同事件兴起的历史脉络

社会认同事件的兴起，有其确定的历史脉络。基于有限的研读，当代社会理论家泰勒、福柯、吉登斯和霍耐特的研究，提供了初步的线索。

1. 泰勒：认同和善

在砖头一般厚的著作中，查尔斯·泰勒力图清理西方现代认同凸显的根源（Taylor，1989）。泰勒的出发点在于认定认同是道德概念，它与"什么是善的生活"（what is good to be）有关，而与"什么是对的行为"（what is right to do）无关；或者说，认同实质上就是道德认同（moral identity）。泰勒援引哲学考古学的路径，辨析出认同凸显的三条漫长线索。第一是向内在性（inwardness）的转变。它从柏拉图开始，经过奥古斯丁，完成于笛卡尔和洛克。内在性，可理解为后笛卡尔主体性的奇异内在性（the peculiar inwardness of post-Cartesian subjectivity），它要求超然理性（disengaged reason）的出现，以使主体自由地自我探究和自我承担。第二是对日常生活的肯定（the affirmation of ordinary life），或者对生产和再生产/繁衍生活的肯定。这种态度，否定了与门第或财富的等级制相关的理性秩序。第三是特定紧张关系的形成。这种紧张关系，发生在启蒙时代的人道主义与祈求和敬拜自然的浪漫主义之间。

砖头厚的专书，通常都令人厌恶，也少有传世之作。泰勒的问题意识敏锐，论题意义重大，但论说冗长，缺乏简洁、清澈和明晰。麦金泰尔讥讽泰勒书应该更厚些，因为所有基本问题都还没有讲清楚（MacIntyre，1994：190）。

2. 福柯：自我照看和忏悔实践

在《性经验史》中，福柯精细地勾画了自我技术在西方社会的流变：从自我照看到忏悔和坦白（福柯，2005）。

在古希腊，伦理是一种反思性的自由实践，它围绕这样一个根本性的律令："照看你自身"（福柯，1984a）。自我照看，是一种生活艺术，也是生存技艺，具有伦理上的优先地位。关注自我，是自由公民的前提条件。"一屋不扫，何以扫天下？"无法照看自我，何以管理城邦？

自我照看，有具体内容和目标。它涵盖对身体的锤炼、健康养生、有节制的欲望满足，沉思、阅读和对真理的回忆（福柯，2005：第3卷：340）。在自我照看的个人和社会实践中，认识自我有基本地位。希腊人还发展了一整套自我认识的技术，如自我节制、接受良心的考验和冷酷的自我反思。

提请注意的是，希腊人的自我照看，具有社会排斥的意涵。它只是部分自由民的伦理实践，排除了战俘、奴隶和其他有"污名"的机体。

有节制的欲望满足，尤其是性，在希腊人那里，是自我照看的一项基本任务。但从早期基督教社会开始，有节制的欲望满足都被抛弃，生殖之外的性享乐蜕变为罪恶。其结果是自我照看的主题面临失衡或变异（福柯，1984b）。

基督教的伦理是来世的自我救赎，而自我救赎必然以自我照看为前提。但它放弃现世的享乐，尤其是肉体的性享乐。公共空间中性话语似乎消失了，但性话语以另外的方式在大量地增殖：第一是忏悔和坦白；第二是性活动的成果——孩子被夸耀和展示。西方社会，从此成为奇特的坦白社会（福柯，2005：第1卷：39）。

忏悔的内容主要和性有关。忏悔的主体也就是反省的有罪的主体，而倾听者是上帝或者是上帝的代言人。忏悔实践的发展，使书面反省如日记和自传，成为可能。与自我有关的书面文本资料，开始泛滥。

古希腊的自我照看技术和基督教的忏悔实践,使西方人不断地关注自身,无论是自我的教化,还是自我救赎。

3. 吉登斯:自我规划和认同努力

在高度现代性境况下,"神圣的帷幔"已经撕裂,自我表演的舞台已经搭好,行动者或演员已经就位,但台词没有拟定。"我要成为谁"而不是"我是谁",成为认同努力的中心。

认同建构基本的结构动力因素,被系统地勾画出来。它们是时空分离、抽离化机制(disembedding mechanism)或抽象系统与制度反思性(吉登斯,1998:22)。而自我,作为地方性的代理和能动行动者,在地方性和全球性的辩证互动中,正经历反思性的重构。自我认同,因此成为自我的反思性规划(reflexive project),即行动者在充满风险和机遇的语境下,主要通过日记和自传等自我叙事,来建构和维系连贯而又持续修正的个人经历的过程。它以个体的生命轨迹作为内在参照,并具有道德上的本真性(authenticity)。自我的反思性规划还涉及对自身身体和生活风格的决断和协商。

自我认同,因此是生命历程中不间断的认同努力的成就和事业。

4. 霍耐特:为承认而斗争

主体间性(intersubjectivity)的抽象观念,被霍耐特灌注了丰富内涵。依照霍耐特,自我的圆满,依靠的是主体之间的相互承认。或者说,成功的自我发展预设了一系列相互承认的形式。如果主体体验到蔑视且意识到没有被承认或被错误承认,就会致力于"为承认而斗争"(霍耐特,2005:72-74)。

个体从出生开始,以亲子依恋为安全基地,就不断摸索和探询更为广阔的不确定世界,力图确立自身在社会中的独特位置。生命历程的演化,就是个体持续不断地参与主体间性的承认和反抗蔑视的过程。在耶拿时期黑格尔早期著作的基础上,霍耐特辨析出主体间承认的类型学,或承认关系的三种模式:爱、法律和团结(霍耐特,2005:100-139;尤其是第135页的承认关系结构)。而蔑视,则是承认关系的否定等价物。霍耐特还勾画了蔑视的三种类型:强暴、权利剥夺和侮辱。

5. 小结

因为泰勒,作为问题中心的自我从西方历史中浮现出来;因为福柯,自我照看技术和忏悔实践对自我教化和个人救赎的工具价值呈现出来。但无论是泰勒还是福柯，滋养自我的资源，都还是区域性或地方性的。通过吉登斯，地方语境中的行动者的自我，不仅受区域力量的形塑，而且同等地受全球化力量的雕刻；并且在自我的模塑过程中，自我作为微观力量也参与到地方力量和全球力量的建构中。通过霍耐特，个体毕生的认同努力，在最低限度上是不断地反抗蔑视追求承认的过程。

（三）认同研究困境：术语无政府主义和研究的巴尔干化

社会认同事件的兴起，挑战了社会科学家的理智雄心。他们从不同面向和视角，基于不同问题意识，援引不同的理智资源，来实证探究行动者和特定社会力量之间的互动过程，亦即行动者如何在行动中面对特定社会力量的雕刻而建构相对应的社会认同的过程。

如果用 JSTOR 西文过刊数据库或其他数据库来检索与 identity 有关的论文，结果是令人厌恶的繁杂和无趣。认同概念，已成为万能标签，被贴附在任何主题之上；只有有关认同类别的命名，而几乎没有共识性的内涵和理解；在认同的标签下，不同的研究者似乎在述说截然不同的故事。认同研究的这种术语无政府主义（terminological anarchy），使认同研究存在泡沫化的危险，其深刻的解释和分析潜能，正慢慢衰竭。

认同术语无政府主义，与认同研究的巴尔干化（Balkanization）密切关联。不同学科的研究者都在使用认同概念，但他们之间几乎没有沟通，所引文献几乎没有重复和交叉，也很难辨析出认同研究的理论积累和进展。

在社会/行为科学中，曾有类似境况，如 1920 年代的本能研究和当代的文化研究。本能，曾被用来解释人类行为虚假的一致性：当我独处的时候，我被解释为受孤独本能驱使，而当我与他人喝酒狂欢的时候，我被解释为受合群本能驱使。而文化概念，在一些研究者那里，也变幻成具有神奇力量的魔棍，用来解释一切人类与动物表面上相迥异的现象，或者不同文化共同体之间虚假的心理和行为差异（方文，2002：65-66）。

是严肃地正视认同研究困境的时候了。首先是研究思路的转变。所有形式的认同，并不是行动者对外在于自身社会力量的认同过程，而是行动者对因为社会力量雕刻而获得相对应的群体资格的认同建构或解构/重构过程，行动者及其多元群体资格应占据研究的中心。

其次是研究策略的权衡。个体的生命历程也许是合适的研究策略和线索。个体从出生开始，基于社会认知能力的发展，依次获得和感知其不同共同体的群体成员资格。尽管无法穷尽个体生命历程中所经历的所有群体资格，但元资格、文化共同体的成员资格、政治共同体的成员资格、宗教共同体的成员资格和污名资格，是所有个体都可能遭遇的基本资格，也是认同研究者普遍关注的主要品质或特征。

再次是研究目标的重新定位。认同不应是研究中的标签，而应是具有深刻内涵的解释构念。必须挖掘认同研究背后普遍的逻辑和机制：这就是以群体资格为中心的解释路径。

二、中国社会转型的认同嵌入性问题

这里只选择中国社会学者有代表性的 4 项理论和实证研究主题来进行评论。高度选择性的评论目的，是阐明在有关中国社会转型的典范研究背后，社会认同事件也日益凸显，成为无法回避的理论和实践难题。

（一）中华民族的多元一体格局和文化自觉：文化认同和认同政治

1949 年中华人民共和国成立后，中央政府对境内民族进行民族识别，也就是重新社会范畴化。在此基础上，地理范围内的中国人被归属于 56 个民族，而 56 个民族又构成统一的主权民族国家：中华人民共和国。如何协调不同民族之间的良好关系？56 个民族又如何来锻造统一的中华民族的文化认同和国家认同？如何来论证中华民族作为超然的统一范畴的合理性？或者简单地说，谁是中国人？什么是中国性（Chineseness）？这些疑问关涉重大的理论和实践难题，如民族关系、民族政策和国家建设。费孝通先生创造性地解决了这些难题。

在论文《中华民族的多元一体格局》中，费先生逻辑连贯地论证中华民族作为整体的认同意识，是 56 个民族多元认同意识的提升与和谐融合，而呈现为多元一体格局（费孝通，1999a）。费先生的"多元一体"，典范性地诠释了中国人不同层次的文化/族群认同（cultural/ethnic identities）问题。在涵括性或包容性（inclusiveness）不同的意义上，56个民族的个体都在建构其独特的民族/文化认同，而呈现出认同多元性；但同时他们又是更大范畴"中华民族"共同体的不可或缺的有机成员，在建构一体而统一的中华民族的文化/国家认同。56个具体民族的多元认同和统一的民族国家认同之间的张力，在国家建设中得以成就。

而在讨论"文化自觉"的多次讲演和论文中，费先生的视界，超越民族国家内部，而直面不同文化和不同文明之间的对话。费先生先是确定了文化对话的规范原则："各美其美，美人之美，美美与共，天下大同。"在这项规范原则基础上，不同文化共同体的成员，应该培育"文化自觉"的气度。而文化自觉，就是生活在一定文化中的人对其文化有自知之明（费孝通，1999b，2001），既不盲目复古，也不崇洋媚外。

依照苏国勋的深入诠释，文化自觉，在正向意义上，既强调文化自主性，又强调和而不同；而在反向意义上，既拒斥文化霸权主义，也反对我族中心主义（苏国勋，2006）。

费先生的"文化自觉"，是对文化认同的典范论述。或者说，文化认同，就是行动者对自身文化共同体的成员资格积极的认知评价、情感体验和行动承诺。在对文化认同的追求过程中，少数族群要求主流族群承认自己在民族国家体系中应得的权益和福利，也就成为争斗的焦点，承认政治或认同政治得以引申出来。

（二）中国社会结构和分层研究：阶层意识和阶层认同

有关中国当代社会结构、社会阶层和社会流动的研究，是中国社会学核心研究主题之一，也有突出的研究成果和影响（李春玲，2005；张宛丽，2004）。一些重要的理论模型和命题被构造出来，如李培林的"另一只看不见的手"（李培林，2005），李强的倒"丁字型"结构模型（李强，2005）和重建职业共同体的思想（李强，2006），周晓虹和他的团队有关中产阶层及其消费认同的理论和经验研究（周晓虹，2005）。在此之外，陆学艺和他的团队以职业分类为基础，以组织资源、经济资源和文化资源的占有状况为尺度，来刻画中国社会阶层的基本形态和基本特征，构造了10阶层的金字塔模型（陆学艺，2002，2004）。

这些重要的社会分层研究的基本逻辑，在于构造相对客观的社会分类线索，以之作为核心的和价值负荷最重的分类尺度。基于这些核心的分类线索，他们将特定语境中的所有个体都纳入有限的类别或范畴之中，实质上也就是群体之中。这些范畴或群体，被称为阶层或阶级。

这些社会分层研究，所关注的主要是分层的客观尺度和形态、分层之后社会资源占有的不平等格局，以及不平等格局的生产和再生产过程。社会分层或群体分化的主观界定等社会心理过程，则受到相对忽视。个体如何界定和接受社会分层或群体分化的结果？如何识别自身和他人所属的社会阶层的异同？如何建构或解构对所属阶层或群体的社会认同？又如何在社会行动中表征其独特的阶层或群体风格？概言之，在相对客观的社会分层基础上，行动者如何界定和诠释自身的阶层资格或主观阶层问题，就是有待系统探讨的基本难题。

（三）当代中国工人阶级研究：阶级意识/阶级认同的凸显

中国社会转型，正发生在波兰尼的第一次"大转型"（the great transformation）和布洛维"第二次大转型"（the second great transformation）的交汇点上（沈原，2007：170）。第一次大转型，作为漫长的历史过程，确立了市场专制主义的逻辑：自我调节的市场，用交换原则吞噬了人类经济体系的互惠原则、再分配原则和家计原则，使劳动力、土地和货币成为虚拟商品（波兰尼，2007：第5-6章）。其结果是市场和商品原则，水银泻地式地渗透在整个社会生活中。而1980年代末期以来的东欧剧变和苏联解体以及中国的市场改革，则是人类历史上第二次大转型，其结果是权力、资本和社会等所有领域在发生深刻的变化（布洛维，2007）。交汇点上的中国社会呈现出独特的样态，三重逻辑共时地灌注在转型过程中：工业化过程和工业化逻辑、转型过程和转型逻辑以及全球化过程和全球化逻辑（孙立平，2007）。

中国新工人阶级正处在三重逻辑的网络中。其一，工业化过程和工业化逻辑。其二，转型过程和转型逻辑使大量依附于土地的农民，得以变成流动的新工人阶级。其三，全球化过程和全球化逻辑使中国成为"世界工厂"，或者说中国正在形成西方国家正逐渐消失的世界上最庞大的新产业工人阶级

(沈原，2007：163-193；孙立平，2007)。

李培林和他的团队在有关当代中国社会矛盾的研究中，在深入研究客观分层和主观阶层意识的基础上，已经探讨了贫富矛盾、劳资矛盾和干群矛盾问题（李培林等，2005）。在这种种矛盾及其化解的背后，与阶级意识和阶级认同有关的构念如社会范畴化、社会比较过程和社会认知已经无法忽视。它们等待被系统地导入有关中国社会的研究中。

（四）中国社会结构断裂和权利失衡：底层民众的地位认知

从1990年代中期开始，中国社会结构有新的态势：结构定型化和两极社会的形成，其基本特征是结构断裂和权利失衡（孙立平，2004）。转型话语中的结构固化和结构断裂，近乎荒诞，但孙立平精心辨析出五个显著特征。第一，两极社会中的强势阶层（主要是特殊受益阶层和普通受益阶层）和弱势阶层之间的边界，无论是物理边界（如居住分割）还是符号边界（如消费和品位），都开始形成。第二，阶层意识和阶层认同正在形成。第三，阶层之间的流动机会和空间开始封闭和窄化。第四，社会阶层再生产。第五，强势阶层中的政治精英、经济精英和符号精英之间，开始缔结联盟（孙立平，2005：202-251，2007）。

和谐社会的构建，需要正义的制度安排，也需要各阶层的民众都体验到公平感（sense of justice）。总而言之，在所评论的有关当代中国社会的研究中，与社会认同事件有关的社会心理变量尤其是群体资格变量已经凸显。它应该有意识而系统地被灌注到有关当代中国社会的研究中，使之成为新的解释资源和理论构造的灵感。

三、群体资格：社会认同事件的新路径

面对认同研究的困境和中国社会转型的认同嵌入性，可尝试一种新路径，其核心构念是群体资格。

（一）群体资格：一种新路径

群体，首先是由两个或更多的个体所组成的集合。群体成员，也许共享

某种工具主义和客观主义的特征，如共同目标、共同命运、正式或内隐的由地位和角色关系所构成的社会结构，甚至还有面对面的互动，但它们都不是群体界定的核心特质，可能只是充分条件。群体之所以存在，是因为群体成员把自身理解为群体中的一分子，并获得认同感和归属感，并且，这种身份归属有基本的社会共识，亦即至少有一个他人表示认可。民族作为想象共同体，因此是真正意义上的群体，尽管其大多成员之间远没有面对面的互动机会。

群体，因此可界定为一些个体的集合体，这些个体把其自身觉知为同一社会范畴的成员，并在对自身的这种共同界定中共享一些情感卷入，以及在有关其群体和群体成员身份的评价上，获得一定程度的社会共识（Tajfel & Turner, 1986：15）。在这个意义上，群体的界定以及群体成员资格的获得，是内群自我界定和外群社会界定交互作用的结果。外群社会界定的导入而引发的共识性的社会评价，使群体自我界定的主观意味具有客观内涵。

而外群界定，主要是个体从出生时就置身于其中的既定的社会范畴化体制，或社会分类体制。社会分类体制有基本类别：基于先赋品质的社会分类体制、基于后致特征的社会分类体制和特定制度化的标定体制。整体的社会分类体制，还预设了特定的入会条件和入会仪式。就先赋的群体资格而言，接生的关口、"诞生的创伤"（birth-trauma）与出生后的庆典和出生登记，就是其进入社会的入会条件和入会仪式；就后致的群体资格而言，不同转折关口的考试和资格证书就是其入会条件，而典礼和迎新会则是新成员的入会仪式；就由制度化的标定所赋予的群体资格而言，程序性的安排、选择、认定和裁决是其入会条件，并伴随对应的入会仪式。无论是入会条件和入会仪式，还是对群体资格的评价，在一定程度上和在一定范围内，都是社会共识的（social consensual）。秘密社团的入会条件和入会仪式不为外群体所知，它们是内群共享知识的一部分。

群体资格，因此可理解为行动者在社会范畴化或社会分类体制中所获得的群体成员特征或范畴特征。因为社会分类的尺度和标准是多元的，所以行动者的群体资格从出生时起就是多元的，并且在生命历程中不断丰富和拓展。人的社会存在的本质，实际上可具体化为人的多元群体资格在社会生活中的具体表征过程。

种种社会力量对行动者的雕刻过程,也就是行动者加入不同群体而获得不同群体的成员资格,并建构或解构/重构相对应的社会认同的过程。以个体的生命历程为线索,他所遭遇的基本社会力量,主要是生物品质的力量、文化/族群的力量、民族国家的力量、宗教的力量和深潜在这些力量背后可能的社会排斥力量。这些力量结,通过社会分类体制的雕刻过程,使个体被动或主动地置身于特定的共同体中,依次获得完全或部分的群体成员资格,并因此激发个体终生的认同建构或解构/重构的认同努力(identity work)(见图7-1)。

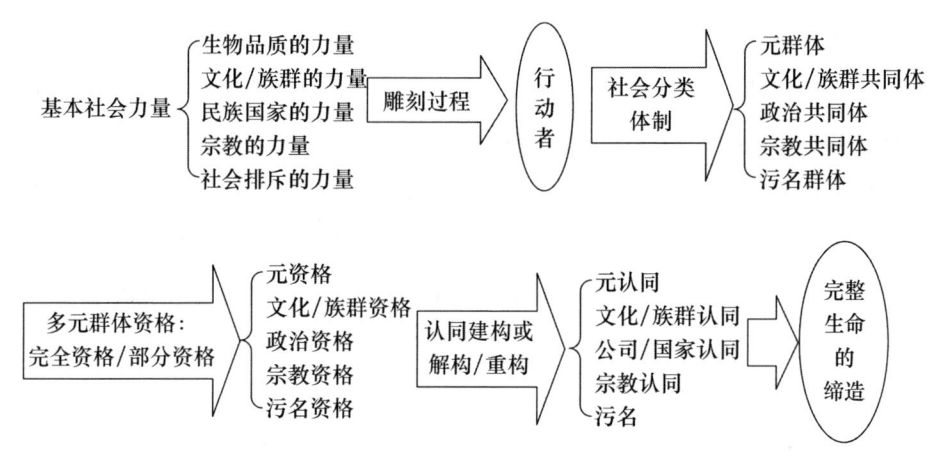

图 7-1 群体资格:社会认同事件的新路径

(二)群体资格之于社会角色和社会认同的解释优势

微观社会学者尤其是个人认同论(personal identity theory)理论家,也在尝试解释和揭示宏观社会力量对行动者的雕刻过程,他们的中心构念是社会角色,其理论命题是角色认同的建构(Burke,2004)。社会角色被理解为与特定社会位置相关联的一组行为期望,这些期望规范占有特定位置的行动者的社会行为。但社会角色概念有内在的不完备性。

第一,社会角色概念的有限性。社会角色不能涵盖行动者的所有特征,如生理特征(我是胖的)或心理特征(我是乐观的)。但所有的生理特征或心理特征,在社会语境下都是社会范畴化的线索,也是相对应的群体资格的获得和识别标志。

第二,社会角色的相对刻板性和凝固性。因为社会角色是社会期望的载体,它无法为行动者的灵活行动洞开空间;但群体资格是行动者的主观界定和社会分类体制能动互动的结果,行动的灵活性由此展开。

第三,多元社会角色背景下单一角色的显著性。行动者在任何语境下都同样负荷多元角色,但哪种角色为什么具有显著性以调节、影响甚至支配行动者实时的认知、情感和社会行为,其机制并不明晰。多元群体资格和显著资格的启动,已经在社会认知有关社会知识的激活框架下,被完备解释和预测。

第四,社会角色解释的有限性。社会角色,能相对地解释社会秩序和社会和谐,但无法有效解释禀赋不同角色的个体集之间的敌意、竞争和冲突。然而群体资格能有效解释群际冲突和合作。

社会认同理论家则将群体资格置于其理论的核心,并且明确地主张群体资格是社会认同的来源(Tajfel & Turner,1986;布朗,2007)。确实如此。但群体资格和社会认同之间质的区别,几乎在所有的社会认同定向的研究中都被混淆或被忽视,它们被误解为同一种社会心理现象。社会认同是行动者对自身特定属性如自身的群体资格积极的认知评价/情感体验和价值承诺。它们之间的质的区别,可从四个方面进行概要辨析。

第一,群体资格的梯度特征:完全资格(the full meberships)和部分资格(the partial meberships)。社会认同理论家把群体资格理解为"全或无"的逻辑:群体资格的获得即群体完全资格的获得过程。群体资格的梯度特征,也许和群体的元资格或者先赋资格无关,因为先赋资格的获得就是当然的"全或无"过程。但在所有的非先赋资格的追求中,几乎都存在非群体资格—部分资格—完全资格的梯度特征。这种梯度特征,不仅存在于个体的群体资格中,也存在于法人或组织的群体资格中。

第二,逻辑历程上的差别。先有群体资格,后有可能的认同,但它们并不必然对应。行动者对自身的群体资格并不必然有认同感,或者说群体资格和认同并不必然协调一致。而这种不一致会激发行动者放弃或改变这种群体资格,并寻求新的群体资格。行动者新的群体资格的寻求和获得过程,也就是社会流动和社会变迁的过程。

第三,权重的差别。因为不同的群体资格有不同的意义,所以行动者对其多元的群体资格的认同也是多元的,并且权重有别。群体资格和认同之间的调节变量,被发现是群体实体性。

第四，事实与价值之差别。群体资格作为事实性构念，是价值中立的，而社会认同作为价值性构念，则是价值负荷的。而社会科学研究的构念，应该基于事实性而不是价值。

概言之，相对于社会角色和社会认同，群体资格更有解释上的优越性。

(三) 多元群体资格的权重：实体性感知

在个体的多元群体资格中，有的具有核心意义，有的也许只有边缘或补充价值，有的甚至只有暂时意涵。这意味着个体多元群体资格之间存在权重差别，也就是群体资格之间存在实体性感知上的差别。换言之，不同群体或社会范畴的实体性程度，亦即群体或社会范畴可觉知的群体性的程度，相互有别。

群体实体性，对于群体成员的自我感知和对目标群体的社会信息加工、群体边界的维系和群体成员的社会认同，具有重要意义。高实体性群体，会被感知为真实的社会实在，而不是社会建构；它所勾画的群体边界，会更为牢固；群体成员的认同感和隶属感，会更为强烈而持久。

社会认知学者，从不同视角来度量群体或范畴的实体性，已有一些初步进展。群体成员的接近性、相似性、共同命运（这些属于充分条件）以及对共同的隶属资格（必要条件）感知上的差异，是群体实体性的一种度量指标（Yzerbyt et al.，2004）。

而基于群体/范畴起源的自然主义特征，有些研究者试图从心理本质论（psychological essentialism）路径来度量群体/范畴实体性（Prentice & Miller，2007）。其中，哈斯拉姆等的研究，具有开拓性价值（Haslam et al.，2000）。哈斯拉姆等把群体/范畴的心理本质论，分解为 5 个维度：自然性（naturalness）、稳定性（stability）、范畴边界的分离性（discreteness of category boundaries）、范畴资格的不变性（immutability of category membership）和范畴特征的必要性（necessity of category features or characteristics）。然后，他们让美国的参与者在这 5 个维度上来评定 40 个人类范畴。他们发现 40 个人类范畴，就其心理本质论的感知而言，存在显著差别。性别、族群、种族和生理残障等范畴，是高度本质化的；而兴趣、政治、外表和社会阶级则是最低本质化的。

哈斯拉姆等的研究，当然也有基本问题。至少，心理本质论没有涵括群体实体性的所有形式。华人学者赵志裕的研究小组,在这方面有原创性贡献。他们建构了实体性感知的二元模式(a dual model of entitativity perception)(见图7-2)。在心理本质论的同质性感知(homogeneity perception)之外,赵志裕等发现趋向共同目标的凝聚性感知(cohesiveness perception),或者是能动性感知(agency perception),也是实体性感知的基本线索(Ip et al.,2006)。

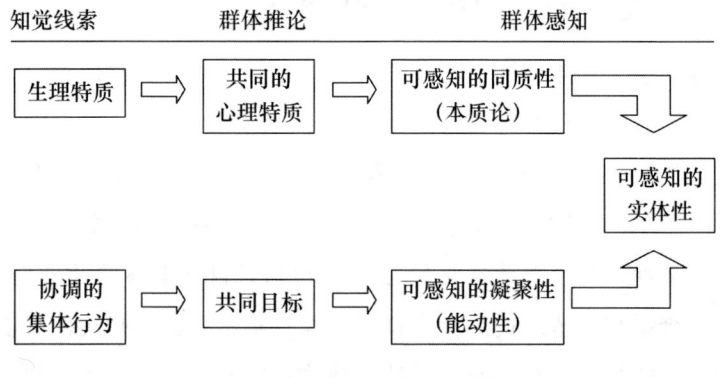

```
知觉线索          群体推论          群体感知
┌────────┐    ┌────────┐    ┌──────────┐
│ 生理特质 │ ⇒ │ 共同的  │ ⇒ │可感知的同质性│
└────────┘    │ 心理特质 │    │  (本质论) │
              └────────┘    └──────────┘
                                    ↘
                                  ┌────────┐
                                  │可感知的 │
                                  │ 实体性  │
                                  └────────┘
                                    ↗
┌────────┐    ┌────────┐    ┌──────────┐
│ 协调的  │ ⇒ │ 共同目标 │ ⇒ │可感知的凝聚性│
│ 集体行为 │    └────────┘    │  (能动性) │
└────────┘                   └──────────┘
```

图7-2 实体性感知的二元模式

资料来源:Ip et al.,2006:369.

但无论是心理本质论模式,还是本质论—能动性二元模式,都还只是有关群体感知的初步模式。群体实体性的其他可能维度,如群体线索的刺激分布,群体资格的稳定性与可变性程度,群体资格的梯度特征,以及群体资格获得的难易程度,必然会影响群体资格的自我感知和对目标群体的信息加工。这些线索,等待着被灌注到群体实体性的系统模型中。

(四)群体资格的知识:启动和激活原则

在任何具体语境中,行动者都同时禀赋多元群体资格。哪种群体资格处在显著地位以引导、调节甚至支配行动者现实的认知活动、情感体验和行为表达,就成为解释和预测的基本难题。当代社会认知有关知识激活(knowledge activation)的理论模型,能提供洞识。

群体资格的获得过程,也是和群体资格有关的集体记忆和社会知识的学习过程。把社会知识的激活机制和群体资格的凸显关联起来,需要进行辨析。行动者在其毕生社会化过程中,无论基于启发式加工还是系统加工,都会形塑其独特的社会知识体系,其基本单元就是社会范畴。行动者的社会知识体系，关乎特定的社会和文化语境，关乎自身和他人的态度、能力、情感和行为及其行为后果，也关乎特定群体资格的获得、条件及其行为准则。行动者的社会知识体系并不是逻辑连贯的，而是"领域—特异的"（domain-specific），分别对应于不同面向的语境。这些"领域—特异的"的社会知识，在特定语境下处在潜伏状态，等待被激活和调动。如果与特定群体资格相对应的"领域—特异的"的社会知识或社会范畴被激活和调动，就可以逻辑合理地推断其群体资格被激活和调动，并相应地引导和主宰后续的心理和行为。因此，多元群体资格的行动者在具体情景下凸显其特定群体资格的问题，就可转换为行动者的社会知识体系中"领域—特异的"的社会范畴被激活和启动的问题。

在希金斯启动研究（priming）（Higgins et al., 1977）的基础上，社会知识的激活机制被系统地揭示出来（Higgins, 1996）。第一是可接近性。通过范畴的实时或历时启动（online priming or chronological priming），社会知识体系中与特定范畴相对应的"领域—特异的"知识从潜伏和沉睡状态转变为准备状态或待命状态（readiness）。处在准备状态或待命状态的社会知识，类似于行动者手头的工具箱，时刻准备派上用场。

第二是可用性（applicability）。待命状态的社会知识或工具箱，在面对问题情景或任务时，存在两种情况：吻合或者不吻合，匹配或者不匹配。只有吻合或匹配的待命知识，才能被应用，亦即具有可用性，或称之为"吻合优度"（goodness of fit）。而那些不吻合或不匹配的知识，尽管被激活而处在待命状态，它们也不会被应用，就像工具箱中不合用的工具一样。可接近性和可用性主要关注行动者的因素。

在此之外，希金斯主张特定情景中刺激或线索的显著性也会激发特定范畴的激活。如在我们所研究的基督新教场域中，与基督新教有关的刺激无处不在，具有高度的显著性。它必然会从信徒—非信徒这个维度在信徒身上激活宗教范畴，并且同时在非信徒或慕道者身上激活"我不是信徒"的知识。宗教信徒和非宗教信徒之间可觉知的差异或符号边界，通过二元编码的范畴化逻辑，得以形塑（方文，2005）。

四、多元社会认同：以多元群体资格为基础

以群体资格为核心，就有可能来整合社会认同事件的运作过程。要清理的认同研究涉及以下主题：元认同，文化/族群共同体与文化认同和认同政治，政治共同体与公民认同和国家认同，宗教共同体与宗教认同和宗教激进主义，以及污名的相关研究。

（一）元特征集：元认同的形塑

可尝试把个体出生时就获得的特征集，称为个体的元特征集。它们是个体生物适应力量的载体。个体在其生命历程中对这些元特征集的认同建构过程，可称为元认同（meta-identity）。元特征集，尽管具有进化生物学的特质，但它们也在同等的意义上是社会分类/社会范畴化的尺度和标准。这些元特征集，主要是年龄、性别、肤色（包括毛发和眼睛颜色）和出生地，以及姓名和身份编号。

因为存在既定的社会分类体制，每个新生的婴儿从出生时起，就被强制性地纳入特定群体或范畴之中，如年龄群体、性别群体、族群群体和地缘群体，以获得这些群体或范畴的成员资格。社会认知发展研究的证据表明，这些元范畴特征集，是原生性的（primordial）。其重要性，从许多方面体现出来。它们是社会语境中刺激分布最广泛的因子，其被识别的线索最为简单而显著；它们是个体生命历程中最先学会和领悟的范畴；它们有坚实的生物学的基础和进化的适应意义；进一步，它们还是在社会结构和过程中支配等级形成的基础，和文化工具箱中的重要资源；而这些范畴身份的激活，是自动加工的（方文，2005：43；Durkin，1995）。

这些元特征集所包裹的个体，通常会以父系的名义命名，并在民族国家的人口管理体制中有个独一无二的编号，如身份证号码。

元认同是所有其他社会认同发展的基础。对元认同的争夺，是社会分类体制中霸权争斗的焦点之一。就年龄特征而言，宏观层面的制度安排如政治制度（公民资格的获得）、法律制度（惩罚处置）、教育制度（教育资格）和劳动用工制度（退休安排），都以它为基本轴心。而在微观层面，每个个体的

自我评价和对他人的评价，以年龄为基本参照。人口中的年龄分布，也是国家人口调控的基本对象。

性别特征则是人群分化的基本线索之一，意识形态化的社会期望附着其上。两性在社会权利的所有方面的不平等和男性霸权，都围绕性别展开（Frable，1997：140-145）。

肤色特征，至少与性别特征具有同等的社会价值。这可以用简单的思想实验来进行推演。肤色，可能是辨析差异最醒目的特征。一个黄皮肤的个体，第一次遭遇一个白皮肤或黑皮肤的个体，他们相互之间所体验的震惊，难以言表：对方真的是我们的同类吗？其次是语言。他说的居然和我不一样，那到底是什么"鸟语"！

肤色和语言，就成为分割人类共同体的基本线索之一，并且和复杂的政治、经济和军事过程纠葛在一起。特定肤色和语言的区域共同体，先是被称为种族（race），从1960年代开始被称为族群（ethnicity/ethnic group）（马戎，2004：第2章；麦格，2007：第1章）。尽管我们身上的族群特征是常识性的，但这种社会分类的机制、界定政治学（the politics of definition）和社会后果则是高度复杂的。

地缘特征，曾经和血缘特征及业缘特征具有类似的价值。在当代中国语境下，它也是人群区分和社会排斥的基本线索，同时也是个体社会网络建构和个体特征识别的基本资源之一。

新生的婴儿，从出生开始，除生长在元特征集之外，还同时生长在特定的文化共同体、政治共同体甚至宗教共同体当中，同时获得这些共同体的群体成员资格。他还以之为基础，力图在生命历程中去寻求其他多元的群体资格，如教育、职业、消费和品位。一幅终生不懈的认同努力的画卷，在每个个体面前展开了。

（二）文化/族群共同体：文化认同和认同政治

1. 文化：回归自然主义的理解

个体从出生时起，就栖身于特定的文化共同体（cultural community），浸淫其中而被"濡化或文化化"，并且通过能动行动参与到文化共同体的型构过程中。不同的文化共同体之间的边界，也是分割人类的基本线索之一。

文化，本原意义上，相对于自然。它是指"培育"（to cultivate），亦即培育和驯化自然中的野生植物和动物，主要作为食物之用。当然，这种行为，存在年龄和性别分工。人酒足饭饱之后，总要想点什么，说点什么，做点什么，甚至还养成习惯，于是所谓的生活方式以及评判生活方式的尺度即价值观，就具有基本意义。

人在美餐之后，还对他人的饮食充满好奇，甚至用偷窥的手段。原来他们食品、吃法和分配和我们都不一样，甚至令人恶心。饮食之差异显现出来，并且伴随高低之分的价值评估。因此，粗略地说，不同文化共同体之差异，主要源于采集和培育食物以及分配食物之方式的差异，即味觉和胃之差异。也许是很偶然地，饮食和肤色有关联，结果文化和族群又混在一起。麻烦的是，与族群和文化有关的新问题，还在不断涌现。因为不同族群的混血及跨族群婚姻，双族群资格的个体比例在不断上升。这部分人的族群认同的建构、维持和重构，会更为复杂（Howard，2000：374-377）。

今天的文化概念，已负荷过重，充斥着想当然的迷思和谬见（赵旭东，2003）。第一，文化被认为是人类物种的独特标志。所有假想的人和其他动物之间的差异，都归之于文化。第二，文化被认为是人类区域共同体的独特标志。不同群体之间的假想差异，也都归之于文化，并和文化等级评价相关联。第三，文化被认为对文化共同体内部成员的心理和行为有因果决定的意义。其结果是，在许多场合，文化要么是骄狂的理由，要么是失败的借口和替罪羊。

2. 文化成员资格的内涵

成为文化共同体的成员，获得其成员资格，其过程和结果极其简洁，可用三个命题来清晰概括。第一，文化在行动中（culture in action）。对作为能动行动者的个体而言，他不是等待文化体系雕刻的木偶。通过文化化过程，行动者所习得的文化语库（cultural repertoire），只是他行动中可调动的符号资源，或者是"工具箱"（Swidler，1986）。其结果，不存在凝固的文化实体，而文化之于社会行为，也没有粗暴的因果决定论。

第二，文化化过程，类似于文化"病毒"的传染。即使同样置身于同一文化共同体中，文化表征（cultural representations）在每个个体身上的分布也是不一样的，如病菌的传染。在传染病流行的时候，有的人重度感染，甚至死亡，有的人只轻度感染，还有的人则完全免疫。剥离其病理学的外壳，同一文化共同体的不同成员的文化化过程，就是文化表征的传染过程（the epidemiology of cultural representations），有不同的分布状况（Sperber，1996；赵旭东，2005）。

第三，行动者有双文化或多文化的心智（bicultural or multicultural mind）。因为不同的机缘如移民或跨国的工作经历，有部分人生长和生活在双文化甚至多文化语境中，他们具有"双文化或多文化的心智"（Chiu & Hong，2006：281-307；Hong et al.，2000）。如果进行激进的但也合理的推论，也许所有人都有双文化或多文化的心智，因为没有人生活在同质性的单一（亚）文化语境下。而文化之于社会行为的意义，则服从基于文化启动（cultural priming）的知识激活原则和文化框架转换（the switch of cultural frameworks）。

3. 文化认同和认同政治

文化认同就是行动者对其文化共同体的成员资格的"文化自觉"。文化认同的培育和建构过程，又和追求承认的认同政治密切关联。在完备评论的基础上，伯恩斯坦把认同政治界定为以地位群体为基础，而不是以族群/民族主义为诉求，卷入不同类别的新社会运动的行动主义（activism）（Bernstein，2005：48）。

认同政治，首先不同于阶级政治或解放政治，后者主张阶级不平等是剥削和压迫的重要根源，其目标力图颠覆既定的政治经济格局，否认现状的正当性和合法性。其载体是工人运动和社会主义运动。它也不同于族群自主和民族分裂运动，后者致力于建立以族群资格来进行划界的政治共同体，以从既定的民族国家中分离出来。在这种意义上，认同政治是文化政治、符号政治和"生活政治"（吉登斯语）。

认同政治的载体，是曾经的边缘群体甚至被污名标定的群体，如女性、同性恋者、动物保护者、生态或环境保护者、反战群体和残障群体。他们在社会宰制的等级体制中，成为"无名者"或"陌生人"，被排斥受挤压。认同政治，因此也是追求"承认的政治"（the politics of recognition）（Taylor，1994：25-73）。

泰勒发现，在以性别、族群、宗教来对人类共同体进行划界的过程中，底层群体（subaltern）被主宰群体进行标定，其特异性要么被忽视，要么被贬低而排斥。这是有意的错误承认或不承认的过程。而认同政治就是在建构本真性基础上的认同努力。

本真性，有奇妙内涵。在微观层面上，它首先指每个个体坦诚地面对真实的自我，倾听内心真实的呼唤；作为有平等尊严的独特个体，它以自身的方式而不是模仿的方式成长为人。而在宏观层面上，它意味着在平等尊严和平等尊重基础上的公民德行，即热爱和照顾政治共同体中的同胞。

认同政治的动员方式，就是新社会运动（new social movement）。面对国家和市场对社会生活的所有领域的不断增强的控制，或生活世界的日益殖民化的趋势，新社会运动的目标指向生命机会和生命决断的自主权，以追求赋权、承认和特异性的表达（Bernstein，2005：54）。

（三）政治共同体：公民认同和国家认同

特定的政治共同体（the political community），也是行动者难以逃脱的群体存在形式。描述和解释政治共同体的成员资格的认同化过程，有许多家族相似概念。在涵括性或包容性最广的意义上，世界公民资格（cosmopolitan citizenship）进入视野；在通常的以民族国家为典型的政治共同体的语境下，公民资格与公民认同（citizenship identity）和国家认同成为中心；而在更为具体的语境下，政党资格（party membership）与政党认同（party identity）居于核心。

1. 世界公民资格

在最抽象的层面上，人和公民之间的张力，是所有个体面临的基本困扰之一。所有个体，都同时是人类的一分子和特定政治共同体的公民。或者说，我们同时属于两个共同体，一个是界限分明的政治共同体，一个是更宽广的包括整个人类在内的道德共同体和风险共同体（林克莱特，2007：441）。因此在逻辑上，人应该有世界公民的意识、德行和责任。

公元 5 世纪的奥古斯丁在其杰作《上帝之城》中，就已经描绘了"天国之城"甚至是世界共同体的公民图景。康德在《世界公民观点之下的普遍历史观念》的论文中，从目的论的角度确立了其历史理性的起点：大自然绝不做劳而无功的事，并且绝不会浪费自己的手段以达到自己的目的。大自然迫使人类去加以解决的最大问题，就是建立普遍法治的公民社会，这个目标的实现也仅仅依靠作为物种的人类整体自身（康德，1990：1-22）。而在《永久和平论》（Perpetual Peace）的论文中，康德则主张在自由国家联盟制度的基础上，世界公民权利就是这样的义务，即要友好地对待那些访问他们领土的旅客和商人（康德，1990：100-155）。康德质疑世界政府的可能性和合理性，因为这会导致对文化差异的漠视。但康德的世界公民权的思想确认了在国家体系之外还存在一种普世的人类共同体（林克莱特，2007：438）。

欧盟的政治实践、不断加强的全世界的政治交往方式和全球风险的事实，激发哈贝马斯来思考公民资格和国家认同的新形式。继承康德的智慧遗产，哈贝马斯明确主张，世界公民状态不再是纯粹幻想，国家公民资格和世界公民资格—风险共同体资格构成一个连续统，而这个连续统的轮廓已经显现出来（哈贝马斯，2003：680；Habermas，2003：155-174）。

2. 国家公民资格

政治共同体的典范形式，到目前为止，依然是国家，即占有一定领土并能合法垄断暴力的政治实体。尽管国家建立的路径、历史遗产和在世界体系中的相对位置存在差别，但"公意"（general will）即所有人民的一致同意，是也应该是政治共同体建立的规范基础和合法化来源，它以宪法作为共同而超然的政治语法（陈端洪，2007），以超越和统合共同体内部的不同族群、宗教、语言等多元文化共同体的差异。在此意义上，政治共同体，也是以民族记忆和英雄传奇为基本素材的道德共同体和牺牲共同体（the sacrifice community）。

成为政治共同体的成员，也就是获得公民资格、享受公民权利、建构公民认同并培育公民德行（citizen virtue）的过程。伊辛和特纳把成为政治共同体成员的过程概括为相互关联的三个基本问题：第一是如何确定一个政治体内部的成员资格的边界以及政治体之间的边界，亦即"外延"问题；第二是如何分配安排成员的权益和义务，亦即"内涵"问题；第三是如何理解和调适成员之公民认同的强度，亦即"深度"问题（伊辛，特纳，2007：6）。

成为国家的合法成员以获得公民资格，有基本条件。主要有三种原则：出生地原则、血统原则（依从于其父母的公民资格）和归化（naturalization）原则。双重/多重公民资格（dual/multiple citizenship），因此在今天较为普遍,并且给国家建设提出新挑战。

公民资格的获得,和公民权密切相伴,其背后有不停息的斗争和话语实践,以追求承认、平等和平权(Barnes et al., 2004)。在马歇尔三位一体公民权(法律权利、政治权利和社会权利)的基础上,雅诺斯基和格兰细致勾画了当代公民权的范围/维度:法律权利、政治权利、社会权利和参与权利,每个类别之下,还有更详细的亚范畴(雅诺斯基,格兰,2007:20-22)。

成为公民,就不仅仅是消费者。它同时意味着对政治体的责任、义务和承诺,也意味着自豪和尊严。尽管自由主义的公民观弱化公民美德的价值,但公民认同的建构必然和公民德行的自我培养及共同体的教化密切关联。"我们是好公民"而不是"好臣民",有确定的具体内涵。第一,它意味着对政治共同体的敬爱,或者是一种"公民宗教"(civic religion),即崇拜政治共同体社会契约的神圣性(卢梭,2003:166-183;Bellah,1967)。第二,对共同体的敬爱,也就是同胞之爱。第三,积极主动的政治参与。第四,在"公意"被践踏或被伪造的时候,有决绝的公民不服从(civil disobedience)。而所有这些,都需要理性的公开应用,也需要公民对政治信息主动的搜寻和能动的信息加工(Graber,2004)。

3. 政党资格及其他

当代政治共同体的活动主体,主要是政党。成为党派成员,以便更积极地参与政治共同体的活动,成为部分公民的主动选择。政党认同,也就是题中应有之义。但必须注意,对党派的忠诚,绝对不能超越公民之认同,或者用党派来替换政治共同体自身。

成为公民,也意味着在公共生活中占据以职业为基础的特定社会位置,并主动参与到对抗权力和市场的公民社会的不同社团中。职业资格和阶层资格与职业认同和阶层认同、社团资格和社团认同,很自然地得以引申。

(四)宗教共同体:宗教认同和宗教激进主义

无论是欧洲宗教经验、美国宗教经验还是中国宗教经验之间的差异,无论是宗教世俗化范式、宗教市场论范式及其替代范式之间的激烈论争,宗教制度和宗教生活都仍然是当代社会制度和精神生活的基本面向。但任何宗教都是存活在具体的宗教徒群体追求神圣的行动中的。它们本质性地体现为宗教徒群体在身、心、灵的活动中被践行的生命体悟和人生实践，对生命意义和生活目的的集体关切，对于超验价值的共同体验和群体承诺。

无论是家庭原因还是自主选择，有些人成为特定宗教共同体的成员，获得特定宗教共同体的成员资格，并建构自身独特的宗教认同。有两方面提请注意。第一，对宗教徒而言，宗教群体资格只是其多元群体资格的一个面向，也许是很重要的面向。第二，对一神教而言，其信徒的宗教群体资格是单一而排他的；而对多神教而言，其信徒的宗教群体资格可以是多重而叠加的。由此，一神教和多神教的区分可得以引申。首先，宗教群体资格的权重有别。一神教的群体资格之于归信者更为珍贵，更为凸显。其次，入会条件有别。因为一神教是高度排他的，其群体资格的获得要经受更严厉的考验。再次，去归信（de-conversion）的后果有别。如果归信者对其特定宗教群体资格没有社会认同感，他就会忽视或放弃这种资格，或者寻求新的宗教群体资格。这个过程，可称为去归信。归信和去归信，是宗教变迁的基本动力之一。对一神教而言，去归信的社会心理后果更为严重，也更为持久（方文，2007）。

宗教认同的建构/重构，主要以宗教叙事（religious narratives）作为建构因子。有四种基本的话语叙事：本体叙事（ontological narrative）或自传叙事、内在叙事（internal narrative）、公开叙事（public narrative）和元叙事（mata-narrative）（Somers，1994）。

萨默斯的叙事论，成为安默曼论辩宗教认同的理论基础。尽管安默曼质疑萨默斯把社会行动还原为文本和言辞的合理性，但她明晰地主张在以肉身呈现的宗教行动中，宗教叙事具有核心地位。宗教叙事，是信徒以"神圣他者"（sacred other/s）为核心的多重叙事的生产和再生产过程（Ammerman，2003）。以肉身在场为出发点，信徒在宗教制度所勾画的框架下，在同伴之间，在和神圣他者的私人沟通中，不断叙述平安、喜悦和恩典，也不断言说焦虑、困扰和挣扎。

当代宗教徒的群体资格的获得和宗教认同的建构过程，发生在理性化、市场化和世界除魅的语境下。世界的去神秘化过程（demystification），自身非预期地播撒了两粒种子，一粒是世界的再神秘化过程（remystification），另一粒是反抗去神秘化过程。强烈主张世界的再神秘化过程，并反抗去神秘化过程的民众、组织和运动，也就是宗教激进主义，它以激进的宗教参与和宗教认同为表征（Emerson & Hartman，2006：128）。换言之，对宗教激进主义者而言，在其多元的群体资格中，其宗教群体资格几乎在所有语境下都被激活而具有显著性。

（五）污名资格：被贬损的社会认同

无处不在的社会排斥力量，也会烙在行动者身上。换言之，前述的任何一种群体资格，都可能被贬损，并被标上"污名"的印记。

污名，就其古希腊词源的含义，意指在脸上所烙的印记，代表了德性缺损或行为罪过。这些被烙印记的个体，主要是奴隶、战俘和罪犯。他们被主流或统治群体认定为没有完备人性（the full humanity），或者只有部分人性（the partial humanity）。

污名成为社会科学中的一个核心构念，主要归功于戈夫曼。戈夫曼开创了对行动者污名资格的研究，并概要勾画了污名的三种类别：可传递的部族性的污名（the tribal stigma）、令人不快的身体（abominations of body）和个人品格的污点（blemishes of individual character）（Goffman，1963：4）。林克和费伦进一步细致辨析了污名背后相互纠缠的四个过程或四种成分：首先是辨析并标定差异，然后把差异和消极特质相关联，并区分"他们"和"我们"，最后是作为结果的地位缺失和歧视亦即社会排斥（Link & Phelan，2001）。

污名化过程（stigmatization），或污名标定，预设两类行动主体：污名标定者或施污者（the stigmatizer）和被标定者或受污者（the stigmatized）。污名化过程，对施污者而言，具有一系列的功能和进化上的适应意义，其结果是社会资源、机会和权力的垄断，以及优势地位或权势地位的建构、维持和再生产（Crocker et al.，1998；Kurzban & Leary，2001）。

但对受污者而言，污名化过程不仅使他们丧失了作为共同体有机成员正当的权益、福利和生活机会，也会对他们的社会心理生活产生致命的伤害，其核心是认同威胁（identity threat）（Major et al.，2005）和自我耗竭（ego depletion）（Inzlicht et al.，2006）。而认同威胁和自我耗竭，则会危及行动者动态完整生命的建构，是一种真正的本体论意义上的精神创伤。更严重的是，基于功能性磁共振成像技术，与污名相伴的社会排斥作为社会伤害和生理伤害类似,有其大脑的神经相关物(Eisenberger et al.,2003)。

结 语

(一)禀赋多元群体资格的个体:迈向"多元一体"的完整生命

个体在生命历程中,面对种种社会力量的雕刻,禀赋多元的群体成员资格,并建构或解构/重构多元而动态的社会认同,以缔造多姿多彩的完整生命。援引费孝通先生"多元一体"的精妙构念,每个个体作为能动行动者,通过终生不懈的认同努力,都在锻造自身独特的"多元一体"的完整生命。"多元"是指每个行动者身上的多元群体资格,而这些多元的群体资格,又以行动者的肉身(及其延伸)作为具体表征,成就其独特的完整生命。

(二)群体资格:方法论意涵

群体资格路径,也许具有某种方法论意涵。相对于认同研究,群体资格能统合不同的认同研究传统,如元认同、文化/族群认同、公民认同/国家认同/政党认同、宗教认同和污名,因为这些不同的认同类别,都可以转换为行动者对其自身的特定群体资格积极的认知评价/情感体验和行动承诺。相对于中国社会转型研究,群体资格能为中国社会流动和变迁研究提供一种新视角,因为群体资格的放弃和新的群体资格的获得,也就是社会结构的变迁过程。

在此之外,群体资格对一些基本的方法论难题,可能也有启发。

首先是人格研究。人格研究关注不同个体之间的独特性差异,以及个体跨情景的行为一致性和规则性,它以个体稳定的人格特征集的构造作为研究目标。无论是类型论还是特质论,人格理论家力图发现个体独特的人格类型和人格特征。但人格理论家所倚重的心理特征,都是社会分类的线索和标尺,也都是个体特定的群体资格的获得和识别线索。由此,群体资格能提供个体独特性(individuality)的新思路或新路径。个体之间的差异,可转化为不同个体多元群体资格的组合方式及权重等级的差别。因此,不同个体的多元群体资格,就成为个体差异性和独特性的基础和研究线索。研究的策略,也就是如何简洁地度量个体的群体资格问题。并且,多元群体资格还可被用来进行共时和历时比较。

其次是方法论个体主义和还原主义难题。通过群体资格的路径，单个个体不再是孤立的真空中的个体，在他身上，我们不是去发现他个人性的偶然欲望、情结、动机或个性，而是能够揭示他作为行动者在和社会力量的互动中建构自身多元品质或特征的过程。果真如此，所质疑的单个个体的个案研究的合法性，应该有新辩护的可能；以个体为研究单位，就并不必然蜕变为方法论个体主义和还原主义。而所谓的宏观—微观的二元对立，也可以换种理解视角。就任一个体而言，他确实是微观的，但在这微观的行动者身上，我们能够发现和揭示宏观力量的印记，这就是行动者所获得的多元群体资格。

再次是社会解释的低度社会化和过度社会化难题。新经济社会学大家格兰诺维特所质疑的低度社会化和过度社会化（格兰诺维特，2007），基于群体资格，也没有意义。因为个体从诞生时起，就一直受多重社会力量雕刻。这对他的心理和行为解释的所有可能资源，都已烙上厚重的社会印记。对低度社会化和过度社会化解释的担忧，要么是社会巫术，要么是杞人忧天。而格兰诺维特对社会关系的理解，也是不完备的。因为作为社会关系的基本类别之一，群际关系与人际关系之间有质的差别，而且不能还原为人际关系。他所发现的弱关系的力量，可理解为群际关系中信息异质性的力量。

一树一菩提，一人一世界。透过一个单独的个体，全球和区域的所有力量，基于群体资格，都可以发现其踪迹，它们也同时成为所有个体认同建构的资源。

参考文献

埃里克森. 同一性：青少年与危机. 孙名之，译. 杭州：浙江教育出版社，1998.

布洛维. 公共社会学. 沈原，等译. 北京：社会科学文献出版社，2007.

波兰尼. 大转型：我们时代的政治与经济起源. 冯钢，刘阳，译. 杭州：浙江人民出版社，2007.

波伊曼. 宗教哲学. 黄瑞成，译. 北京：中国人民大学出版社，2006.

陈端洪. 宪治与主权. 北京：法律出版社，2007.

方文. 社会行动者. 北京：中国社会科学出版社，2002.

方文. 群体符号边界如何形成？：以北京基督新教群体为例. 社会学研究，2005 (1)：25-59.

方文. 宗教群体资格简论. 上海大学学报（社会科学版），2007 (3)：106-110.

费孝通. 费孝通文集：第11卷. 北京：群言出版社，1999a.

费孝通. 费孝通文集：第14卷. 北京：群言出版社，1999b.

费孝通. 费孝通文集：第15卷. 北京：群言出版社，2001.

福柯. 自我照看的伦理是一种自由实践. 李猛，译. （未刊稿），1984a.

福柯. 对真理的关切. 李康，译. （未刊稿），1984b.

福柯. 性经验史：增订版. 佘碧平，译. 上海：上海人民出版社，2005.

格兰诺维特. 镶嵌：社会网与经济行动. 罗家德，译. 北京：社会科学文献出版社，2007.

哈贝马斯. 在事实与规范之间：关于法律和民主法治国的商谈理论. 童世骏，译. 北京：三联书店，2003.

哈贝马斯. 包容他者. 曹卫东，译. 上海：上海人民出版社，2002.

霍耐特. 为承认而斗争. 胡继华，译. 上海：上海人民出版社，2005.

吉登斯. 现代性与自我认同：现代晚期的自我与社会. 赵旭东，方文，译. 北京：三联书店，1998.

康德. 历史理性批判文集. 何兆武，译. 北京：商务印书馆，1990.

李春玲. 断裂与碎片：当代中国社会阶层分化实证研究. 北京：社会科学文献出版社，2005.

李培林. 另一只看不见的手：社会结构转型. 北京：社会科学文献出版社，2005.

李培林，张翼，赵延东，等. 社会冲突与阶级意识：当代中国社会矛盾问题研究. 北京：社会科学文献出版社，2005.

李强. "丁字型"社会结构与"结构紧张". 社会学研究，2005 (2)：55-73，243-244.

李强. 职业共同体：今日中国社会整合之基础：论"杜尔克姆主义"的相关理论. 学术界，2006 (3)：36-53.

林克莱特. 世界公民权//伊辛，特纳. 公民权研究手册. 王小章，译. 杭州：浙江人民出版社，2007：433-453.

卢梭. 社会契约论. 何兆武，译. 修订3版. 北京：商务印书馆，2003.

陆学艺. 当代中国社会阶层研究报告. 北京：社会科学文献出版社，2002.

陆学艺. 当代中国社会流动. 北京：社会科学文献出版社，2004.

马戎. 民族社会学：社会学的族群关系研究. 北京：北京大学出版社，2004.

麦格. 族群社会学：美国及全球视角下的种族和族群关系（第6版）. 司马义，译. 北京：华夏出版社，2007.

Rupert Brown. 群体过程. 胡鑫，庆小飞，译. 北京：中国轻工业出版社，2007.

沈原. 市场、阶级与社会：转型社会学的关键议题. 北京：社会科学文献出版社，2007.

苏国勋. 社会学与文化自觉：学习费孝通"文化自觉"概念的一些体会. 社会学研究，2006（2）：1-12.

孙立平. 转型社会学：发展趋势与面临的问题. 未刊稿，2007.

休谟. 人性论. 关文运，译. 北京：商务印书馆，1980.

雅诺斯基，格兰. 政治公民权：权利的根基//伊辛，特纳. 公民权研究手册. 王小章，译. 杭州：浙江人民出版社，2007：17-72.

伊辛，特纳. 公民权研究：导论//伊辛，特纳. 公民权研究手册. 王小章，译. 杭州：浙江人民出版社，2007：1-14.

张宛丽. 现阶段中国社会分层近期研究综述//中国社会科学院社会学研究所. 中国社会学年鉴1999—2002. 北京：社会科学文献出版社，2004：33-45.

赵旭东. 反思本土文化建构. 北京：北京大学出版社，2003.

赵旭东. 表征与文化解释的观念. 社会理论学报，2005（2）：229-276.

周晓虹. 中国中产阶层调查. 北京：社会科学文献出版社，2005.

Ammerman, N. T. (2003). Religious Identities and Religious Institutions. In M. Dillon (Ed). *Handbook of the Sociology of Religion* (pp. 207-224). Cambridge University Press.

Bellah, R. N. (1967). Civil Religion in America. *Daedalus*, 96 (Winter), 1-21.

Barnes, R. et al. (2004). Citizen in Practice. *British Journal of Social Psychology*, 43, 187-206.

Bernstein, M. (2005). Identity Politics. Annual Review of Sociology, 31, 47-74.

Borowski, E. J. (1976). Identity and Personal Identity. *Mind, New Series*, 85 (340), 481-502.

Burke, P. (2004). Identities and Social Structure: The 2003 Cooley-Mead award Address. *Social Psychology Quarterly*, 67 (1), 5-15.

Chiu, C. -y. (赵志裕), & Hong, Y. -y. (康萤仪) (2006). *Social Psychology of Culture*. New York: Psychology Press.

Crocker, J. et al. (1998). Social Stigma. In D. T. Gilbert et al. (Eds.). *Handbook of Social Psychology* (4th ed., Vol. 2, pp. 504-53). Boston, MA.: McGraw-Hill.

Durkin, K. (1995). *Developmental Social Psychology: From Infancy to Old Age*. Oxford: Blackwell.

Eisenberger, N. I. et al. (2003). Does Rejection Hurt? An fMRI Study of Social Exclusion. *Science*, 302, 290-292.

Emerson, M. O., & Hartman, D. (2006). The Rise of Religious Fundamentalism. *Annual Review of Sociology*, 32, 127-144.

Frable, D. E. S. (1997). Gender, Racial, Ethnic, Sexual, and Class Identities. *Annual Review of Psychology*, 48, 139-163.

Gleason, P. (1983). Identifying Identity: A Semantic History. *The Journal of American History*, 69 (4), 910-931.

Goffman, E. (1963). *Stigma: Notes on the Management of Spoiled Identity*. N. J.: Prentice-Hall.

Graber, D. (2004). Mediated Politics and Citizenship in the Twenty-First Century. *Annual Review of Psychology*, 55, 545-571.

Habermas, J. (2003). Citizenship and National Identity: Some Reflections on the Future of Europe. In R. Robertson, & K. E. White (Eds). *Globalization: Critical Concepts in Sociology* (Vol. 3, pp. 155-174). Routledge.

Haslam, N. et al. (2000). Essential Belief about Social Categories. *British Journal of Social Psychology*, 39, 113-127.

Higgins, E. T. et al. (1977). Category Accessibility and Impression Formation. *Journal of Experimental Social psychology*, 13, 141-54.

Higgins, E. T. (1996). Knowledge Activation: Accessibility, Applicability and Salience. In E. T. Higgins, & A. E. Kruglanski (Eds.). *Social Psychology: Handbook of Basic Principles* (pp. 133-168). New York: Guilford Press.

Hong, Y. -y. et al. (2000). Multicultural Minds: A Dynamic Constructivist Approach to Culture and Cognition. *American Psychologist*, 55 (7), 709-720.

Howard, J. A. (2000). Social Psychology of Identities. *Annual Review of Sociology*, 26, 367-393.

Inzlicht, M. et al. (2006). Stigma as Ego Depletion: How being the Target of Prejudice Affects Self-Control. *Psychological Science*, 17 (3), 262-269.

Ip, G. W. et al. (2006). Birds of Feather and Birds of Flocking Together: Physical Versus Behavioral Cues May Lead to Trait-Versus Goal-Based Group Perception. *Journal of Personality and Social Psychology*, 90 (3), 368-381.

Klein, S. B. et al. (2004). A Theory of Autobiographical Memory: Necessary Components and Disorders Resulting From Their Loss. *Social Cognition*, 22, 460-490.

Kurzban, R., & Leary, M. R. (2001). Evolutionary Origin of Stigmatization: The Functions of Social Exclusion. *Psychological Bulletin*, 127 (2), 187-208.

Link, B. G., & Phelan, J. C. (2001). Conceptualizing Stigma. *Annual*

Review of Sociology, 27, 363-385.

MacIntyre, A. (1994). Critical Remarks on the Sources of the Self. *Philosophy and Phenomenological Research*, 54 (1), 187-190.

Major, B. et al. (2005). The Social Psychology of Stigma. Annual Review of Psychology, 56, 393-421.

Michelman, F. I. (2001). Morality, Identity and "Constitutional Patriotism". *Ratio Juris*, 14 (3), 253-271.

Prentice, D. A., & Miller, D. T. (2007). Psychological Essentialism of Human Categories. *Current Directions in Psychological Science*, 16 (4), 202-206.

Skowronski, J. J. et al. (2007). Ordering Our World: The Quest for Traces of Temporal Organization in Autobiographical Memory. *Journal of Experimental Social Psychology*, 43, 850-856.

Sperber, D. (1996). *Explaining Culture: An Naturalistic Approach*. Blackwell.

Somers, M. R. (1994). The Narrative Constitution of Identity. *Theory and Society*, 23 (5), 605-649.

Swidler, A. (1986). Culture in Action: Symbols and Strategies. *American Sociological Review*, 51 (April), 81-106.

Tajfel, H., & Turner, J. C. (1986). The Social Identity Theory of Intergroup Behavior. In S. Worchel et al. (Eds.). *Psychology of Intergroup Relations* (2nd ed., pp. 7-24). Chicago: Nelson-Hall.

Taylor, C. (1989). *Sources of the Self: The Making of the Modern Identity*. Cambridge, Mass.: Harvard University Press.

Taylor, C. (1994). *Multiculturalism: Examing the Politics of Recognition*. Princeton University Press.

Yzerbyt, V. et al. (2004). *The Psychology of Group Perception*. New York and Hove: Psychology Press.

第 8 章 宗教行动者

提要：解剖中国宗教制度的演化，探索中国人宗教心理及宗教行为的逻辑，是中国宗教研究者尤其是中国宗教社会学者的一项基本任务。本章目的是在评论宗教社会学基本研究范式的基础上，融会有关中国宗教的实证研究，以揭示中国宗教图景的内隐动力学；并以宗教行动者为核心，尝试构造解释中国人宗教行为的理论模型即宗教群体资格论，以贡献中国学者有关宗教研究的中国智慧。

关键词：宗教群体资格论，不确定性，世俗化范式，宗教市场论范式，三色市场论，他人在场，生命资本

一、不确定性的处境及人的应对

不确定性（uncertainty），是人之存在的基本事实。无论他是在经验的、可直观的时空中的现象界，或必然国度；还是在非经验的超时空的本体界，或自由国度。

就现象界而言，"不确定性是所有生命形式都必须要应对的事实。在生物复杂性的一切层级上，都存在着有关迹象或刺激意义的不确定性，以及有关行动的可能结果的不确定性"（Kahneman et al., 1982: 509）。

卡尼曼等坚定地主张，所有形式的不确定性，都不能化简为单一维度的概率或信念程度。依据不确定性的因果归因，他们把不确定性纳入外在不确定性和内在不确定性的类别之中。前者源于外部事物的特征，而后者则源于人的认知限度。他们还开创性地揭示了人在不确定性境况下进行直觉判断的

"拇指法则"（the rules of thumb）或启发式原则（Kahneman et al.，1982：3-20，201-208）。这些原则，主要是代表性启发式（representativeness heuristic）、便利性启发式（availability heuristic）和模拟启发式（simulation heuristic）以及初始化和调适（anchoring and adjustment），依次适用于不同的直觉判断任务。

卡尼曼等有关不确定性的微观现象学（micro-phenomenology of uncertainty），有进一步的诠释空间。就人之社会存在和社会行动而言，它们都可被界定为主观不确定性（subjective uncertainty）。即使是外在不确定性，也只有在情景界定的意义上，才成为人之处境。

以个体生命历程的演化为线索，可以尝试构造不确定性的分类学。分类学的两极是个体出生时父权不确定性和个体生命终结时死亡不确定性。

亲本投资论系统地揭示了人类生命原初的不确定性即父权不确定性（uncertainty of paternity）（Trivers，2002：56-110）。它与母权确定性（certainty of maternity）相对照，是生命诞生时的基本事实。对每个新生的婴儿而言，其母亲的身份是确定无疑的，而其父亲的身份则存在疑问。或者说，名义上的父亲，不一定确定无疑地就是生物学意义上的父亲，他面临着在不知情的状况下替其他男人抚养孩子的可能性（cuckoldry）。父权不确定性，对人类个体适应性的演化、两性的性选择和择偶、两性对亲密关系的嫉妒表现以及人类的家庭和婚姻制度的安排，均产生基本影响。人类物种也已构造种种策略以应对父权不确定性的焦虑，如以父亲的姓氏给新生儿命名，或对女性配偶进行严格的监控。

而死亡则是生命终结的不确定性，它构成个体不确定性的另一极端。什么时候死亡，以什么方式，被怎样安排，是死之不确定性的基本内容。死亡并不是生命的一部分，因为没有人在死亡中生活过。在这种意义上，死亡之于死者，几乎毫无意义；仅对特定宗教徒而言，它是生命复活或灵魂转世的前提。死亡的意义，更多的是关乎生者，与死者关系密切的生者。尽管如此，人还不得不在心智中、在媒介中、在日常实践的表演中，不断地想象、回忆、反思，甚至重构和历练与死亡有关的真实的或虚拟的场景，也不断地援引不同资源来进行恐惧管理以应对死亡焦虑（Pyszczynski et al.，2015）。

在这两极之间，个体也无不受不确定性的折磨。人在其毕生发展历程中，对于认知自身的社会语境和生命潜能，理解和预测社会互动中自身和他人的态度、能力、情感、行为及其行为后果等诸多方面，都存在不确定性。

概言之，主观不确定性是人的日常生活事实，也是基本的社会心理事实。人受其折磨，也因之而焦虑。面对现象界不确定性的生存处境，求知动机（epistemic motivation），或者说追求确定性和意义以降低不确定性的动机，是人之最基本的品质（Hogg，2007）。人也因此在行动中构想种种方式或策略，以应对主观不确定性，力求为生活和生命赋予确定性、秩序和意义。人通过系统地理智求索，积累知识，消除无知，以洞悉现象和事件在不确定性表象后的秩序；人借助直觉判断的启发式原则，进行理性、经济而快速的判断；人也可求助于既定的制度、习俗和规则体系而做出反应；人也通过人际比较，为自己的能力、态度、信念和情感定位；人还可能基于运气而进行选择。但隶属于特定群体，获得特定群体的成员资格或社会范畴资格（membership of social category），则是现象界最为基本的行动策略（Hogg，2007）。

在现象界之外，人还同时位于本体世界中。作为意志自由的行动者，他宿命性地遭遇善恶取向的道德选择及其后果的不确定性。而宗教是最基本的道德选择资源，是人在自由国度中应对不确定性的主要解决之道。

宗教是一种信仰和实践体系，通过这一体系，个人对其所感受到的神圣之物——通常还包括超自然的对象——进行阐释并做出严肃反应。在人类物种演化初期，宗教同时扮演两种角色：为现象界和本体界的人类提供基本策略，以应对不确定性。费斯廷格发现，约在公元前25000—前20000年之间，人类经历了从使用工具向建构技术的转型；在这期间，所谓的巫术和原始宗教，就是我们早期人类的一种确定技术，是人类控制自然的主要手段（Festinger，1983）。涂尔干也早就写道，思想的基本范畴，因而也包括科学的基本范畴，都起源于宗教；甚至可以说，几乎所有重大的社会制度，都起源于宗教（涂尔干，1999：552）。当代宗教社会学者拜尔，则在卢曼社会系统论的基础上论证道，西方社会的变迁，是由主宰的分层分化（stratified differentiation）向主宰的功能分化（functional differentiation）的变迁；在这一历史过程中，基督教的多元功能性（multifunctionality of Christianity）逐渐向单一功能分化，并依次孕育国家系统、法律系统、资本主义经济系统和现代科学系统（Beyer，1998：153-156）。

宗教在其演化过程中，逐渐从现象界退隐，而栖身于本体界。但那些献身于特定宗教的信徒的生存境况和生存策略，就成为沟通现象界和本体界的可能中介。因为他们同时负荷在现象界中的生存策略即隶属特定群体，和在本体界的生存策略即献身于特定宗教。宗教群体研究的基本意义，因此也就凸现出来，因为这类研究可能为揭示宗教生活和群体生活的内在动力过程和社会心理机制提供独特的参照。

当代中国宗教和信徒群体也面临同样的处境。中国宗教，也是中国社会的基本向度之一。在制度层面，中国宗教和中国政治制度、经济制度和社会制度有复杂的关联；在集体心理和行动层面，中国宗教是中国人精神生活和社会行动的基本组分；在行动策略层面，中国宗教是中国人应对不确定性和道德选择的主要解决之道。

直面中国宗教，有多元的研究路径。首先是神学路径，其意旨主要是中国特定宗教的神学家对其信仰的宗教教义和宗教原典的辩护和诠释；其次是人文学路径，其研究实践主要是宗教哲学的玄思和宗教史的梳理；再次是实证路径，其主体是宗教社会学、宗教心理学和宗教人类学有关中国宗教制度、中国人宗教心理及宗教行为的经验探索和理论建构。

解剖中国宗教制度的演化，探索中国人宗教心理及宗教行为的逻辑，是中国宗教研究者尤其是中国宗教社会学者的一项基本任务。本章目的是在评论宗教社会学基本研究范式的基础上，融会有关中国宗教的实证研究，来揭示中国宗教图景的内隐动力学，并以宗教行动者为核心，尝试构造解释中国人宗教行为的理论模型即宗教群体资格论，以贡献中国学者有关宗教研究的中国智慧。

二、当代中国的宗教图景

(一) 宗教分类学图式

有多少宗教研究者，也许就有多少宗教的界定。但这个事实并不妨碍我们自己有所偏好的理解。宗教（religion），在西文词源学的意义上，有沟通和交往的含义，它指人和神或诸神的沟通。因为不了解神的语言，这种沟通主要是借助神启和体悟。通过沟通，人逐渐意识到圣俗之间的区隔，意识到自身的有限性、偶在性和凡俗性，以及神和有关神的品质特性的无限性、超验性和神圣性。崇拜和信仰之心由此而生。因为神的形象、事迹和行为是人的有限理性无法想象的，神授的文字和神所显示的神迹就成为了解、体悟和敬拜神的基本文本和媒介。信仰是内心的，而这种内心的信仰，必然和必须在可观察的外显行为中表达出来。内在的信仰和外在的敬拜行为因此相伴相生。个体信徒的敬拜行为不断地重复实践，成为规则化的行为模式，也就是个体的敬拜行为模式化的动作序列，或称之为敬拜仪式（ritual of worship）。同样信仰的信徒之间，还会相互交流归信后的平安、喜悦、焦虑和恩典，以及各自的敬拜方式。结果是共识性的敬拜仪式得以建构，共同体意识或教会得以形成。

这种在思想实验基础上的推论，典范性地体现在涂尔干的宗教界定中：

> 宗教是一种与既与众不同又不可冒犯的神圣事物有关的信仰和仪轨所组成的统一体系，这些信仰和仪轨将所有信奉它们的人结合在一个被称之为"教会"的道德共同体之内。（涂尔干，1999：54）

依照涂尔干的诠释，宗教的基本因子可以剥离出来。第一是所敬拜的神和体现神的全能、全知和全善的神之言或神之道即宗教原典。所敬拜的神，可以是唯一的，也可能是复数形式的，一神教和多神教由此得以引申和区分；所敬拜的神是超验的还是具体的，宗教和伪宗教/偶像崇拜/邪教等由此得以引申和区分；神之言是神授的还是伪造的，真经和伪经也由此得以引申和区分。

第二是信众或信徒。涂尔干说得精妙：如果没有信徒的供奉和祭祀，神就会死去（涂尔干，1999：44）。马克思的宗教鸦片论和异化论，在这点上有同样的意蕴。

第三是宗教仪式。信徒内心的虔信，通过规则化的敬拜行为模式即宗教仪式不断强化。而这种仪式和庆典，承载了共同体的集体意识和群体记忆，它给共同体的成员以温暖、安全和依靠。

第四是由同样的信徒在宗教仪式的实践中不断生产和再生产的道德共同体，或教会。即使是卢克曼意义上的"私人宗教"（卢克曼，2003），信徒也会在想象中参与建构和重构这种道德共同体。也正是因为教会对于宗教的基本意义，涂尔干在宗教和巫术之间进行严格区分。对涂尔干而言，不存在巫术教会，巫师和其弟子之间也没有共同体的生活。

提请注意的是，上述的这些因素，只是宗教组分的逻辑序列，而不是其重要性的等级序列。

但涂尔干有关宗教的界定，并没有系统而完善地处理完备宗教与其他多种信仰形态之关系，如巫术、迷信或意识形态。而宗教与其他多种信仰形态之分界问题，依然是当代宗教社会学的前沿论争议题。有学者构造了统合的宗教分类学图式，试图澄清完备宗教与其他多种信仰形态的异同（见表8-1）。

表8-1　　　　　　　　　宗教分类学图式

	超自然	信仰	实践	组织	举例
完备宗教	有	有	有	有	基督教、佛教、伊斯兰教
半宗教	有	不发达	有	不发达	民间宗教或大众宗教、巫术、灵性信仰（spiritualities）
准宗教	有	有	有	弥散的	公民宗教、祖先崇拜、行会崇拜、拜物教
伪宗教	有	有	有	有	

资料来源：Yang，2012：37.

（二）浮尘病理学：双重东方学困境

社会理论大家布尔迪厄曾经讥讽某些学者的社会巫术或社会炼金术，他们把自身的理论图式或一孔之见，等同于社会实在本身。中国宗教图景，也同样缓慢地累积了这些社会巫术所虚构的多层浮尘。现在是仔细而耐心地洗涤打扫的时候了。

有关中国宗教的实证研究，无论是本土学者还是外国学者，一直受困于双重东方学困境（萨义德，1999）：外部东方学困境和内部东方学困境。前者指在东西宗教之间，中国作为"他者"或对象；后者指在汉族—非汉族宗教之间，非汉族作为"他者"或对象。前者主宰性的研究路径是中国宗教特异性，而后者主宰性的研究路径则是汉族中心主义。

1. 外部东方学语境：中国宗教特异性的迷思

中国宗教特异性，是中国文化特异性路径在宗教领域的自然推演（方文，

2008a：138-139，2008b），它预设了中西宗教之间的二元对立，并且有意无意地成为中国宗教实证研究的主宰框架。

中国宗教特异性的逻辑，实际上也是华人宗教社会学者杨庆堃的潜在假设。杨庆堃试图在制度化宗教（institutional religion）之外，勾画中国文化语境下特异的宗教形态即分散性宗教（diffused religion），以之和虚构的西方统一的制度宗教相区别（Yang，1961）。

制度性宗教与分散性宗教的两元对立，实际上统合了中国宗教的有—无问题和虔敬—功利问题。所谓制度性宗教，意指具有独立神学体系、崇拜形式和组织形式的佛教和道教等普世性宗教。它类似西方基督教形态，也是中国存在宗教的证据。而分散性宗教，则是渗透到世俗中的民间信仰，也是世俗制度的观念、仪式和结构的组成部分，如家庭内的祖先崇拜、行业的保护神崇拜、区域的地方神灵崇拜和封建王朝的祭祀仪式。分散性宗教的精神，在杨庆堃的分析中，是功利的而不是虔敬的。

但文化特异性的宗教研究的迷思，面临大量实证研究的质疑。有关欧洲社会史和宗教史的大量研究，已经解构了西方宗教生活的神话。即使在所谓最虔敬的中世纪，天主教也不是一统天下，大量民间信仰如占星术（astrology）、巫术和轮回转世（reincarnation）等也有广大的民间信众（勒华拉杜里，1997）。因此，分散性宗教并不是中国宗教的特有形态，欧洲甚至北美也有其对应形态，并持续生长在当代社会生活中。

宗教社会学大家斯达克和芬克也直面中世纪欧洲的虔敬神话。他们发现最著名的中世纪宗教历史学者群体，现在一致认为从来就没有一个"信仰时代"；而中世纪的贵族是躺在娇妻或情妇的怀中，心不在焉地做着弥撒（斯达克，芬克，2004：77-84）。

2. 内部东方学语境

在探究中国境内的多元宗教资源时，中国宗教研究者还易感染另一种病理学：内部东方学的困境。汉族的文化传统和宗教形态，被自觉不自觉地替换为"多元一体"的中华民族的文化传统和宗教形态。

内外东方学路径还交互强化，共同建构了对中国宗教来源的执着：中国本土宗教对外来宗教的二元对立，同时也是中国人缺乏宗教情怀的另一个证据。其核心是中国少有本土宗教，大多是外来宗教。

对中国宗教来源的执着,遮蔽了现实的中国宗教图景的丰富性。任何宗教,无论本土的还是外来的,一旦传入中国,被不同民族/族群的中国人所敬拜和信仰,它就是中国宗教的有机部分,同时也是不同民族/族群的中国人的精神资源。在中国宗教共同体的建构过程中,无论是制度化的宗教如儒释道、基督教,还是分散性宗教如种种民间信仰,都为中国特定信徒群体提供道德行为的选择资源。

(三)铅华洗净:转型中国多元而丰厚的宗教资源

中国社会正经历宏大的历史转型,这是"千年未有之变局"。其肇始远可追溯至1840年的鸦片战争,近则始自1978年的改革开放。中国社会转型的历史意涵,堪比波兰尼的"大转型"以及布洛维的"第二次大转型"。

中国宗教史是世界宗教史的缩影。世界上最主要的宗教,在当代中国都能发现它们最虔敬的信徒。当代中国人浸泡在多元而丰厚的宗教资源中。可以尝试概括中国宗教共同体的建构和中国宗教经验的基本特征。第一,中国人的宗教信仰和宗教传统纯粹而虔诚;第二,中国人在信仰上有"和而不同"的胸怀;第三,中国人有"万教归一"的气度。中国宗教经验有助于不同宗教之间的友好对话和交流,以降低甚至消除以宗教冲突为核心的文明冲突。

三、当代中国宗教图景的内隐动力学

(一)宗教社会学的范式转型

宗教,曾经是社会整合、道德建构和权力运作的唯一合法性源泉。在现代性的演化过程中,宗教的多元基本功能,随着理性化和个体化的发展,被不断地"除魅"。在马克思、涂尔干和韦伯等经典研究的基础上,当代社会中的宗教本质、宗教功能和宗教实践,面对不同取向的理智审查和追问。其中,宗教世俗化(secularization)范式和宗教理性选择(rational choice)范式,是相继主宰的理论范式。

1. 欧洲宗教经验:世俗化范式

所谓宗教世俗化,就是宗教在社会生活中的各个方面都逐渐丧失影响的过程，或者说宗教不断趋向社会和文化边缘的过程，亦即宗教与社会不断疏离的过程。其最激进的口号是尼采"上帝死了"的论断。依据威尔逊的典范论述，世俗化意味着广泛发生的长时距的历史过程，其中，财富、权力和活动，无论其外在表征还是其功能都从以超自然的参照框架为核心的制度向依照经验的、理性的和实用的准则而运作的制度转移；但在这个过程中，并不排除一些领域的再神圣化过程（resacralization），它以宗教领袖和宗教先知的突现作为宗教文化新生的例证（Wilson，1982：11-12）。或者依照泰勒的论述，世俗化过程就是从超验框架（transcedence framework）向内在框架（immanent framework）转变的过程，其中，本真性的凸现是其核心（Taylor，2007）。

有不同变式的宗教世俗化的理论主张。它们共享的核心是分化命题：至少在现代西方，宗教和非宗教制度面临不断增长的分化（Gorski，2000：138-142）。为宗教世俗化范式进行辩护的实证资料，主要是欧洲宗教史的资料和当代欧洲价值观的大型跨国调查资料。

在西欧宗教史的演化过程中，基督教参与的比率不断衰落，而非基督教信仰如占星术、巫术和轮回转世等，则不断增长。西方基督教会的分裂以及宗教改革（the Reformation）也严重地降低了宗教精英和宗教制度的威权和中心地位（穆尔，2000）。这些宗教史的证据表明宗教制度和宗教世界观，在逐渐丧失其基本影响。

世俗化的实证维度主要体现在三个方面：教会参与者（church attendance）人数的不断减少；社会生活的凡俗化（laicization）；宗教正统性（orthodoxy）的消解（Ester et al.，1993：10）。而哈尔曼和穆尔，则用6个经验指标即教会参与者、正统性或宗教的认知维度、宗教情感（religiosity）、对教会的信任、过渡仪式（rites of passage）和教会的公共角色，来证实发生在欧洲的宗教世俗化过程（Halman & Moor，1993：37-56）。

宗教的世俗化，被认为还伴随着宗教的私人化（the privatization of religion）。宗教的私人化不仅意味着宗教信仰已是"个体"自主性的选择，还意味着这些信仰已不能无所阻碍地在公共生活中进行传播。宗教私人化，交织着人的觉醒和"个体"的出场。而"个体"（in-dividual）的出场，是人类历史上最惊心动魄的场景之一。它意味着不可分割（in-divide）不可让渡并且独具尊严、自由和福祉的生命体的出场。这个脱离皇权和教权奴役的自主行动者,在宗教领域任凭自由意志来践行信仰,并不必然需要宗教共同体的支撑。

缺失宗教共同体的支撑,有两种后果。其积极后果,可能是营造人自主运用理性和智慧的氛围,这是康德意义上人的自我启蒙。但更严重的可能是其消极后果:个体变成孤立的一分子被抛在世上,他得为自己所有的行为独自决断并承担责任。就信仰而言,他得独自而无助地面对上帝。他渴望和感悟上帝的恩宠和眷顾,但无人分享;他恐惧和逃避上帝的愤怒和遗弃,但无人怜悯。"个体"的发现,使人逃离共同体的束缚,但又使人承受难以承受的重负和责任。针对这种境况,卢克曼明确地主张,在现代社会中,宗教已从"有形宗教"即以教会为制度基础的信仰体制,转化为以个人虔信为基础的"无形宗教"(卢克曼,2003)。

世俗化范式遭受严厉的质疑。斯毕卡德认为,世俗化范式反映了后启蒙西方的进步神话(Spickard,1998:178-180)。其实质是把西方社会作为世界宗教史的中心,而非边陲;西方社会已经是由理性化和个体化所主宰的"现代"社会,而非还是受宗教世界观所困扰的"传统"社会。或者说,世俗化范式以一种有偏见的方式来界定宗教,因此构造了西方宗教和非西方宗教的虚假对立。

在世俗化的权威话语的阴影中,公民宗教、新宗教运动、大众宗教(popular religions)、宗教激进主义的勃兴,则代表了宗教在剧烈社会变迁中的转型。以拉丁美洲都市中底层民众的大众宗教运动为例证,帕克展现了与宗教世俗化理论完全不同的社会图景(Parker,1998)。

世俗化范式的功能逻辑,意味着现代社会的功能化过程需要宗教退缩到私人领域。里斯则从现代民族国家及其权力运作的合法性入手,对之提出雄辩的诘问。里斯总结道,对于现代社会和发展中社会而言,宗教仍然会对政治权力进行合法性授权或对之提出质疑。宗教世俗化,是政治精英和宗教精英权力博弈的结果。同时,它也被援引为一种意识形态,为现存的权力结构辩护,并使政治精英、经济精英和文化精英免于道德责难;而宗教的重新复兴,则代表了普通民众对社会发展过程中财富分配不公的道德抗争(Riis,1998:270-271)。

2. 美国宗教经验：宗教理性选择范式

在世俗化范式的框架内，支持"反世俗化命题"（anti-secularization thesis）的经验事实不断涌现。其主体资料是所谓的美国宗教特异论（American religious exceptionalism），核心是政教分离，以及自由市场体系中的宗教动员（religious mobilization）。美国教会与国家的分离，使所有的宗教实体处在同一起点上，而只有那些能通过自愿手段动员必备资源的教会才能生存和发展。美国宗教特异论的具体表现在于，在整个19世纪和20世纪前半叶的快速现代化过程中，美国宗教信徒人口比例大幅度增长（Warner，1993：1048-1050）。或者说，就美国的宗教历史事实而言，社会现代化伴随着广泛的宗教动员。在所谓的基督王国（Christendom）中，美国现在是典型的宗教国家之一。而支持反世俗化命题的其他资料，则是有关秘密教派（sectarianism）的研究，以及世界范围的宗教激进主义勃兴的事实。

世俗化范式否证资料的不断累积，使宗教社会学的范式转换成为内在要求。对宗教世俗化范式系统的解构，来自1990年代以来占据主宰叙事的宗教市场论范式，它们是理性选择范式在宗教社会学领域中的拓展。相对于世俗化范式的统一框架，宗教理性选择范式更是相对松散的研究路径，其支持者有社会学家、经济学家和历史学家。它们共同的出发点，在于质疑世俗化范式所鼓吹的宗教分化论，而采用经济图像或隐喻（economic imagery or metaphor）来描绘西方社会宗教生活的变迁图景。它们又被称为宗教经济论或神性经济论（divine economy）。

宗教市场论的系统宣言，是由宗教市场论的旗手沃纳所书写的（Warner，1993）。沃纳声称，宗教社会学正面临从旧范式即世俗化范式向新范式即宗教市场论范式的转换。在宗教多元化的公开市场中，每个潜在的宗教信徒，为了自己灵性生活的需要，会理性地选择宗教商品。而作为宗教供给方，他们得精心地建构营销和动员策略，以吸引潜在顾客，并防止"搭便车"（free-riding）。进一步，宗教市场被认为类似于商品市场。在宗教市场中，宗教多元性（religious pluralism）会引发宗教竞争，其结果是提高和改善宗教商品的数量和质量，促进宗教参与和宗教活力（religious vitality）。

宗教市场论的坚定的支持者扬纳科内，在《为什么严厉的教会会强大》（Why Strict Churches Are Strong）（Iannaccone，1994）的经典论文中，应用宗教市场论来解释美国宗教历史中的特定事实，亦即美国最大也最古老的新教教派（Protestant denominations）的命运转换。经过两个世纪的增长直至 1950 年代达到顶峰为止，自由的新教教派在丧失信徒，而多数严厉的保守新教教派信徒人数则在增加。扬纳科内基于理性选择范式论证道：严厉性（strictness）使宗教组织更为强大，也更有吸引力，因为它减少了"搭便车"，使缺乏承诺和献身精神的信徒望而却步，但却使虔诚信徒全身心地投入和参与（Iannaccone，1994：1180）。而芬克和其合作者则采用 1855 年和 1865 年纽约州的人口普查资料，来探讨宗教多元化和高水平的宗教参与之间的关系，以求证实宗教市场论。他们的研究证实了在宗教自由市场中，多元化和竞争将会凸显，而整体的宗教参与也会提高（Finke et al.，1996）。

宗教市场论的系统论证是由斯达克和芬克所完成的。在《信仰的法则——解释宗教之人的方面》这本著作中，他们在实证资料基础上，建构了宗教市场论的严密体系（斯达克，芬克，2004）。

宗教市场论范式也始终遭受严厉的批评和质疑。质疑者有两类学者：世俗化范式的辩护者或修正者；对世俗化范式及市场论范式都存疑的学者。

作为世俗化范式坚定的辩护者，莱希纳对沃纳所宣告的范式转换进行了严厉的批评。莱希纳认为沃纳所谓的新范式及其论证有三个严重漏洞。第一，沃纳错误地界定了所谓的"旧范式"的特征，因此也错误地诊断了其缺陷；第二，沃纳新范式的系统论证基于共识性的宗教事实的常识，即宗教实践和象征体系（symbolism）植根于社区的体验和结构之中，而这也是旧范式的核心；第三，沃纳新范式的经济学隐喻的理性选择定向仍是模糊不清的，有待细致地辨析（Lechner，1997：183）。莱希纳总结道："在宗教社会学中，沃纳新范式的主张应被拒绝：它基于对经典范式不精确的描述和评价；它也包含经典范式重要的遗产；它仅仅显示了为新范式所必需的替代理论的踪迹；他的一些论断仍面临反证据（counterevidence）和疑难"（Lechner，1997：191）。

而作为新旧范式论争的中立者，斯毕卡德对宗教市场论的批评从理性选择论的基本假定入手。他援引韦伯的价值理性和工具理性的分野，对"理性经济人"的隐喻，尤其对扬纳科内的宗教市场论，进行了细致的解剖。斯毕卡德主张应迈向非西方宗教社会学如儒家宗教社会学（a Confucian sociology of religion)，以替代西方文化中心主义的世俗化范式或市场论范式（Spickard，1998：180-188）。

戈尔斯基以一种疏离的立场来关注新旧范式之间的论争。依照旧范式，西方社会自中世纪以降正日益世俗化；而依照新范式，它正日益宗教化。为了证实或证伪新旧范式所构造的西方宗教发展的图景，戈尔斯基利用历史和档案资料，深入地考察了宗教改革前后西欧的宗教生活（Gorski，2000：138-167）。他总结道，在宗教改革前后，西欧社会所发生的社会结构和宗教体验的变迁，远比新旧范式所理解的更为复杂。而事实上，新旧范式之间，也远不像其各自的辩护者所以为的那样对立而不可调和。他构造了一种宗教变迁的辩证模式：西方社会，一方面更为世俗化，但另一方面则更为宗教化；或者说，社会结构层面的世俗化和个体层面的宗教活力正相伴相随（Gorski，2000：159-162）。

戈尔斯基和查维斯在为2001年《社会学年评》所撰写的评论中，仔细而集中地讨论了新旧范式所共同关心的基本问题，即宗教多元性和宗教参与之间的关系（Chaves & Gorski，2001）。在他们看来，世俗化范式所坚持的是宗教多元性会降低宗教参与，而市场论范式则论证这两者的关系是积极关系。他们重点评论了支持市场论范式的主要经验研究。这些研究有两类：大样本调查和历史比较研究。他们发现这些经验研究并没有证实宗教市场论的基本假定，即宗教多元性促进宗教参与。他们主张更为恰当的宗教社会学应该从宗教市场论迈向宗教政治经济学，它能够把宗教市场放置在更为宏大的文化和制度语境中（Chaves & Gorski，2001：278-279）。而在随后的论文中，戈尔斯基进一步具体地勾画了超越新旧范式的两种替代研究路径，它们是社会政治冲突模式（the sociopolitical conflict model，SPCM）和社会文化转型模式（the sociocultural transformation model，SCTM）（Gorski，2003）。

而当代社会理论大家哈贝马斯则构造"后世俗"的核心概念参与论辩（哈贝马斯，2013）。"后世俗"极具穿透力，它意味着世俗化远未终结，同时也不排除世界的再度神圣化过程。

西方宗教社会学的新旧范式及其替代模式，致力于阐释西方社会变迁中宗教生活异常复杂的变迁图景。这些模式和范式背后的共同点在于，宗教仍是西方社会中基本的社会事实。中国社会正在经历宏大的社会变迁，也同样面临宗教世俗化和宗教复兴的挑战,宗教现象也同样是中国社会基本的社会事实。

(二) 中国宗教经验

中国宪法和中国政府保护和促进公民宗教信仰自由,但是在维护国家主权、保障社会和谐和社会稳定的大前提下。第一,国家严禁外国宗教势力干涉中国宗教事务,损害中国宗教主权;第二,国家严禁有不良企图的信仰宗教的企业家借宗教信仰自由的名义来进行社会动员和集体行动,危害社会安定。因此,奠基在欧洲宗教经验基础上的宗教世俗化范式,和以美国宗教经验为基础的宗教理性选择范式,被用来解释当代中国社会的宗教变迁,可能力有不逮。其基本原因在于中国宗教制度是镶嵌在政治制度中的,因此呈现出独特的演化路径和演化逻辑。但这种宗教经验的差异,绝对不能想当然地归结为中西文化的差异。

四、宗教行动者的出场

宗教世俗化范式,关注宗教制度在现代性语境中的功能分化和变迁,甚至是衰落;而宗教市场论范式,则关注在多元宗教市场中的宗教竞争、宗教动员和市场营销。作为相互对立的范式,其共同点在于"宗教行动者"的缺场。而要构造更为合理的宗教行动论,"被流放的行动者"必须出场,成为理论建构的中心(方文,2005,2014)。而事实上,行动者一直就在场,无论在不同形式的原初状态的方案中,还是在现实的社会语境中。

洞悉行动中的社会秩序的生成和建构,需要在逻辑上去想象或推定剥离了社会负荷和社会遗产的自然状态或原初状态。人无法在现实中实现纯然的自然状态或原初状态。但剥离丰富复杂的社会负荷以呈现没有社会遗产的原初状态,以求辨析人之最简而质朴的品性,是对人类智慧最基本的挑战。因为社会秩序的发生、设计和运作,至善原则的构造,对至恶限度的提防和惩戒,都以人的基本品性或人的潜能为核心。正因为如此,一些天才思想家和学者基于思想实验,在逻辑上去推测或想象人类的原初状态,并以此为基点来建构相应的政治哲学、社会哲学和行为哲学。

在《利维坦》中，霍布斯构造了其自然状态的方案。在这种原初状态下，人人都是天生自由的，有平等的权利，但又是自私自利的，都企图保全自己。一个个体遭遇另一个类似的个体，因为竞争、猜疑和荣誉，争斗或战争在所难免。这是每个人对每个人的战争，也是所有人对所有人的战争。有人用丛林法则来指称人类机体在自然状态下的行动原则，实则是人类的傲慢和无知。丛林中尽管有不断发生的猎杀，但也有不断发生的利他行为，无论是基于亲属选择、直接互惠还是间接互惠（Nowak & Sigmund，2005）。对死亡的恐惧、对生命的希望和对安全的企求，使这些各自为战的个体让渡或放弃全部权利，共同订立社会契约。其结果，伟大的利维坦或"活的上帝"诞生了（霍布斯，1995：92-132）。

而康德1784年在其历史哲学中也构造了原初状态的方案，这就是"非社会的社会性"（康德，1990：6）。人类个体，就其作为原初孤立的个体而言，是冲动性的和自我放任的，或者说是非社会的；但他一旦遭遇到其他同样状况的个体，其质朴纯然的个体性或非社会性就同时性地被烙上社会性的印记，而因此呈现出作为人类个体和群体基本特征的个体性和社会性交互缠绕的二重性。在次年的论文《人类历史起源臆测》中，"非社会的社会性"进一步被具体化为物种的自然目的和其道德目的之间的争斗。康德写道："大自然的历史是由善而开始的，因为它是上帝的创作；自由的历史则是由恶而开始的，因为它是人的创作。"（康德，1990：70-71）人之天性中野蛮而本能的品质，由之推论，依然会存在于道德天职的追求中。换言之，自然状态会持久一贯地潜伏在社会状态中。

罗尔斯在回答人类是否可能建构"作为公平的正义"原则时，也构造了其独创性的原初状态的方案即原初境况（the original position）。罗尔斯的方案，有时被误解为由"看不见的手"所支配的完全放任的市场境况。在原初境况下，每个人都是自利、自由而平等的，但受"无知之幕"的约束。在"无知之幕"的境况下，每个人对自己和他人的生理特征（如性别）、心理特征（如智慧）和社会特征（如地位）等一无所知。为了追求基本善（primary goods），他们一起来订立契约或规则。在这种条件下，他们所订立的规则必然是公平而正义的，因为任何偏好最终都可能会损害自己的利益（罗尔斯，2009）。

对霍布斯而言,"自然状态"是其政治哲学的逻辑起点。以之为基点,霍布斯构造了"社会机械学",用"拆解还原法"呈现了人的前政治状态或零点状态,从发生学的角度论证了社会契约的合理性和国家的起源。而对康德而言,"非社会的社会性"所内蕴的张力,是人类自然禀赋完善实现的动力。其结果是,大自然的合目的性最终会在整体的人类物种身上实现,这就是全球公民社会。而对罗尔斯而言,原初境况和"无知之幕"是其正义原则的逻辑起点。罗尔斯由此论证了人类能够构造正义原则,并且在政治实践中应该贯彻正义原则。

这些天才思想家尽管其理论关怀和问题意识存在差别,但他们的原初状态都内隐着人之行动和认知上的分类活动。首先,无论是人人之间的战争、立约还是自然禀赋的实现,行动都是无法剥离的基本特征。以之推演,自然状态下的个体,也都是禀赋自然潜能的行动者。其次,在自然状态下,每个行动者都以"我"为中心,在心智上把他人和我相区别。概言之,在这些天才思想家有关原初状态的方案中,人是禀赋自然潜能并且能够在认知上进行初始分类的行动者。

在霍布斯、康德和罗尔斯的原初状态中所内隐着的人之行动及其分类冲动或直觉,在社会心理学理论家米德和泰弗尔的原初状态的方案中则占据核心地位。米德的理论雄心,意欲在"社会行为主义"基础上,来完备而系统地揭示生物机体向社会化个体的演化,亦即心智、自我和社会的发生(方文,2002;第8章,2014:3-23)。米德的原初状态,乃是生物机体基于体态对话(gesture communication)的状态。而体态则是机体可被感知的外显活动的早期阶段,它是机体内在活动倾向性的具体化和客观化。当机体表现出某种体态的时候,这种体态对机体自身而言就具有意义。如果在对话过程中,机体的体态在对方身上也激发与体态发生者同样意义的时候,这种体态就成为有意义体态(significant gesture)或有意义符号(significant symbol)。当机体基于有意义体态与自身进行内隐对话的时候,智慧或心智就发生了。心智机体在内隐对话的时候,机体自身成为客体,自我发生了。但无论心智还是自我的发生,原初的体态对话或他人在场下的行动,是最基本的条件和语境。他人在场,换言之,就是行动者生发行动的条件和语境。

泰弗尔在建构社会认同论的过程中,完善了典范研究程序即最简群体范式（Tajfel，1970）。泰弗尔的"最简群体"，可阐释为对不同原初状态的实验模拟。最简群体有三个基本特征。第一，群体的划分，或普遍意义上的社会范畴化，是基于任意的、武断的和随机的尺度和标准；第二，内群体成员之间以及内群和外群之间没有任何直接接触，每个人依照所分配的号码只知道自身的群体所属；第三，群体的形成以及群际行为的表现，剥离了任何实际的社会负荷，也无法以任何具体线索来进行联想。一句话，最简群体成员，类似于原初状态下的互动情景，处于"无知之幕"中，对自身和他人的社会属性、心理属性和生理属性一无所知，仅仅在认知意义上把自己所属和他人所属区别开来。泰弗尔发现，仅仅是这种认知上的分类或范畴化，就足以充分地导致内群偏好和外群敌意，而不需要导入利益、资源或机会的竞争。

在米德的方案中，生命机体的内在活动不过是社会行为的一个阶段；而对泰弗尔而言，个体不过是认知主体和行为主体。两者差别不大。个体行动，或者是内隐的，或者是外显的，也可以同时是内隐的和外显的。做进一步的诠释，知于知者为行，行于行者为知。其结果是，心理和行为，内在状态或外显活动，不过是硬币的两面，不分无妨，分也无碍。

作为原初方案评论的总结，一个命题可引申出来：人是禀赋自然潜能并且能够在认知上进行初始分类的行动者，其行动以他人在场为条件和语境。

卢梭说，人生而自由，却无往不在枷锁之中。剥离卢梭论说的政治意味，可以说，人生而自由，却无往不在社会之中。换言之，人无法是孤立的存在。他秉承确定的生物特质，生长在既定的社会和文化语境中。

从出生时起，一个新生的人类生物机体，就被动或主动地参与到社会生活中，开始其毕生的生命历程。与之相伴的年龄、性别、族群等本原意义上的生物属性，就成为其在社会分类体制中被归属的基本线索。他所秉承的这些独特的个体生物属性，在社会交往中得以不断拓展，并被烙上无法剔除的社会生活印记。社会生活因此而涵盖并超越其个体生活。他的智慧潜能的发挥，情感表达的调节，行动模式的形塑，也只有在社会生活中才得以完成。值得强调的是，即使是一个新生儿，他也是能动的行动者。有关儿童依恋和儿童认知发展的研究，也都已雄辩地证明了这一点。

但仔细思考这里所提及的"社会",就会发现"社会"空洞、抽象而充满歧义。它不能成为解释性构念,最多是个还能凑合用的日常形容词。对原初状态下的行动者而言,只有在场的他人,而没有"社会";对新生的婴儿而言,只有在场的亲人或陌生者,也没有"社会"。可以尝试用可感知、可触摸和具体的"他人在场"构念来重构空洞、抽象而充满歧义的"社会"构念。如此说来,就可以合理地重新表述卢梭的千古名言:人生而自由,但却无往不在他人在场的场景之中。而社会现实,也不过是他人在场的场景。值得强调的是,他人在场具有交互性。对我而言,他人是在场的他人;而对他人而言,我也是在场的他人。

他人在场,有丰富内涵。它可以是共时或历时的,也可以是宏观或微观的。所谓共时性的他人在场,正如奥尔波特所言,是他人实际的(actual)、想象的(imagined)和隐含的(implied)存在;而历时在场,则是由所有世代的他人的行动所构造的历史语境。宏观的在场,则是人无法逃脱地生活在既定的结构和制度语境中;而微观的在场,则是面对面的互动情景。他人在场,给空洞的"社会"贯注了可觉知的具体内容。以共时或历时与宏观或微观作为两个维度,可以构造他人在场的最简类型学,和以他人在场为核心的最简研究定向(见图 8-1、图 8-2)。

因此,从原初状态到所谓的"社会"现实,人一出生,就是他人在场境况下的行动者,或者称之为(社会)行动者。而归信特定宗教获得特定宗教群体资格的社会行动者,可称之为宗教行动者。

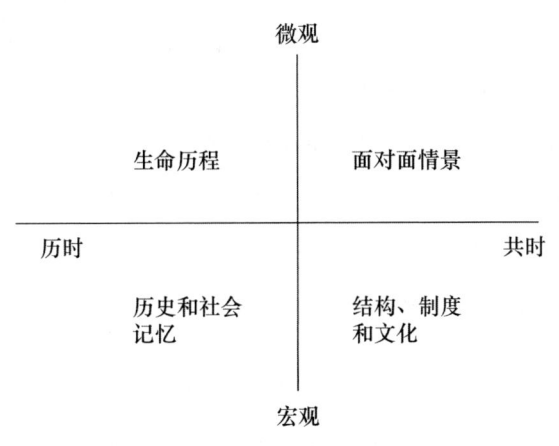

```
                    微观
                     │
     生命历程         │    面对面情景
                     │
 历时 ────────────────┼──────────────── 共时
                     │
     历史和社会       │    结构、制度
       记忆           │    和文化
                     │
                    宏观
```

图 8-1 他人在场的最简类型学

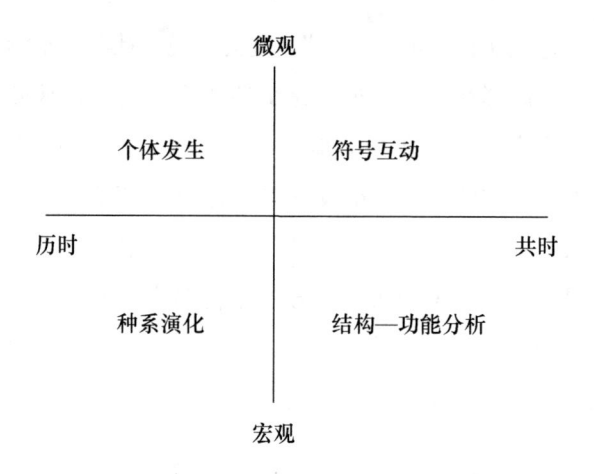

```
                    微观
                    │
        个体发生    │    符号互动
                    │
  历时 ─────────────┼───────────── 共时
                    │
        种系演化    │    结构—功能分析
                    │
                    宏观
```

图 8-2　以他人在场为核心的最简研究定向

五、宗教行动者：宗教群体资格论

可尝试勾画以宗教行动者为核心的宗教群体资格论的命题体系。

（一）行动者有多重群体资格

在任何社会语境之下，都存在既定的社会分类（social classification）或社会范畴化体制。有关社会分类体制的感悟，是人社会知识体系的一部分，也是共享实在的一部分。无论是基于先赋的品质还是后致的特征，甚至是特定制度化的标定，人在生命历程中被归属于不同的群体，拥有多元群体资格（multiple memberships）。人的社会存在的本质，实际上可具体化为人的多元群体资格在社会生活中的具体表征过程（方文，2008a）。而对宗教行动者而言，宗教群体资格只是其多重群体资格的一个面向。

每种群体资格的获得，都伴随确定的入会条件和入会仪式。就先赋的群体资格而言，接生的关口、"诞生的创伤"和出生后的庆典，就是其进入社会的入会条件和入会仪式；就后致的群体资格而言，不同转折关口的考试和资格证书就是其入会条件，而典礼和迎新会则是新成员的入会仪式；就由制度化的标定所赋予的群体资格而言，程序性的安排、选择、认定和裁决是其入会条件，并伴随对应的入会仪式。无论是入会条件和入会仪式，还是对群体资格的评价，在一定程度上和在一定范围内，都是社会共识的。尽管秘密社团的入会条件和入会仪式不为外群体所知,但它们也是内群共享知识的一部分。

(二)归信一种宗教即主动追求其宗教群体资格

归信,是指非宗教信徒变为一种宗教信徒的过程,或者从一种宗教信徒变成另一种宗教信徒的过程。对已经禀赋多元群体资格的行动者而言,归信的结果是他主动地获得一种新的群体资格,即宗教群体资格。而对没有自主判断和行为能力的个体如婴儿或昏迷病人而言,可基于推定同意(inferred consent)原则。这有两层含义。第一,可推定他们的法定监护人的意愿是其意愿的合适代表;第二,如果他们有自主判断和行为能力,可推定他们的行动意愿和其法定监护人的意愿一致。

对一神教而言,其宗教群体资格是单一而排他的;而对多神教而言,宗教群体资格可以是多重而叠加的。一神教和多神教的区分可得以引申。第一,宗教群体资格的权重有别。一神教的群体资格之于归信者更为珍贵,更为凸显。第二,入会条件有别。因为一神教是高度排他的,其群体资格的获得要经受更严厉的考验。第三,去归信的后果有别。如果归信者对其特定宗教群体资格没有社会认同感,他就会忽视或放弃这种资格,或者寻求新的宗教群体资格。这个过程,可称之为去归信(de-conversion)。归信和去归信,是宗教变迁的基本动力之一。对一神教而言,去归信的社会心理后果更为严重,也更为持久。

宗教群体资格的获得,也会有入会条件和入会仪式。在一神教和多神教之间,以及一神教的不同教派之间,入会条件和入会仪式有别。有的条件更为严厉而苛刻,仪式更为庄重而神圣。这些差别不是随意的安排,而是有深刻的社会心理意蕴的。

宗教市场论学者扬纳科内也曾注意到这个基本问题。他主张,严厉性使宗教组织更为强大,也更有吸引力,因为它减少了"搭便车"(Iannaccone,1994:1180)。扬纳科内的解释有替代选项。严厉条件的入会仪式,依据认知失调论(Festinger,1957;Aronson & Mills,1959),会使归信者产生对宗教群体资格的高承诺、高依恋和高认同,会使归信者更为珍爱自身的宗教资格。

还有庄重而神圣的仪式（Dillon，2003：31-44）。马歇尔构造了有关仪式活动的综合理论模型仪式实践论。在马歇尔的模式里，仪式活动有两个基本元素即仪式给参与者所创造的共在情景和仪式实践或仪轨，有种种社会心理过程和机制渗透其中（Marshall，2002：360-380）。共在情景和仪式实践，在庄重而神圣的仪式中，使参与者能超越俗世的羁绊，体验到超验的价值，并因此强化宗教共同体意识和自身的信仰。

（三）宗教群体资格的识别和觉知以社会范畴化作为认知工具

范畴化只能是行动者的范畴化，它们同时也是行动者的基本认知潜能和认知工具（Tajfel，1981；Tajfel & Turner，1986）。即使是在原初状态下，行动者也能进行初始分类或范畴化。

范畴化过程具有交互性。其一，行动者一出生，就生长在既定的社会范畴化语境中，被分类和标定。其二，行动者以自我为中心，对自身和在场的他人进行分类，把自身和他人纳入确定的群体之中，但同时行动者自身也被在场的他人所分类。其三，行动者的分类和他人的分类具有最低限度的重叠共识。也正因为如此，对群体资格的评价是社会共识性的，并且社会范畴化体制是共享实在的一部分。

作为范畴化主体，行动者并不是宗教市场论学者所鼓吹的"理性经济人"，他是"被驱动的策略家"（Taylor，1998）。在种种形式的理性人或经济人的人观假定中，行动者被认为能完备地收集与问题情景相关的信息，进而进行完备的加工并做出最优决策。就宗教实践而言，潜在信徒依照宗教市场论者的逻辑，为了满足其灵性生活的需要，在多元化的宗教商品市场上能够理性地权衡并做出最优决断，从而购买最优的宗教商品。

"被驱动的策略家"，意味着行动者有可资利用的多元信息加工策略，而这些策略的选择则基于行动者的目标、动机、需要、时间和社会语境力量。具体来说，行动者有时如"朴素科学家"，对相关任务的信息进行系统而认知努力的加工，有时又如"认知吝啬者"，在面临任务情景或问题情景时进行启发式和认知节俭的加工。但无论如何，他们的社会认知加工过程，总是为了满足其目标和动机。因此，有关行动者的线性图像，正被一个复杂的能动者所替代。他能在复杂的社会过程和社会情景中对范围广泛的信息如即时的社会语境、自身的内在状态和远期目标保持高度的敏感，并能援引可资利用的社会和文化资源，主动地认知和建构社会实在。

行动者社会范畴化的基本策略是（多重）二元编码（Beyer，1998；Chaiken & Trope，1999）。在对人和物等进行分类的过程中，行动者的主宰偏好是采用对立概念来进行区分。二元编码的分类策略或二元编码机制有两个直接后果。第一，在任何社会语境之下，基于特定显著的分类线索，在场的所有人以分类者为核心，被纳入内群体和外群体之中。尤其明显的是在宗教场域中，通过社会范畴化，宗教群体与外群体得以区分，并且这种区分是社会共识性的。第二，行动者在共时和历时的分类体制下，基于交互性的范畴化过程，被纳入多重的二元编码的逻辑之中，他因此会负荷多重的群体资格。

对宗教行动者而言，在其宗教群体资格之外，他还同时负荷其他多重的群体资格。只有在其宗教资格凸显时，他才是宗教徒。其宗教资格如何凸显以引导其心理活动和行为表现，就成为另一个基础性难题。有关社会知识激活的社会认知研究，就专注于这一难题，并有典范性的研究成果（Higgins，1996）。

（四）宗教行动者对其宗教资格的积极评价通过社会比较得以强化

宗教徒对其宗教群体资格的积极评价，即是宗教认同。换言之，宗教群体资格对宗教徒具有积极的认知/情感/价值意蕴（Tajfel，1981；Tajfel & Turner，1986）。这种宗教认同，通过社会比较过程而得以强化。

社会比较过程有两类：内群的人际比较和内群与外群之间的群际比较。通过内群人际比较产生内群分化，而通过内群和外群之间的群际比较产生外群同质性。

宗教内群通过人际比较产生内群分化，其分化准则是灵性资本。世俗社会群体中的内群分化和精英生产逻辑，主要是基于权力资本、经济资本和文化资本，并形成特定的角色结构和地位结构。我们的实地研究发现，在宗教群体内部，这些世俗社会中的分化逻辑是不相干的。宗教群体有其独特的内群分化和精英生产逻辑，其准则或尺度是灵性资本（方文，2005；Verter，2003）。

灵性资本，可界定为宗教徒在其灵性活动中劳动的积累和所蒙受的恩典。宗教群体内部，不同信徒所蒙受的恩典和自身的灵性努力是不同的，其结果是灵性资本在不同信徒身上的分布是不一样的。正是基于灵性资本这种偏异的分布，内群分化和精英生产逻辑可以辨析出来。基于我们的实地研究，灵性资本可从三个方面进行度量：信仰的纯粹性程度、宗教行为的卷入性程度和宗教群体内部人际网络中的相对位置（方文，2005）。

（五）宗教群体惯例性和典范性的行为模式不断激活宗教群体资格

特定群体资格一旦获得，它就是动态的，而不是凝固的，体现在规则化的社会行为中。其一，规则化的社会行为，从外显的意义上不断地生产和再生产可觉知的群体标志。而这些群体标志是识别和评价群体资格的基本线索，同时也是群际符号边界的线索。这些标志主要有话语行为模式（波特，韦斯雷尔，2006）、消费模式、容貌风度和品位。

其二，规则化的社会行为，是群体记忆和群体社会表征体系的载体（Farr & Moscovici, 1984；Moscovici, 2000）。其结果是群体资格的显著性被不断地激活，群体社会认同和群体符号边界在行动中不断地生产和再生产。

而对宗教群体而言，其惯例性和典范性的行为模式，主要是读经、团契和定期的宗教仪式参与。通过这些典范性的社会行为，宗教徒在行动中不断地强化自身的宗教资格，不断地体验和重构跨时空的神圣共同体的群体记忆和群体社会表征体系，不断生产和再生产群体社会认同以及与他群体的符号边界。

（六）基于灵性资本和世俗资本，宗教徒的宗教生活和世俗生活得以区分

必须再次强调，宗教资格只是宗教徒多元群体资格的一个面向，尽管是权重可能很重的一个面向。可以把宗教徒在其宗教资格主导下的生活称为宗教生活或神圣生活，而把由其他多元群体资格所主导的生活称为世俗生活。宗教徒的宗教生活是基于灵性资本，而世俗生活则是基于权力资本、经济资本和文化资本，或统称为世俗资本。宗教徒的灵性资本，在有些语境下可能具有全能资本特性，可能转化为形式不同的世俗资本，如在神权国家中。尽

管如此，因为灵性资本和世俗资本各自发挥作用的领域有别，宗教徒的宗教生活和世俗生活得以区分。

如果宗教徒的灵性资本蜕变为全能资本，宗教徒的宗教群体资格几乎在所有情景下都具有显著性。多元资本之间的相互竞争和不可替代，是健全社会功能分化的基本特征，也是行动者潜能完备实现的可能条件。行动者身上是多种力量交互博弈的战场，但它动态而均衡。它从一个侧面表明功能分化的不同群体在社会生活中各自独具的尊严和合法性，以及行动者多元群体资格之间不可替代的独具尊严和合法性。如果一种资本形式具有全能特征，它能替代或转换为可欲求的其他所有资本形式，这种社会就是高度僵化而独断的社会。

如果灵性资本逾越其合法性的领域，替代或转换为可欲求的其他所有资本形式，宗教徒动态而多元的群体资格就已名存实亡，他所有的生活被宗教资格所主宰，他的宗教资格几乎在所有情景下具有显著性。如果宗教行动者的宗教资格几乎在所有情景下都具有显著性，他们的灵性资本就转变为生命资本。

参考文献

波特，韦斯雷尔. 话语和社会心理学：超越态度与行为. 肖文明，吴新利，张擘，译. 北京：中国人民大学出版社，2006.

方文. 社会行动者. 北京：中国社会科学出版社，2002.

方文. 群体符号边界如何形成？：以北京基督新教群体为例. 社会学研究，2005（1）：25-59.

方文. 转型心理学：以群体资格为中心. 中国社会科学，2008a（4）：137-147.

方文. 转型心理学. 北京：社会科学文献出版社，2014.

方文. 中国非信徒和基督徒的心态地图比较研究. 世界宗教文化，2015（3）：61-74.

费孝通. 费孝通文集：第11卷. 北京：群言出版社，1999.

哈贝马斯. 在自然主义与宗教之间. 郁喆隽，译. 上海：上海人民出版社，2013.

郭慧玲. 中国宗教群体边界研究. 北京：北京大学，2013.

霍布斯. 利维坦. 黎思复，黎廷弼，译. 北京：商务印书馆，1995.

康德. 历史理性批判文集. 何兆武，译. 北京：商务印书馆，1990.

勒华拉杜里. 蒙塔尤：1294—1324 年奥克西坦尼的一个山村. 许明龙，马胜利，译. 北京：商务印书馆，1997.

科尔奈. 社会主义体制：共产主义政治经济学. 张安，译. 北京：中央编译出版社，2007.

卢克曼. 无形的宗教：现代社会中的宗教问题. 覃方明，译. 北京：中国人民大学出版社，2003.

罗尔斯. 正义论. 何怀宏，何仓钢，廖申白，译. 北京：中国社会科学出版社，2009.

穆尔. 基督教简史. 郭舜平，郑德超，项星耀，等译. 北京：商务印书馆，2000.

马西沙. 中国民间宗教简史. 上海：上海人民出版社，2005.

斯达克，芬克. 信仰的法则：解释宗教之人的方面. 北京：中国人民大学出版社，2004.

萨义德. 东方学. 王宇跟，译. 北京：三联书店，1999.

涂尔干. 宗教生活的基本形式. 渠东，汲喆，译. 上海：上海人民出版社，1999.

韦伯. 韦伯作品集 V：中国的宗教 宗教与世界. 康乐，简惠美，译. 桂林：广西师范大学出版社，2004.

Aronson, E., & Mills, J. (1959). The Effect of Severity of Initiation on Liking for A Group. *Journal of Abnormal and Social Psychology*, 59, 177-181.

Beyer, P. (1998). The Modern Emergency of Religions and A Global Social System for Religion. *International Sociology*, 13 (2), 151-172.

Chaiken, S., & Trope, Y. (Eds.). (1999). *Dual-Process Theories in Social Psychology*. New York: Guilford.

Chaves, M., & Gorski, P. S. (2001). Religious Pluralism and Religious Participation. *Annual Review of Sociology*, 27, 261-281.

Dillon, M. (Ed.). (2003). *Handbook of the Sociology of Religion*. Cambridge University Press.

Ester, P. et al. (1993). Value Shift in Western Societies. In P. Ester et al. (Eds.). *The Individualized Society: Value Change in Europe and North America*. Tilburg University Press.

Farr, R. M., & Moscovici S. (Eds.). (1984). *Social Representation*. Cambridge University Press.

Festinger, L. (1954). A Theory of Social Comparison Processes. *Human Relations*, 7, 117-140.

Festinger, L. (1957). *A Theory of Cognitive Dissonance*. Stanford University Press.

Finke, R. et al. (1996). Mobilizing Local Religious Markets: Religious Pluralism in the Empire State, 1855-1865. *American Sociological Review*, 61, 203-218.

Gorski, P. S. (2000). Historicizing the Secularization Debate: Church, State, and Society in Late Medieval and Early Modern Europe, CA. 1300-1700. *American Sociological Review*, 65, 138-167.

Gorski, P. S. (2003). Historicizing the Secularization Debate: An Agenda for Research. In M. Dillon (Ed.). *Handbook of the Sociology of Religion*. Cambridge University Press.

Halman, L., & Moor, R. de. (1993). Religion, Churches and Moral Values. In P. Ester et al. (Eds.). *The Individualized Society: Value Change in Europe and North America*. Tilburg University Press.

Higgins, E. T. (1996). Knowledge Activation: Accessibility, Applicability and Salience. In E. T. Higgins, & A. E. Kruglanski (Eds.). *Social Psychology: Handbook of Basic Principles*. New York: Guilford Press.

Hogg, M. A. (2007). Uncertainty-Identity Theory. *Advances in Experimental Social Psychology*, 39, 69-126.

Iannaccone, L. R. (1994). Why Strict Churches Are Strong. *American*

Journal of Sociology, 99, 1180-1211.

Kahneman, D. et al. (Eds). (1982). *Judgment Under Uncertainty: Heuristics and Biases*. Cambridge University Press.

Lechner, F. J. (1997). The "New Paradigm" in the Sociology of Religion: Comment on Warner. *American Journal of Sociology*, 103, 182-182.

Lu. Y. F. (卢云峰) (2008). *The Transformation of Yiguan Dao in Taiwan*. Lanham, Md.: Lexington Books.

Marshall, D. A. (2002). Behavior, Belonging, and Belief: A Theory of Ritual Practice. *Sociological Theory*, 20 (3), 360-380.

Moscovici, S. (2000). *Social Representations: Explorations in Social Psychology*. Cambridge: Polity.

Nowak, M. A., & Sigmund, K. (2005). Evolution of Indirect Reciprocity. *Nature*, 437, 1291-1298.

Parker, C. G. (1998). Modern Popular Religion. *International Sociology*, 13 (2), 195-212.

Pyszczynski, T., Soloman, S., & Greenberg, J. (2015). Thirty Years of Terror Management Theory: From Genesis to Revelation. *Advances in Experimental Social Psychology*, 52, 1-70.

Riis, O. (1998). Religion Re-Emerging: The Role of Religion in Legitimating Integration and Power in Modern Societies. *International Sociology*, 13 (2), 249-272.

Spickard, J. V. (1998). Ethnocentrism, Social Theory and Non-Western Sociology of Religion: Towards a Confucian Alternative. *International Sociology*, 13 (2), 173-194.

Tajfel, H. (1970). Experiments in Intergroup Discrimination. *Scientific American*, 223, 96-102.

Tajfel, H. (1981). *Human Groups and Social Categories: Studies in Social Psychology*. Cambridge University Press.

Tajfel, H., & Turner, J. C. (1986). The Social Identity Theory of Intergroup Behavior. In S. Worchel et al. (Eds.). *Psychology of Intergroup*

Relations. Chicago: Nelson-Hall.

Taylor, C. , (2007). *A Secular Age*. Harvard University Press.

Taylor, S. E. (1998). The Social Being in Social Psychology. In D. T. Gilbert et al. (Eds.). *Handbook of Social Psychology* (4th ed. , Vol. 1). New York: McGraw-Hill.

Trivers, R. (2002). *Natural Selection and Social Theory: Selected Papers of Robert Trivers*. Oxford University Press.

Verter, B. (2003). Spiritual Capital: Theorizing Religion with Bourdieu Against Bourdieu. *Sociological Theory*, 21 (2), 150-174.

Warner, R. S. (1993). Work in Progress Towards A New Paradigm for the Sociological Study of Religion in the United States. *American Journal of Sociology*, 98 (5), 1044.

Wilson, B. R. (1982). *Religion in Sociological Perspective*. Oxford University Press.

Yang, C. K. (杨庆堃) (1961). *Religion in Chinese Society*. Berkeley: University of California Press.

第 9 章 转型心理学

提要：改革开放以来的中国社会转型，给中国社会心理学者提供了独特的社会实验室。为了描述、理解和解释社会转型中的中国人心理和行为逻辑，应该呼唤直面社会转型的转型心理学的研究，以超越文化特异性路径和稳态社会路径。其可能的核心构念是多元群体（成员）资格。

关键词：文化特异性路径，稳态社会路径，群体资格，转型心理学

一、改革开放以来的中国社会转型：社会心理学的机遇和挑战

从 1978 年的改革开放开始，40 多年来，中国社会经历了翻天覆地的变化或转型。这种转型的历史意涵，可以和波兰尼的"大转型"以及布洛维的"第二次大转型"相提并论。

波兰尼的大转型，历经漫长的历史过程，最终确立了资本主义体制对于封建体制的优势。其核心是市场专制主义的逻辑：自我调节的市场用交换原则吞噬了人类经济体系的互惠原则、再分配原则和家计原则，使劳动力、土地和货币成为虚拟商品（波兰尼，2007：第 5~6 章）。其结果是市场和商品原则，水银泻地式地渗透在西方社会生活中，并激发了自主社会空间的抵抗、发育和自我保护。1980 年代末期以来的东欧和苏联的转轨，则是人类历史上第二次大转型（Burawoy，2000）。其结果是权力、资本和社会等所有领域在

发生深刻的变化。

而中国社会转型，正发生在波兰尼的"大转型"和布洛维的"第二次大转型"的交汇点上（沈原，2007：170）。或者说，中国社会转型，浓缩了人类历史上几乎所有的重大变革。它超越了常规的社会变迁，具有文明转折的意涵（孙立平，2005：4-6）。"现在世界上几乎所有重大的事件，都发生在中国，而坎布里奇（哈佛大学所在地），仿佛已成为边陲小镇。"（孙立平，2007）

中国社会转型，给社会心理学者提出了深刻的挑战，同时也是中国社会心理学者难得的机遇。中国社会转型，不仅仅是政治体制、经济体制和法律体制的改革，不仅仅是社会结构、社会分层和社会流动的深刻变化，也不仅仅是不同形塑力量的此消彼长。不断生成的新型社会力量，和原有的力量之间或有对抗，或有合作。但它们都力图雕刻和改变所有中国人的日常生活和生命诉求，也力图争夺积极的认知评价、情感体验和行动承诺。置身于其中的中国人，其社会行动的语境、认同建构的资源和行动逻辑，在发生可探测的深刻变化。

如何来系统描述、理解和解释置身于社会转型中的中国人心理和行为的逻辑和机制？如何把社会转型的现实灌注到中国社会心理学的研究场景中，以缔造中国社会心理学的独特品格？如何培育中国社会心理学者对持久的人类困扰和紧迫的社会议题的深沉关注和敏感？所有这些难题，是中国社会心理学者不得不明确直面的挑战和理智复兴的机遇。

本章将先概要评论改革开放以来中国社会心理学的基本成就，并尝试概括其主宰性的理论视角：文化特异性路径和稳态社会路径。然后尝试论证一种捕捉和把握社会转型的转型心理学的路径，其核心构念是群体（成员）资格。本章还将讨论转型心理学的一些紧迫议题，最后是简短的结论和讨论。

二、改革开放以来的中国社会心理学：概要评论

改革开放以来，中国社会心理学者已经有重要的理论和经验积累（乐国安，2004）。其中，主宰性的理论视角，可尝试归结为文化特异性路径和稳态社会路径。

(一) 文化特异性路径

文化特异性路径，首先是一场影响深远的国际学术运动，始于 1960 年代。其基本精神在于确定社会心理和行为的文化嵌入性，并已经产生庞大的跨文化（cross-cultural）或文化比较的学术产业。其基本成就，在于确立文化因素在社会科学尤其是社会心理学中的解释地位。其意旨在于比较不同文化语境中的社会心理和行为模式的差异，以揭示文化语境与社会心理和行为之间确定的逻辑关系。在这场学术运动中，中西文化差异以及相应的中国人/西方人的社会心理和行为的不同面向和不同水平的差异，受到广泛的探讨，也有影响广泛的研究成果，如个体主义—集体主义维度的构造（Hofstede, 1980）。

文化特异性路径，经过 1970 年代港台地区社会/行为科学学者的努力和传播，对大陆社会科学界包括社会心理学界产生一定影响，其别名是中国文化特异性取向。在此框架下，中国社会心理学者已经有相关成果，如中国人的人情/面子/关系模式研究、中国人的认知方式以及自我观念研究等。这些研究，致力于探索中国文化的特定面向对中国人心理和行为的塑造方式，为中国人的"文化自觉"做出重要贡献。

文化特异性路径所蕴含的智慧启迪功能，正慢慢衰竭（赵旭东，2003）。系统的检讨和质疑正在精致化，而替代方案也在成熟之中。

检讨和质疑，涉及其元理论层面与经验资料的收集和解释层面。概括起来，文化特异性路径的元理论预设，主要是文化实体论和文化—行为的因果决定论。

对文化特异性论者而言，不同的文化共同体，似乎存在其凝固的和同质性的文化实体。而中国人的文化语境，被假定为以儒家传统为主要代表，亘古不变地塑造中国人的心理和行为模式。姑且承认这种宿命论式的文化观和汉族中心主义的傲慢，改革开放以来甚至远至五四运动以来，中国人的文化语境能简化为儒家传统吗？马克思主义的精神伦理，无论在意识形态领域还是在日常生活领域，都扮演基本角色。同样的是市场经济的精神伦理。如果要粗略勾画当代中国的文化地图，马克思主义占据核心，而市场经济伦理，至少和不断重构的传统文化（它绝不只是儒家传统！）具有类似地位。

文化实体论又和文化—行为的因果决定论密切关联。其逻辑简洁，切合直觉：不同的文化共同体有不同的文化模式，不同的文化模式决定其语境中的个体和群体的心理和行为模式，其结果就是文化比较研究中所发现的心理和行为差异。这实际上是"文化归因谬误"（cultural attribution fallacy）（Matsumoto & Yoo, 2006: 235）。

跨文化框架下的经验资料的收集和解释，也面临严格而细致的检讨。第一，文化变量的操作化问题。跨文化研究中的自变量，首先是不同的国家，而国家变量，被不合理地归为文化变量。换言之，在跨文化比较中，有实质性的非文化变量（noncultural variables）渗透进来，成为含混变量（confounding variables），如生态变量或个人特征变量（Matsumoto & Yoo, 2006: 237-239）。

第二，文化间和文化内的差异以及文化一致性问题。有大量的跨文化资料显示，社会心理和行为在文化间的差异（inter-cultural differences），小于文化内的差异（intra-cultural differences）；甚至文化间没有差异，而文化内则有重大差异。文化变量存在过度解释和标签化倾向。

第三，文化维度问题。最有影响的文化维度是个体主义—集体主义。在长达70页的评论论文中，欧瑟曼（Oyserman）等对1980—1999年所有与之有关的论文进行了元分析，或定量化的文献评论（Oyserman et al., 2002）。他们发现，对所谓的美国文化而言，欧裔美国人并不比非裔美国人有更多个体主义倾向，也并不比日裔或韩裔美国人有更少集体主义倾向。而用个体主义—集体主义来描述西方和中国文化差异，也不确切。

第四，孰因孰果问题。即使文化和行为之间有关联，是文化导致行为还是行为导致文化，其箭头方向并不明确（Matsumoto & Yoo, 2006: 239-241）。

而文化特异性路径的替代方案，也在不断完善之中。

首先是美国社会理论家斯威德勒的研究。她的基本命题是"文化在行动中"。对作为能动行动者的个体而言，其不是文化体系的木偶。通过濡化或文化化过程，行动者所习得的文化语库，只是其行动中可调动的符号资源，或者是"工具箱"（Swidler, 1986）。其策略性地选择和权衡相关的符号资源，并且在行动中所调动的符号资源也在丰富和拓展。其结果是，不存在凝固的文化实体，而文化之于社会行为，也没有粗暴的因果决定论。斯威德勒的文化模型，已成为美国新文化社会学（the new American cultural sociology）的基石之一（Smith，1998），并催生了新的文化模型，即文化体现在特定群体的社会行动中，或体现在社会互动中（Eliasoph & Lichteman 2003）。

其次是法国认知人类学家斯培尔贝（Dan Sperber）的文化表征的传染病模型。对斯培尔贝而言，特定文化有其物质性的文化表征，它们在文化共同体内部和文化共同体之间，不断地生产、传播和再生产。而文化化过程，就是文化表征的传播过程，或文化"病毒"的传染过程。即使置身于同一文化共同体中，文化表征在每个个体身上的分布也是不一样的，如病毒的传染。在传染病流行的时候，有的人重度感染，甚至死亡，有的人只是轻度感染，还有人则完全免疫。剥离其病理学的外壳，在同一文化共同体中，不同成员的文化化过程就是文化表征的传染过程，有不同的分布状况（Sperber，1996；赵旭东，2005）。其结果是不同成员对同一文化体系的"浸泡程度"，有质的差别。

上述基于理论论辩的精妙模型，在社会心理学的语境下，被发展为基于典范实验程序的文化—社会行为模型，这就是赵志裕和康茔仪夫妇的文化动态建构论模型。因为不同的机缘如移民或跨国的工作经历，有部分人生长和生活在双文化甚至多文化语境中，他们具有双文化或多文化的心智（Chiu & Hong，2006：281-307；Hong et al.，2000）。在当代全球化的背景下，如果进行激进的但也合理的推论，也许所有人都有双文化或多文化的心智，因为没有人生活在同质性的单一（亚）文化语境下。禀赋多元文化心智的行动者，在特定语境下的心理和行为表现，因此转变为"领域—特异的"文化知识如何被启动和激活的问题。他们创造性地构造了以文化符码/意象（cultural icons）作为启动因子（the primes）的文化启动程序。他们发现文化之于社会行为的意义，遵循以文化启动为基础的文化框架转换和知识激活原则（Higgins，1996）。

（二）稳态社会路径

稳态社会路径，并没有系统的理论主张，但它内蕴在大量的经验研究背后。这类研究的共识特征,体现在其问题意识、方法论偏好和资料收集的程序等诸多环节。

它们的问题意识,更多的是源于对西方主流学界尤其是北美社会心理学界认真的追踪、模仿和复制,并常常伴随中西文化比较的冲动。在积极意义上,稳态社会路径的这种问题意识不断地帮助国内学子研读和领悟主流学界的进展;但在消极意义上,它使中国社会心理学的精神品格蜕变为北美研究时尚的落伍追随者。北美社会,已经是高度稳态的程序社会。北美学者问题意识的生长点,只能是稳态社会的枝节问题。而偏好稳态社会路径的中国学者,置身于其中的是社会转型。社会心理现象的表现形式、成因、后果和应对策略,在稳态社会与转型社会之间,存在质的差异。

稳态社会路径的方法论偏好,可归结为真空中的个体主义。活生生的行动者,在研究过程中被人为剔除了其丰富多彩的转型社会的特征,而被简化为高度同质的原子式的个体。社会关怀的社会心理学,蜕变为"非社会的"社会心理学或个体心理学(方文,2002)。

而其资料收集程序,依照泰弗尔曾经的批评,乃是真空中的实验或问卷(Tajfel,1972)。宏大的社会现实,被歪曲或简化为人为的实验室或田野中漠不相关的个体之间虚假的社会互动。

在文化特异性路径和稳态社会路径之外,已经有一些直面社会转型的精彩研究,如周晓虹有关农民工城市生活体验的研究(周晓虹,1998),王春光有关新生代移民认同危机和认同重构的研究(王春光,2001),胡荣有关农民上访和政治信任流失的研究(胡荣,2007)。这些研究的基本品质,在于研究者对社会转型的不同侧面的高度敏感性,并以之为基础来构造自己研究的问题意识。

三、转型心理学的核心构念:群体资格

(一)转型心理学的基本逻辑

1. 人的社会存在特征:多元群体资格

群体,是两个或两个以上的个体的集合。这些个体认为自身是同一社会

范畴的成员，并且在对这个群体和群体成员资格的评价上，有一定程度的社会共识，即至少有一个他者的承认（Tajfel & Turner，1986：15）。所以群体的识别以及群体成员资格的获得，是内群自我界定和外群社会界定的互动结果。而外群的社会界定，在宏观上就是个体置身于其中的社会范畴化体制或社会分类体制（the system of social categorization），在微观意义上就是在场他人的社会范畴化过程。但无论是社会分类体制，还是在场的他人，都使自我界定的主观意味具有客观内涵。

每个个体，从出生开始，就是"被驱动的策略家"，面临和社会语境中的多元力量之间不停歇的终生争斗和博弈。这些社会力量，都力图在行动者身上铭刻印记，形塑行动者的自我意象。而行动者则在生命历程中力图让这些力量各得其所，各安其位，使之成为建构独特的完整生命的资源。人之命运，也因此具有一种崭新的历史形式：多元社会力量的雕刻对行动者动态完整生命的建构。

行动者动态完整生命的建构，具体说来，就是在生命历程中，每个人都主动参与和建构其独特的群体生活，被赋予或力图获得多元群体成员资格。基于既定的社会分类体制，每个个体，从出生开始，就被赋予元群体特征集，并同时生长在特定的文化共同体、政治共同体甚至宗教共同体当中，同时获得这些共同体的群体成员资格。他还以之为基础，力图在生命历程中去寻求其他动态而多元的群体资格，如教育、职业、消费、兴趣和品位。生命的成长及其社会存在的意义，就是多元群体资格不断获得和丰富的过程。

而多元群体资格的获得过程，也就是个体作为能动者参与社会生活，习得和建构群体知识和集体记忆，并展现其终生不懈的认同努力的过程。换言之，人的社会存在特征，也就是个体终生不懈的追求其多元群体资格，并建构其独特的完整生命的过程。在这种意义上，一树一菩提，一人一世界。

2. 中国社会转型的社会心理意涵

通过改变和重构这些复杂的力量场的相对构成或相对权重，中国社会转型已经和正在形塑整体中国人的历史命运。因为不存在没有担当者的社会转型，也没有对社会转型完全免疫的中国人。中国社会转型，通过形塑中国人置身于其中的社会语境的力量，必然在所有的中国人身上烙上独特印迹。

而这印迹，绝不是随机的和偶然的，也不是个别性的。它必然明确体现在有共同历史命运或共同认知/体验/意向的个体身上，使之多元群体成员资格的生成渠道和空间、组合方式和权重发生变化。以群体资格为核心，就可能来刻画中国社会转型所引发的社会心理现象和过程。

准确刻画中国社会转型所引发的主要社会心理现象和过程，似乎还有其他竞争性的构念，如不断生成的新社会角色或新的社会认同。但群体资格相对于社会角色或社会认同，更有解释优势（方文，2008）。

3. 群体资格在中国主流社会学研究中的兴起

在中国主流社会学关于社会转型的研究中，群体资格变量也已经凸显。它有两层含义。第一，一些典范研究如费孝通先生有关"中华民族的多元一体格局"和"文化自觉"的思想，已经深刻地关涉民族成员资格和文化共同体的成员资格问题。换言之，可以用民族资格和民族认同与文化资格和文化认同来重新诠释费先生的思想。

第二，另外一些重要研究已经召唤群体资格变量的来临。如陆学艺的社会分层研究，李培林等的当代中国社会矛盾的研究（李培林等，2005），孙立平的底层群体和优势群体的研究以及沈原的当代中国工人阶级研究，已经昭示和特定群体资格有关的阶层意识、阶级意识和地位认知等社会心理过程的重要性。

概言之，群体资格变量在当代中国社会的研究中已经凸显。它应该有意识而系统地被灌注到有关当代中国社会的研究中，使之成为新的解释资源和理论构造的灵感。

4. 转型心理学的基本逻辑

中国社会转型，已经和正在改变中国人所生活于其中的社会语境，或种种基本的社会力量，并对每个行动者进行雕刻（见图9-1）。社会转型的雕刻过程，类似于文身。第一，社会转型必然会在每个中国人身上烙上独特印迹，而借助独特而敏锐的研究方案，可以揭示此印迹的形态和流变。第二，这种雕刻过程不是社会转型对人单向的强制过程，而是文身师和被文身者之间的互构过程。第三，雕刻过程不是一蹴而就的，而是社会艺术的创造。

社会转型的雕刻过程，有其阶段性成果。这就是行动者基于社会分类体制加入不同群体，而获得不同群体的成员资格。但群体资格的获得，并不是

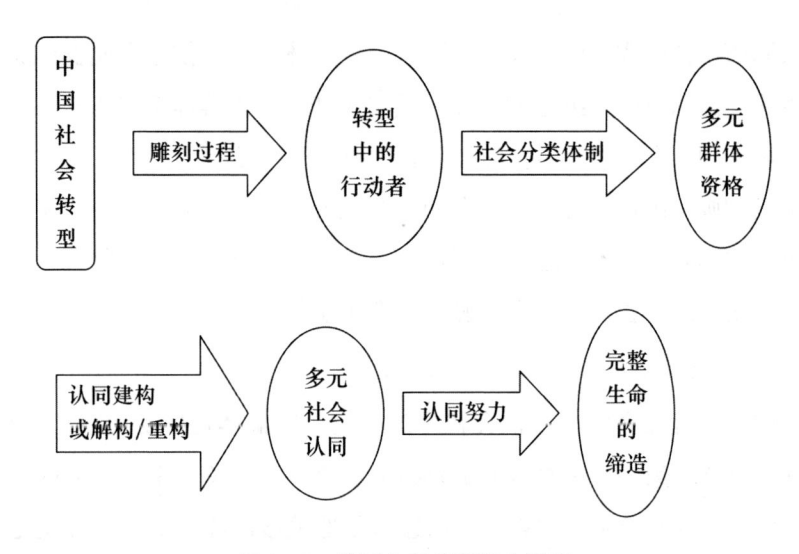

```
中国社会转型 →[雕刻过程]→ 转型中的行动者 →[社会分类体制]→ 多元群体资格

→[认同建构或解构/重构]→ 多元社会认同 →[认同努力]→ 完整生命的缔造
```

图 9-1　转型心理学的基本逻辑

"全或无"的逻辑。它存在非群体资格—部分资格/准资格—完全资格的梯度特征，如入党积极分子—预备党员—正式党员。群体资格的梯度特征，也许和群体的元资格或者先赋资格无关，因为先赋资格的获得就是当然的"全或无"的逻辑。但所有的非先赋资格的获得，几乎都存在梯度特征。这种梯度特征，不仅体现在个体的多元群体资格中，也存在于法人或组织的成员资格中，如国际组织中的非成员—观察员/候补成员—正式成员。部分资格/准资格（the partial memberships）的研究才刚开始，其设置和获得过程可能隐含了社会运作的独特奥妙（方文，2008：98；刘爽，2008）。

任何群体资格的获得，也都伴随认同建构或解构/重构的过程。但群体资格和社会认同之间质的区别，几乎在所有的社会认同定向的研究中都被混淆或被忽视，它们被误解为同一种社会心理现象。社会认同是行动者对自身特定属性如自身的群体资格积极的认知评价/情感体验和行动承诺。先有群体资格，后有可能的认同，但它们并不必然对应。行动者对自身的群体资格并不必然有认同感，或者说群体资格和认同并不必然协调一致。而这种不一致会激发行动者放弃或改变这种群体资格，并寻求新的群体资格。行动者新的群体资格的寻求和获得过程，也就是社会流动和社会变迁过程。通过认同建构或解构/重构，个体在培育和营造其动态的多元社会认同。

前述所有过程，都可归结为社会转型中的行动者通过终生不懈的认同努力，以缔造其动态而同一的完整生命。援引费孝通先生"多元一体"的精妙构念，每个个体作为能动行动者，在社会转型中通过终生不懈的认同努力，都在锻造自身独特的"多元一体"的完整生命。"多元"是指每个行动者身上的多元群体资格，而这些多元的群体资格，又以行动者的肉身（及其延伸）作为具体表征，成就其独特的完整生命。

（二）多元群体资格：社会转型对基本社会心理过程的形塑

群体资格，是每个个体作为能动行动者，通过社会分类体制在生命历程中被赋予或获得的群体特性或范畴特性。个体群体资格的获得与认同建构或解构/重构过程，内隐基本而普遍的社会心理过程。社会认同理论家已经揭示了这些基本的社会心理过程的运作逻辑：社会范畴化过程、社会比较过程、认同化/认同建构过程（identification）和认同解构/重构过程（Tajfel & Turner，1986；Hogg & Abrams，1988/2001）。但中国社会转型已经渗透在所有这些基本社会心理过程中，使中国人群体资格的生成渠道和空间、组合方式和权重发生深刻变化。

1. 社会转型中的社会范畴化过程

社会范畴化或社会分类是群体资格获得的基石。因为社会分类的尺度和标准是多元的，所以行动者的群体资格从出生时起就是多元的，并且在生命历程中不断丰富和拓展。

范畴化过程具有交互性。其一，行动者一出生，就生长在既定的社会范畴化语境中，被分类和标定。其二，行动者以自我为中心，对自身和在场的他人进行分类，把自身和他人纳入确定的群体之中，但同时行动者自身也被在场的他人所分类。其三，行动者的分类和他人的分类具有最低限度的重叠共识。也正因为如此，对群体资格的评价是社会共识性的，并且社会范畴化体制是共享实在和社会表征体系的一部分（Moscovici，2000）。

在特定的社会语境中，社会范畴化的结果就是依照特定的品质或维度而形塑我们—他们（我属群体—他群体，内群—外群，局内人—局外人）之间的群体符号边界（Lamont & Fournier，1992），同时也导致种种的内群偏好和外群敌意。

在行动者多元的群体资格中，有的非常特殊，它们被贬损，而被标上"污名"的印记。污名成为社会科学中的一个核心构念，主要归功于戈夫曼

(Goffman，1963)。而污名内隐复杂的逻辑，首先是辨析并标定差异，然后把差异和消极特质相关联，并区分"他们"和"我们"，最后是作为结果的地位缺失和歧视亦即社会排斥（Link & Phelan，2001）。

污名化过程，或污名标定，预设两类行动主体：污名标定者或施污者与被标定者或受污者。污名化过程，对施污者而言，具有一系列的功能和进化上的适应意义，其结果是社会资源、机会和权力的垄断，以及优势地位或权势地位的建构、维持和再生产（Crocker et al.，1998；Kurzban & Leary，2001）。

但对受污者而言，污名化过程不仅使他们丧失了作为共同体有机成员正当的权益、福利和生活机会（Abrams et al.，2005），也会对他们的社会心理生活产生致命的伤害，其核心是认同威胁（Major et al.，2005）和自我耗竭（Inzlicht et al.，2006）。而认同威胁和自我耗竭，则会危及行动者动态完整生命的建构，是一种真正的本体论意义上的精神创伤。更严重的是，基于功能性磁共振成像技术，与污名相伴的社会排斥，作为社会伤害，和生理伤害类似，有其大脑的神经相关物（Eisenberger et al.，2003）。

尽管改革开放前后的社会分类体制的变化，还没有被系统研究，但一些基本事实已经呈现出来。中国社会转型对范畴化过程的所有方面，都有显著影响。第一，每个中国人从出生开始就遭遇的社会分类体制，在转型前后经历深刻变化。改革前的社会分类标准从政治身份、户口身份和行政档案身份转变为改革后的多元尺度。第二，社会分类体制中的一些部分在改变，如以出生地为尺度的户籍分类方式。第三，新的分类尺度和线索在不断生成，群体资格的获得渠道和空间在不断拓展。

2. 社会转型中的社会比较过程

特定群体特性的显著意义，只有在和他群体的关系中，亦即在与他群体的比较和对比中，才呈现出来（Tajfel，1981：256-259）。我属群体的评价，基于对特定的他群体的参照。这种参照，依据价值—负荷的品质和特征通过社会比较而获得。内外群之间，积极的差异比较产生高声望，而消极的差异比较则会导致低声望。通过内群—外群比较，积极评价我属群体的压力，导致社会群体力图把自身和其他群体区别开来。

中国社会转型，已经和正在改变中国人群体资格的比较尺度和参照标准。

第一，社会分类体制中的地位评价标准在发生剧烈变化。第二，比较尺度和参照标准迈向多元化，甚至是国际化。第三，特定群体因为社会比较而产生的相对剥夺感在不断增强，而怨恨也在累积。

3. 社会转型中的认同化/认同建构过程

通过社会范畴化，行动者秉承多元群体资格，建构特定的内群偏好和外群敌意，并形塑内群和外群之间的符号边界。通过与外群的社会比较过程，内群强化其群体特异性（group distinctiveness）。而所有这些过程及其结果，不过是行动者认同建构的资源。而社会认同化过程，即认同建构过程，也就是行动者将其成员资格内化为其自我概念的一部分，也就是行动者对其群体资格积极的认知评价、情感体验和行动承诺。而社会转型所解放的自由流动空间，丰富了中国人的认同建构资源。

4. 社会转型中的认同解构/重构

行动者的特定群体资格和特定的社会认同并不必然对应。换言之，行动者并不总是认同自己的某些特性，如男性不愿再做男性，想要成为女性。这时，认同解构发生了。

认同解构，含义极其简洁。它意味着行动者对其身上的某种群体资格不再有认同感，他寻求放弃或脱离这种群体资格，并致力于追寻新的群体资格即认同重构。认同解构和认同重构，因此是同一个硬币的两个面向。

认同解构/重构必然伴随对应的行动策略（Tajfel & Turner, 1986: 19-20）。其一是个体流动（individual mobility）：个体会试图离开或脱离以前的所属群体。个体流动最为重要的特点在于，我属群体的低地位不会因此而改变，它是一种个体主义的途径。至少从短期来看，它是力图实现个人的而不是群体的地位改变。其基本的信念基础是在社会体系中不同地位群体之间的边界具有可渗透性（permeability），并且有较高的向上流动机会。

其二是社会创造性（social creativity）：通过重新界定或改变比较情境的因素，群体成员可为内群体寻求积极的特异性。与外群体相比，它并不包含群体实际的社会位置或在对客观资源的接近上有任何改变。它关注的是群体策略，而不是个体主义策略。当黑人肤色在平权运动中被重新界定时，"黑色"不再是未进化的、肮脏的和野蛮的，"黑色"是健康的和美丽的。

其三是社会竞争（social competition）：群体成员可通过与外群体的直接

竞争而寻求积极的特异性。他们会在显著的维度上试图逆转内群和外群的相对位置。在一定程度上，这种比较和社会结构有关，它意味着群体客观的社会位置的改变。其基本的信念基础是在社会体系中不同地位群体之间的边界没有可渗透性，向上流动机会较少，并且既定的社会地位差别没有可感知的合法性。

社会转型，在拓展中国人的认同建构资源的同时，也不断丰富中国人的自主选择空间和渠道，认同解构/重构的方式、机会和策略在不断分化。

总而言之，社会转型在形塑和雕刻与群体资格有关的所有基本的社会心理过程。

四、转型心理学的一些紧迫议题

（一）多元群体资格及其权重：度量问题

群体资格要成为转型心理学的核心构念，其测量方式的构造，就成为最基本的难题，因为它是群体研究定量化的基础。群体资格的量具设计，必须满足几个基本条件。

第一，它必须简洁、有效而可信。它能真实测量个体的多元群体资格而不是其他，并且重复测量具有高度的一致性。

第二，测量的结果，能够反映多元群体资格的类别、优先顺序和权重等级。因为在个体的多元群体资格中，有的具有核心意义，有的也许只有边缘或补充价值，有的甚至只有暂时意涵。这意味着个体多元群体资格之间存在权重差别，也就是群体资格之间存在实体性感知（perception of group entitativity）上的差别（Yzerbyt et al., 2004）。

第三，它能关注多元群体资格的变迁轨迹。行动者的多元群体资格的构成、组合方式和相对权重，在生命历程中会不断发生改变。而量具的结果应该能解释其变迁的轨迹。

第四，它能为公民社会的共时和历时比较提供一种度量方法，因为公民社会的发育，也就是个人后致的群体资格的不断丰富和拓展。

围绕着群体资格的度量，试研究（pilot study）已经开始，并有初步好结果。

(二) 转型中国的群体地图

中国社会转型中的社会结构地图，已经被系统勾画（如陆学艺，2002）。但社会结构地图，并没有关注当事人的社会心理过程。而要系统描述、理解和解释中国人的所知、所感、所行，必须从结构层面深入到人心层面。而群体地图的目标，就是要勾画社会转型中的不同群体的群体构成特征、群体认知方式、情感模式、惯例行为模式和生命期盼。

特定群体样本如留守儿童群体（叶敬忠，莫瑞，2005）、新生代流动群体（王春光，2001）和北京基督新教群体（方文，2005），已有初步研究。这些研究，开始关注所及群体的群体特征、认同方式、行动模式和符号边界的建构逻辑。但整体的群体地图，还几乎是空白。

社会转型催生了许多新群体，如新生代流动群体、留守儿童和留守配偶群体、新工人群体、下岗群体、宗教群体和新社会阶层。社会转型同时也重新界定了既有群体的生命轨迹，如政党群体、公务员群体和军人群体。这些群体，期待着系统研究。

物理地图的修改和变化，体现了社会生态的变化。而群体地图的绘制，也应能体现群体变化的轨迹。因此，对不同群体的关注，追踪资料的积累，也是基础性的研究任务。

(三) 国家建设：公民认同和世界公民意识难题

中国社会转型及其和平崛起，已经拓展了中国人的活动舞台。在国际层面，它伴随地缘政治格局和利益关系的重大调整；而在国内，不同区域、不同民族、不同阶层和不同户籍人群之间的社会认知和利益分化甚至是冲突，也在不断加剧。所有这些，都对国家建设提出挑战。

在对我国公民显著认同的培育中，如何构造从容而自信的认同技术，调动认同资源以锻造和强化公民认同、国家认同和世界公民意识，也是紧迫的理论和实践难题。

结语：迈向转型心理学

中国社会转型，在宏观层面通过不断建构或解构/重构的社会分类体制，或者在改变中国人先赋群体资格（如性别、民族或出生地）的意义和评价，或者为后致群体资格（如教育、消费和公民参与）的获得渠道和机会在拓展空间，或者在制度性地标定和生产新型群体资格（如不断涌现的新职业资格和污名）。而在微观层面，行动者旧的群体资格的放弃和新群体资格的获得，也就是社会流动和社会变迁过程。

以群体资格为核心的转型心理学，可能为中国经验的社会心理学提供洞识和灵感。这种中国经验，不是基于所谓的文化特异性，而是独特的转型过程和转型逻辑。第一，群体资格能从结构深入到人心，从而为中国社会转型研究提供替代视角。第二，群体资格能成为一种可能的概念框架，来统合不同传统的认同研究，如元认同、文化/族群认同、公民/国家认同、宗教认同和污名（方文，2008：100-105）。因为这些不同的认同类别，都可以转换为行动者对其自身的特定群体资格积极的认知评价、情感体验和行动承诺。第三，它可能为理解宏观—微观的二元对立提供新思路。因为就任一个体而言，他确实是微观的，但在这微观的行动者身上，我们能够发现和揭示宏观力量的印记，这就是行动者所获得的多元群体资格。第四，它可能提供替代视角，来研究公民社会的发育和成熟差异。

而以群体资格为核心的转型心理学，可能还有实践价值。第一，群体地图的构造，有助于理解群际冲突与和谐的内在机制，从而为和谐社会的建设和民生关怀提供有益的建议和对策。第二，培育和强化国民的公民认同/国家认同，是民族国家在治理和国家建设过程中的重要目标之一。通过对行动者多元群体资格的研究，有可能提供从容而恰当的认同建构技术。

直面中国社会转型，我们也满怀期许和信心：中国社会心理学正在理智复兴的征途上。

参考文献

波特，韦斯雷尔. 话语和社会心理学：超越态度与行为. 肖文明，吴新利，张擘，译. 北京：中国人民大学出版社，2006.

波兰尼. 大转型：我们时代的政治与经济起源. 冯钢，刘阳，译. 杭州：浙江人民出版社，2007.

方文. 学科制度精英、符号霸权和社会遗忘：社会心理学主流历史话语的建构和再生产. 社会学研究，2002（5）：62-69.

方文. 群体资格：社会认同事件的新路径. 中国农业大学学报（社会科学版），2008（1）：89-108.

胡荣. 农民上访与政治信任的流失. 社会学研究，2007（3）：39-55.

李培林，张翼，赵延东，等. 社会冲突与阶级意识：当代中国社会矛盾问题研究. 北京：社会科学文献出版社，2005.

刘爽. 部分群体资格：高校学生入党经历研究. 开放时代，2008.

陆学艺. 当代中国社会阶层研究报告. 北京：社会科学文献出版社，2002.

Rupert Brown. 群体过程. 胡鑫，庆小飞，译. 北京：中国轻工业出版社，2007.

沈原. 市场、阶级与社会：转型社会学的关键议题. 北京：社会科学文献出版社，2007.

孙立平. 社会转型：发展社会学的新议题. 社会学研究，2005（1）：1-24，246.

孙立平. 转型社会学：发展趋势与面临的问题. 未刊稿，2007.

王春光. 新生代农村流动人口的社会认同与城乡融合的关系. 社会学研究，2001（3）：63-76.

叶敬忠，莫瑞. 关注留守儿童：中国中西部农村地区劳动力外出务工对留守儿童的影响. 北京：社会科学文献出版社，2005.

乐国安. 中国社会心理学研究进展. 天津：天津人民出版社，2004.

赵旭东. 反思本土文化建构. 北京：北京大学出版社，2003.

赵旭东. 表征与文化解释的观念. 社会理论学报, 2005 (2): 229–276.

周晓虹. 流动与城市体验对中国农民现代性的影响：北京"浙江村"与温州一个农村社区的考察. 社会学研究, 1998 (5): 58–71.

Abrams, D. et al. (2005). *The Social Psychology of Inclusion and Exclusion*. New York: Psychology Press.

Burawoy, M. (2000). A Sociology for the Second Great Transformation?. *Annual Review of Sociology*, 26, 693–695.

Burke, P. (2004). Identities and Social Structure: The 2003 Cooley-Mead Award Address. *Social Psychology Quarterly*, 67 (1), 5–15.

Chiu, C.-y. (赵志裕), & Hong, Y.-y. (康萤仪) (2006). *Social Psychology of Culture*. New York: Psychology Press.

Crocker, J. et al. (1998). Social Stigma. In D. T. Gilbert et al. (Eds.). *Handbook of Social Psychology* (4th ed., Vol. 2, pp. 504–553). Boston, MA.: McGraw-Hill.

Eisenberger, N. I. et al. (2003). Does Rejection Hurt? An fMRI Study of Social Exclusion. *Science*, 302, 290–292.

Eliasoph, N., & Lichteman, P. (2003). Culture in Interaction. *American Journal of Sociology*, 108 (4), 735–794.

Goffman, E. (1963). *Stigma: Notes on the Management of Spoiled Identity*. N. J.: Prentice-Hall.

Higgins, E. T. (1996). Knowledge Activation: Accessibility, Applicability and Salience. In E. T. Higgins, & A. E. Kruglanski (Eds.). *Social Psychology: Handbook of Basic Principles*. New York: Guilford Press.

Hofstede, G. H. (1980). *Culture's Consequences: International Differences in Work-Related Values*. Beverli Hills, CA: Sage.

Hogg, M., & Abrams, D. (1988/2001). *Social Identification*. Routledge.

Hong, Y.-y. et al. (2000). Multicultural Minds: A Dynamic Constructivist Approach to Culture and Cognition. *American Psychologist*, 55 (7), 709–720.

Inzlicht, M. et al. (2006). Stigma as Ego Depletion: How being the Target of Prejudice Affects Self-Control. *Psychological Science*, 17 (3), 262-269.

Ip, G. W. et al. (2006). Birds of Feather and Birds of Flocking Together: Physical Versus Behavioral Cues May Lead to Trait-Versus Goal-Based Group Perception. *Journal of Personality and Social Psychology*, 90 (3), 368-381.

Kurzban, R., & Leary, M. R. (2001). Evolutionary Origin of Stigmatization: The Functions of Social Exclusion. *Psychological Bulletin*, 127 (2), 187-208.

Lamont, M., & Fournier, M. (Eds.). (1992). *Cultivating Differences: Symbolic Boundaries and the Making of Inequality*. The University of Chicago Press.

Link, B. G., & Phelan, J. C. (2001). Conceptualizing Stigma. *Annual Review of Sociology*, 27: 363-385.

Major, B. et al. (2005). The Social Psychology of Stigma. *Annual Review of Psychology*, 56, 393-421.

Matsumoto, D., & Yoo, S. H. (2006). Toward A New Generation of Cross-Cultural Research. *Perspectives on Psychological Science*, 1 (3), 234-250.

Michelman, F. I. (2001). Morality, Identity and "Constitutional Patriotism". *Ratio Juris*, 14 (3), 253-271.

Moscovici, S. (2000). *Social Representations: Explorations in Social Psychology*. Cambridge: Polity.

Oyserman, D. et al. (2002). Rethinking Individualism and Collectivism: Evaluation of Theoretical Assumptions and Meta-Analyses. *Psychological Bulletin*, 128 (1), 3-72.

Prentice, D. A., & Miller, D. T. (2007). Psychological Essentialism of Human Categories. *Current Directions in Psychological Science*, 16 (4), 202-206.

Smith, P. (Ed.). (1998). *The New American Cultural Sociology*. Cambridge University Press.

Sperber, D. (1996). *Explaining Culture: An Naturalistic Approach*. Blackwell.

Swidler, A. (1986). Culture in Action: Symbols and Strategies. *American Sociological Review*, 51, 273-286.

Tajfel, H. (1972). Experiments in Vacuum. In J. Isreal et al. (Eds.). *The Context of Social Psychology: A Critical Assessment*. London: Academic Press.

Tajfel, H. (1981). *Human Group and Social Category*. Cambridge University Press.

Tajfel, H., & Turner, J. C. (1986). The Social Identity Theory of Intergroup Behavior. In S. Worchel et al. (Eds.). *Psychology of Intergroup Relations*. Chicago: Nelson-Hall.

Yzerbyt, V. et al. (Eds.). (2004). *The Psychology of Group Perception: Perceived Variability, Entitativity, and Essentialism*. New York: Psychology Press.

第 10 章 社会分类权

提要：本章试图构造社会分类权的构念，用于理解和解释社会不平等和社会支配。首先基于思想实验设置一种始祖人的原初境况，以凸显分类实践在人类整体的经验框架中的中枢位置。然后梳理社会分类研究的典范路标，拆解社会分类的体制化过程，以揭示社会分类权的成因，并系统探究有偏分类权之恶果，尤其是社会心理恶果。最后探讨实现本真分类的可能方案。

关键词：社会分类权，智慧亲和—智慧敌意体制，制度创伤，社会痛楚

"人权"观涌现之初，人权就在被不断地践踏和侵害；"公民"观开启之时，公民权也在被不断地剥夺和贬损。本章将构造社会分类权的构念，用来揭示社会不平等和社会支配的内隐机制及其恶果。这里的社会分类权，意指政治体在建构其宪法、法律、法规和社会政策时对其国民进行区分的分类体制。

首先基于思想实验设置一种始祖人的原初境况，以凸显分类实践在人类整体的经验框架中的中枢位置。然后梳理社会分类研究的典范路标，拆解社会分类的体制化过程，以揭示社会分类权的成因，并系统探究有偏分类权之恶果，尤其是社会心理恶果。最后探讨实现本真分类的可能方案。

一、始祖人的原初境况：一种思想实验

请设想一种原初境况，在人类整体的经验、常识和直觉框架刚萌芽时的

境况，或曰始祖人所遭遇的境况。许多学术大家在其经典中都曾推定人类的原初境况，如霍布斯、卢梭、康德或罗尔斯。与之相随，他们也提出了推断模型，如"丛林状态""高贵的野蛮人""非社会的社会性"或"无知之幕"。但这些推断都倒向原初社会契约的铸就。耐心细究会发现，这些原初境况的设定都预设了非原初的系列条件，如对社会契约目的论式的感怀、相对成熟的智识背景或道德偏好。这些有条件的原初境况，应该被重构为无条件的原初境况，或始祖人的原初境况。这种境况，也许不是唯一的或单独时点的传奇，以契合人类物种多地突生的演化事实。

人类生命体刚挣扎在莫名未知的混沌中，身边的万事万物晦暗不分。其生存急需，是要辨别和区分身边的所有可感物品，为之命名和分类，如同神农氏试尝百草。可因此推断，命名和分类乃是人类智慧萌芽的酵母。而为每个新生儿命名，至今依然是家庭或家族众望所系的迫切事务。正如《圣经·旧约》开篇所言，万物在被造之后，给它们分门别类，乃是第一要务。这是宇宙秩序的源头。从此人类个体认知上的命名和分类，就同步地浸染了厚实的物种命运内涵，为物种共同体所共同敬畏、尊重和承继。

那是一种无言的境况。今天的众生，受语言繁杂的困扰，只有惊叹我们的始祖如何践行物以类聚的宏图。

我们的始祖，在阳光的直射和隐退中，在四季的轮换交替中，在自身肉体的衰败中，逐渐体知神奇的时间之流；同时在无边荆棘的开拓中，在步履蹒跚的远足中，在遥远繁星的凝视中，逐渐体知神奇的空间之广袤。时空感就同时侵入我们始祖的经验框架中。

对物的命名和分类的执着，也是自然史、博物学和形式逻辑的依归。其光辉灿烂的巅峰，是瑞典博物学家林奈的分类图式。根除神创论的魅惑，尘世间的万事万物，依照界门纲目科属种的精妙图式，各就其位，秩序严整。与之匹敌的，也许只有门捷列夫的分类图式：元素周期表。

物的命名和分类，是人为自然立法。其遵循的原则是形式逻辑法则。但即便如此精美的逻辑体系，仍存未解之难题！有些物品无法命名，如何处置？

在处置可感物品的时候，我们的始祖有时腰酸背痛，躺在草地或沙砾中，注目眼前的星空，还有遥远的天际。那是一片超出日常感知的神秘世界，亦即今人所言的超验的神圣世界。对不可感物的敬畏、好奇和思量，油然而生。

在日常的辛苦劳作中,我们的始祖如果孤单一人,他也许会想象和期盼另外一个与自己类似的生命。如果幸运,他有人相伴,那就不得不直面同伴关系的麻烦。人类物种原初的三大认知难题,并置性地由此萌生:人—物关系、人—神关系和人—人关系。可以大胆推断,以时空为经纬,对这三类分类难题的体察和感悟,构成我们始祖原初经验体系的支架。

以命名和分类为核心,过往世代的人类常识或共感(common senses)体系,缓慢累积了对物、对(诸)神以及对人之分类智慧。概言之,命名和分类(naming and categorization/classification)作为基本的生存策略和认知捷径(cognitive shortcuts),为我们始祖,也为今天的众生,简化生存世界的复杂性,为生命掌控确定性、祛除风险奠定根基。

二、社会分类研究的典范路标

(一)涂尔干:元分类图式

当涂尔干和莫斯在1903年为澳大利亚土人的亲属制度和中国古代汉人的宇宙观激动不已的时候,源自始祖的共感分类体系第一次被系统地严肃审视。尽管对其同代的(社会)心理学怀有疑虑甚至误解,涂尔干和莫斯还是洞悉了分类能力和分类范畴的社会本性。因为物品自身不会分类,所有的分类范畴也只是人工制品。他们雄辩地论证物的分类再现了人的分类(涂尔干,莫斯,1903/2015:11,96)。由此,由形式逻辑所主宰的物之分类逻辑,就转化为以人之分类为中心的社会分类逻辑,其要义是确定包含关系(inclusion)和排斥关系(exclusion)(涂尔干,莫斯,1903/2015:2)。如此厚重的社会包容和社会排斥构念,呼之欲出,甚至也预示了包容范畴与排斥范畴之间的符号边界(方文,2005;Lamont & Fournier, 1992; Lamont & Molnar, 2002)。

大约10年之后,涂尔干清点人—神关系,或原始宗教议题(涂尔干,1912/1999)。他洞察了分类难题的天机,挖掘出分类图式的原型,或元分类图式。涂尔干论证道,在所有的人—物、人—神和人—人分类实践中,人—神关系作为预设的分类原型,是分类实践内隐的枢纽(涂尔干,1912/1999:

41–49）。不同民族普遍的创世神话和传说，是基本例证。整个世界首先被分成神圣世界和凡俗世界（the Sacred vs. the Profane），其唯一尺度是两者之间截然的异质性；然后才是凡俗世界中人—物和人—人的分类尝试。涂尔干圣—俗两分的分类原型，特别容易被误解为宗教信徒—非信徒的区分。其不当推论在于只有不同种类的宗教信徒才能体悟神圣世界，而非信徒则只能在经验界苟活。这种谬误，强化了信徒—非信徒以及不同种类的信徒之间的敌意和分离。

涂尔干圣—俗两分的分类原型，也被反思性地用来观照人之肉身。其英年早逝的天才弟子赫尔茨专注于人类右手的优越性的研究（赫尔茨，2011：94–119）。依据赫尔茨的犀利解剖，跨文化普遍地，右手被认为亲近于神圣世界，对应高贵和圣洁，而左手则沉沦在凡俗世界的粗鄙淫荡中。而在常识里，垂直维度中人之躯干以肚脐为界也被区分，这契合当代具身认知的妙义。肚脐以上是德性和智慧的栖居之所，而肚脐以下则是淫欲和蒙昧之容器。小小躯体内部，每时每刻都在上演惊天地泣鬼神的神兽之战！

在涂尔干的分类体系中，社会分类和社会秩序的勾连，若隐若现。直到1960年代中期，认知人类学的大家道格拉斯才一语道破天机，使社会秩序的分类基础破茧而出（道格拉斯，1966/2008）。以洁净和污秽为切入点，道格拉斯否定卫生学和病源学的观念。

> 污秽是事物系统排序和分类的副产品……污秽就是分类的剩余和残留。（道格拉斯，1966/2008：45）

鞋子踩在地上不觉肮脏，但若跷在餐桌上则是污秽至极，甚至是大不敬。道格拉斯告诫，在既定的分类秩序中，污秽无关物品本身的属性或特征，只是物品摆错了位置，扰乱了既定的分类秩序。而在中国地方智慧中，洁净还和亲情分类有关。自己孩子和母亲用过的碗筷，并不肮脏；但所有其他人用过的碗筷必得清洁。

面对物品无法分类的难题，道格拉斯也有聪慧的妙解。他认为既定的分类系统如若无法识别这些物品，或者旧瓶无法存储这些新酒，那它就是毒酒，就是危险的致命之物，要被放逐、隔离或抛弃。请怀想对异乡人的恐惧，或者对陌生之物的拒斥！

概言之，社会分类以人—神关系为元分类图式，框定物品分类和人群分类之格局，为既定的社会秩序奠定根基，彰显社会包容和社会排斥，驱逐莫名的无法被涵盖的物品和人群，并给其贴上不洁和危险标签。

(二) 范·登·伯格：社会支配中的三元分类系统

涂尔干之脉，剥离了包裹社会秩序的厚重帷幕，让隐藏的社会分类显露真身。但难题依旧存在。基于社会分类而建构的社会秩序公正公平吗？它是在消解既定秩序的不公，还是为既定的社会支配格局背书？它如何生产和再生产社会支配格局？

每项严肃尖锐的社会难题的破解，都在耐心恭候与之匹配的智者。主流社会理论教科书中被无端隐没的大家范·登·伯格，在1970年代隆重出场（Van den Berghe，1973，1978）。

浸染在名家云集的哈佛社会关系系，1960年荣获博士学位的范·登·伯格（与米尔格拉姆同年获博士学位），并无意争宠，以求承嗣其恩师结构功能论的皇子名分（Homans，1984）。他胸有丘壑，反而离经叛道，沉醉在演化人类学和演化生物学的原典中，并满怀非洲各地鲜活的田野体知。人类暴政、不平等的支配和族群冲突让他刻骨铭心。范·登·伯格从核心家庭中的亲子关系入手，以求透视社会支配格局的源头。

亲子关系，一直被虚构为尘世间最柔美温润的人际关系，它以关爱、呵护和承诺为轴心。但当代演化生物学的大家特里弗斯基于亲本投资论，在1974年推演出亲子关系的黑暗里子，亲子冲突（prarent-offspring conflict）无处不在，其动因是适应性竞争（Trivers，2002：Chapter 4）。

近乎同时，范·登·伯格则另辟蹊径，从年龄分类入手，以戳穿核心家庭的温情面纱。基于亲子的权力不对称，范·登·伯格声言核心家庭就是微观暴政（microtyranny）（Van den Berghe，1973）。其言辞令人震惊、刺痛甚至厌恶：

> 最简而普遍的暴政模型就是核心家庭，它以最纯粹的形式，涵括年龄和性别分化。(Van den Berghe，1973：4)

年龄分类系统所隐含的成人对儿童的支配，或亲权（parental power）对子女权的不对称，依照范·登·伯格，是原初的不平等（the primordial inequality），是人类暴政的基本形式（Van den Berghe，1973：91）。

年龄分类系统有其自身的独具特征。第一，人类儿童漫长的成长期，或者延缓成熟（prolonged immaturity），使自身在体能和心智方面都处在相对不利的处境。他们被成人支配，有生物学和生理学的根基。第二，就生命历程的视角而言，这种支配形式还相对公平。因为每个成人都曾经历儿童期，绝大多数儿童也有机会长到成年。

范·登·伯格所辨析的第二元分类系统就是性别分类系统。基于性别分化的社会支配，亦即男性对女性的支配或男性统治（viriarchy），已受普遍关注。年龄分类系统和性别分类系统尽管相互分离，但共有生物学根基。范·登·伯格敏锐地觉察到在社会支配的形塑过程中，它们交互纠缠，共同建构社会支配链。成年男性对成年女性、对两性儿童的支配链条，印证了俗语：是成年男性在主宰世界。

受惠于范·登·伯格的洞见，社会支配论的理论家斯达纽斯和普拉图敏锐地察觉成年男性群体并非同质群体，其中存在深刻的分化。他们明辨地构造了从属男性目标假设（subordinate-male target hypothesis，SMTH）（斯达纽斯，普拉图，2011；Sidanius & Pratto，1999）。从属群体的成年男性，并没有享用统治和支配的快感，反而遭遇双重困境。因为亲本投资的逻辑，在择偶市场中，他们处境不利（Trivers，2002：Chapter 2），难以找寻佳偶。这是第一重困境。同时在等级分明的支配体系中，他们是机构歧视和社会歧视的主要目标。这是第二重困境。因此，冷酷尖锐的社会事实在于"只是优势群体的成年男性在主宰世界"。

5年之后，范·登·伯格又揭示了第三元分类系统即专断系统（Van den Berghe，1978）。如果说年龄系统和性别系统还有生物学的道理可言，那专断系统的分类尺度，就全然是任意的、武断的、随心所欲的，令人触目惊心，毫无正当可言。但在社会支配剧的舞台上，其蛮横和粗鄙被仔细地装扮文饰，涂抹合法可信的伪装。当人群被户籍、出身、肤色、地域、政治倾向、宗教偏好甚至性取向而不利区分的时候，他们毫无觉知地被低人化甚至非人化。

值得警醒的是，范·登·伯格的三元分类图示只是逻辑工具。它们同时并置地印刻在分类对象身上，并不预设相互的独立性和排他性。在社会支配的运演过程中，三元分类图示结成分类罗网笼罩众生。它们类似"污名丛结"（the stigma complex）(Pescosolido & Martin, 2015)，有"跨域性"（intersectionality）的特征（Collins, 2015）。换成方法学语言，之于社会支配，三元分类图示虽然各自有自身的主效应，但同时有强健的交互作用。

(三) 泰弗尔：群际冲突中的最简分类

涂尔干的遗产和范·登·伯格的睿智，层层递进，凸显了社会分类之于社会秩序尤其是社会支配的枢纽地位。但在他们恢宏的理论论辩和民族志（包括宗教志）的历史比较分析中，分类的主体虚置，只是近乎空洞抽象的社会；也没有与之相配的严谨可复制的研究程序，尤其是实验程序。

如何在实验室里模拟人类的原初状态，让鲜活的研究参与者近乎完全剥离从出生时就逐渐累积的社会属性，仅仅彰显单纯的认知分类与其后效之间的逻辑关联，这是社会认同论的奠基者泰弗尔殚精竭虑的焦点所在。

这项典范的实验研究的自变量就是社会分类，亦即泰弗尔所偏好的构念社会范畴化，因变量就是分类后效。自变量的实验操纵，基于两阶段任意武断的分类尺度，使实验参与者随机分配进两个虚构群体中，康定斯基（Kandinsky）群或者克利（Klee）群，并且随机地给他们每人分配一个群体身份号码如 Kandinsky 5 或者 Klee 4。因变量的测量则是考察他们在三种不同的分类语境中的绩点分配策略。这些策略，依照实验前的推想，可能有公平（fairness）、最大联合收益（joint payoff maximum, JPM）或者最大差异（difference maximum, DM）等。这三种不同的分类语境，涉及两个内群成员、两个外群成员或者一个内群成员对一个外群成员。实验参与者只能通过分配对象的号码来进行绩点分配。泰弗尔发现在给一个内群成员对一个外群成员进行绩点分配时，主宰策略是最大差异策略。其社会心理意涵就是内群偏好和外群敌意（Tajfel, 1970）。

泰弗尔的"最简群体范式"，已经融入经典，并且成为群际过程研究的典范实验程序。最简群体，常被误解为最小群体，但它和成员人数多少没有丝毫关系。可以尝试概括最简群体的三个基本特征。第一，群体的划分，或普遍意义上的社会范畴化，是基于任意的、武断的和随机的尺度和标准；第二，内群成员之间以及内群和外群之间没有任何直接接触，每个成员只是依照所分配的号码来感知自身和他人的群体所属；第三，群体的形成以及群际行为的表现，剥离了任何实际的社会负荷，也无法以任何具体线索来进行联想。一句话，最简群体成员，类似于原初状态下的互动情景，他处于"无知之幕"中，对自身和他人的社会属性、心理属性和生理属性一无所知，仅仅在认知意义上把内群所属和外群所属区别开来（方文，2014：185-186）。泰弗尔发现，仅仅是这种认知上的分类或范畴化，就足以充分地导致内群偏好和外群敌意，而不需要导入利益、资源或机会的竞争。

在前泰弗尔时代，群际过程尤其是群际竞争和冲突研究的主宰范式，或者是还原主义的个体人格论范式，或者是现实利益冲突范式。但最简群体范式颠覆了所有这些充满直觉意味的模型。宏观的社会心理过程不能还原为微观的个体内过程，而所有表面上的利益竞争，都内隐社会分类的逻辑和动力学，无论这种分类是雄辩的还是武断的。

社会分类能力，在生命历程的初期就已萌芽。4～5月大的婴儿开始有"认生"反应，亦即开始辨别至亲和外人。现在无法确知这些小天使是基于什么标准来成就如此伟大的使命，先赋潜能？声调？容颜？互动频率感知？哺乳时的肤觉？而对6～7岁的儿童而言，即使他们对不同国家最多只有些许的经验知识，他们也能以自己的肤色为标准来明确地表现好恶（Tajfel & Turner，1986：15-16）。

生命初期就已萌芽的分类能力，也奇妙地体现在对自身姓名以及所含字母的偏好上。已经提及，跨文化普遍地，新生儿会被命名。这是每个生命最初获得的所有权，或最简所有权（mere ownership）。"姓—名字母效应"（name-letter effect）或"最简所有权效应"（mere ownership effect），在西文语境中已被重复验证，并且是个体自尊的预测指标（Hoorens，2014；Nuttin，1985，1987）。这种效应与1968年由扎荣茨所发现的"单纯暴露效应"血脉相通（Zajonc，1968）。而中文语境中的验证或否证则有待实施。

最简群体范式所明示的最简分类线索（minimal cues）还有奥秘可究，这就是最简归属效应（mere belonging effect）。即使是陌生人之间，微不足道的共享线索如相同的血型或者星座，也会助益于社会联结，内化彼此的目标和动机（Walton et al.，2012）。

当代社会认知深入探究了分类主体的人观图像、加工过程和基本分类策略。分类主体作为能动的行动者，其人观图像（personhood）的具身隐喻是"被驱动的策略家"（Fiske & Taylor，2012；Taylor，1998）。"被驱动的策略家"意味着行动者有可资利用的多元信息加工策略，而这些策略的选择则基于行动者的目标、动机、需要、时间和社会语境力量。具体说，行动者有时如"朴素科学家"，对相关任务的信息进行系统而认知努力的加工，有时又如"认知吝啬者"，在面临任务情景或问题情景时进行启发式和认知节俭的加工。

"被驱动的策略家"的隐喻，在各种形式的双过程模型中，有典范表征。而所有形式的双过程模型的共享特征在于，行动者在社会认知的发动、社会情感的表达和社会行为的实施中，存在联合行动的两套社会认知的加工子系统：第一套子系统，是即时的、自动的、启发式的、认知节俭的和无意识的，第二套子系统，是延迟的、可控制的、系统的、认知努力的和特意的（方文，2005；Chaiken & Trope，1999）。社会行动者往往更多依靠第一套子系统，因为它仅需要较少的认知资源，也更容易发动。但在有能力、动机和时间进行完备思考的时候，社会行动者就会依靠第二套子系统，因为它需要更完善的认知资源和认知努力。

而社会分类的基本策略则是（多重）二元编码（Beyer，1998；Chaiken & Trope，1999）。行动者的主宰偏好是采用对立范畴来进行区分。二元编码策略或二元编码机制有两个直接后果。第一，在任何社会语境之下，基于特定显著的分类线索，在场的所有人以分类者为核心被纳入内群和外群之中，依照特定的品质或维度而形塑我们—他们（我属群体—他群体，内群—外群，局内人—局外人）之间的群体符号边界。第二，行动者在共时和历时的分类体制下，基于交互性的范畴化过程被纳入多重的二元编码的逻辑之中，他因此会负荷多重的群体资格。

非完备评论的这些典范研究，无论是理论论辩，还是实验操纵，已经昭示了社会分类之于社会秩序、社会支配以及自我认同与群际冲突的基石意义。

三、社会分类的体制化：社会分类权的形塑

如前所论，哪里有分类，哪里就有刻板印象、偏见和歧视。进一步，哪里有分类，哪里就存在对分类权的争夺和垄断。而国家则通过社会分类体制

化，垄断社会分类权，以此在暴力的垄断之外，成就其符号霸权。

（一）社会分类权：国家符号霸权的基石

有关权力的论辩，耗尽了无数理论家的心力（Lukes，2004；Ng，1980）。从具身认知角度，权力仅仅存在于社会关系中，有三种基本形式。作为高高在上的力量，它使权力对象恐惧、服从或默认同意（Schubert，2005）。这种力量是强制的，令人畏惧，伴随可惩罚性，如酷刑和监狱；也可以是权威面目，让对象自愿服从，如家长式的指令；也可以是默认同意的，甚至在没有觉知的境况下受其规训和支配，如出生证或身份证。前两种权力形式，还容易识别，而第三种权力形式，正如布尔迪厄和福柯所深刻洞察的，通过日常言说、权威话语和制度仪式不被觉知地累积在对象身上（布尔迪厄，华康德，2015；福柯，2012；Bourdieu，1991）。有一组家族相似概念与之有关，如布尔迪厄的"符号暴力"（symbolic power）、"无形的权力"（invisible power）或"共谋的权力"（power with complicity）（Bourdieu，1991：164），或者福柯的"微观权力"（micropower）与"生命权"（biopower），甚至包括拟似温柔的"知情权"。

仔细辨析权力形式及其运作，有一种元权力（meta-power）潜伏在这三种权力的背后，作为它们运作的条件和源头。这种被遮蔽的本相就是分类权。强制暴力的权威，基于良民与罪犯的区分；权威权力的运作，基于自身对权威他者的感知和识别；而符号权力本来就预设了分类的治理逻辑。

不用"辨章学术，考镜源流"，分类权的源头，都可追溯至国家的源头，生动体现在"普天之下，莫非王土；率土之滨，莫非王臣"的古诗中。在为自己的帝国进行特意的命名（国号）时，帝国统治者最得意的，同时也最迫切关注的，是其管控疆域的边界范围和臣民的数量。前者是富贵和权势的象征，后者是劳力、兵力和赋税的基础。由此，有关社会分类的地方常识体系，逐渐体制化和政治化。分类政治学，以及由此衍生的度量政治学和统计政治学，开始成为帝国的核心议题之一。简洁的土地丈量和人口计数就变成帝国的迫切事务。

其一，帝国内部有多少潜在的财富，有多少潜在的兵员和劳力，帝国开始有专门的官僚机构进行估计、点查和记录。

其二，帝国边界的"蛮夷戎狄"疆域和人口的估计。这是帝国安全的命脉所系，也是帝国征服或防御、联合或媾和的主要理由。其当代的精致版本，就是穿着西装打着领带，以唇枪舌剑合纵连横为基调的现代外交体制。

其三，由于交通的阻塞不便，繁杂的地方计量难以同约共度，如"一顿饭的功夫"（混杂了时间和距离）。时空度量的标准化开始设计实施，如沙漏计时或现代钟表计时。与此同时，交通、驿站指南和地图绘制的国家统治工程项目，也摆上议事日程。

其四，帝国内部的人口在身份分类基础上实施等级化，如王侯将相、士农工商。同时附带对隐士、游侠和流民的焦虑和严格管控。

其五，对人口的分类管控，不仅注重现前的人口，还通过对婚姻和生育的干预，渗透到人口再生产中。

其六，帝国不仅管控臣民的肉身，还要掌管和确保臣民的心灵和忠诚。国家机器动员所有可能的愚民策略如焚书坑儒，来灌输"皇权天授"或"君权神授"的教条，以求根除"王侯将相，宁有种乎？"的觊觎之心。谋逆之罪，系十恶不赦之首，也是帝国皇室、外戚、宦官和权臣相互倾轧的锦囊。

所有这些难题，都逐渐归于清晰、简洁而便利的分类权体制的设计和建构。斯科特敏锐地洞察到：

> 固定姓氏的创建，度量衡的标准化，土地调查和人口登记制度的建立，自由租佃制度的出现，语言和法律条文的标准化，城市规划以及运输系统的组织等看起来完全不同的一些过程，其目的都在于清晰化和简单化。（斯科特，2012：2）

始皇帝在血腥吞并六国之后，以分类权为基础的统治术标准化，或帝国统治工程的标准化，就被系统地设计和实施，如书同文，车同轨，衡器和量器的统一标准化，还有姓氏命名的制度化。"老百姓"，或者现代意义上的普通民众，其本义是常用的数百个姓氏。在秦帝国之前，父系姓氏只为统治精英集团专享，并且都有虚构的神圣谱系。但在庞大帝国的统治过程中，始皇帝开始以臣民的姓氏命名和统计为基础，来实现税负、劳役和征兵的企图。而在西欧，姓氏命名的国家工程至少到14世纪才开始实施：

> 普遍采用姓氏只是近代的历史现象。追踪财产所有权和继承权、收

税、保留法庭记录、执行警务、征兵以及控制流行病等都因为有了清楚的全名和确定的地址变得很容易。(斯科特，2012：86)

从臣民时代到公民时代，从身份社会到契约社会，所有这些分类权的体制与技术，穿透历史尘埃，仍然是现代国家的统治利器，是国家暴力之外的符号霸权的源头和基石。

(二) 最简分类权：以身份证为例

至少从近代开始，人类个体从摇篮到墓地，难以计数的身份证件相伴生。从怀孕期间的保健档案到出生医学证明，从不同阶段的学籍登记卡到内含心血和抱负的毕业证书和学位证书，从工作经历记录到社团资格登记，从喜气的结婚证书到肃穆的离婚证明，从旅行游玩票据到出国护照签注，从健康体检资料到归于尘土的死亡证明，附带奖励和惩罚文书。这些身份标识文件，作为个人自传中的基本原料，是自我认同建构中的基本叙事文本，标志个体生命史中的主要关口和过渡礼仪，同时也是个体喜怒哀乐之源泉。鲜活的生命化约为如此之多的纸质文档和电子数据，其间奥秘乃是一条凌厉的规则深潜其中：每个生命都应该也能够被凝视、识别、定位，以期看护或掌控。

尽管得益于现代科技，个体独具的身份特征如指纹、声纹、眼瞳甚至DNA指标被用于标识个体，但个人身份证依然是分类权的最简样式，是所有身份证件之母。这里的"最简"，纯然无关其效力的深度和广度，只取便利和标准化之意。

如果您是中华人民共和国的公民，现在请打量您的身份证。正面是附带国徽图案的"中华人民共和国居民身份证"的大字，然后是签发机关和有效期限。而背面则有姓名、性别、民族、出生日期、住址和居民身份证号码，并配上您的证件头像。

这张卡片是我们携带的最平常的物件。它如此普通，如空气一般，平时难以察觉，除却发生意外，如空气化为雾霾。但若深究，系列疑问得以引申。我们为什么要办这张卡片？卡片的签发机关为什么是代表国家暴力机器的各级公安机关而不是其他机关如社保机关？卡片上为什么没有经过我们同意就标注上述信息？为什么是这些信息，而不是其他信息如职业、文凭、宗教甚至是性取向？

所有这些疑问的天机玄妙，都归于最简分类权的设计和实施。其正面要义在于，只要是中国籍公民，都能办理这张卡片，它是每个中国公民权威合法的身份证明；其签发机关是主管公共安全或治安的公安机关，意即所有公民都置于国家的治理和管控意志下，能被准确识别、定位和凝视。

背面的姓名、号码和照片信息的汇合，是每个公民独一无二的具身标识，不会与任何他人混淆。而性别、民族和基于出生日期的年龄信息，是每个个体的先赋特征和分类线索，或原初的社会范畴线索。这些原初的社会范畴的重要性，体现在不同方面。它们是社会语境中刺激分布最广泛的身份识别线索，便利而显著（Hamilton & Gifford，1976）；它们是个体生命历程中最先学会和领悟的范畴；它们有坚实的生物学的基础和进化的适应意义；而这些范畴身份的激活，是自动加工的（Durkin，1995；Fiske & Taylor，2012）。

奇异地，这种分类支配在其他国家和地区的现代治理中有重叠共识（见图 10-1）。在所统计的 23 个国家和地区的身份证上，姓名、年龄、号码、性别和照片，几乎都是分类民众的共识线索。值得强调的是，不同国家的治理手段还与时俱进。先进的信息和数字技术被同步地用于最简分类权的实施中。所有这些个人身份信息都能被数字化，通过网络被实时调用、追踪和监控。

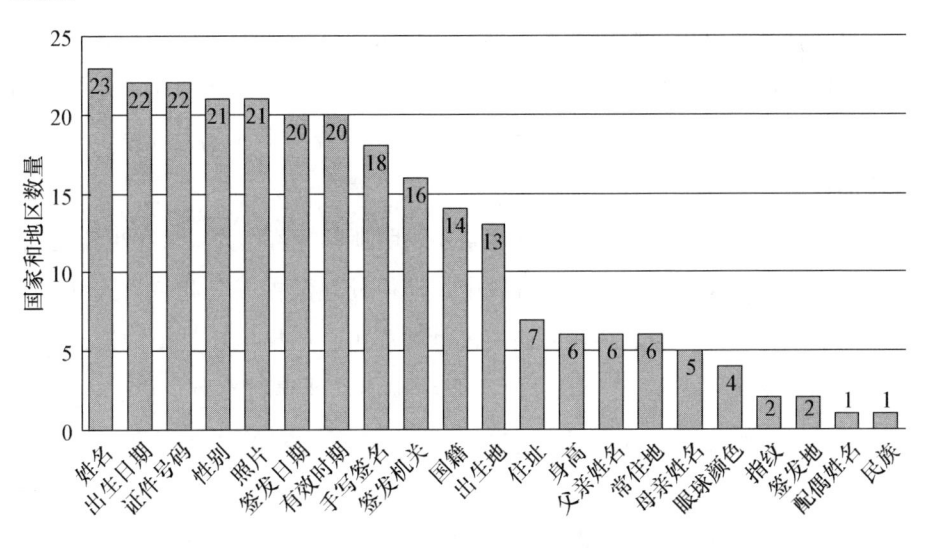

图 10-1　分类权的国际比较：不同国家和地区身份证信息归类

注：基于英文维基百科中 23 个国家和地区的身份证信息。

以最简分类权为骨架，以专断分类体制为章鱼触角，国家织就了社会分类的天罗地网，"利维坦"中少有漏网之民。尽管对分类支配的抵抗不绝如缕，但其命运更为不堪。这些漏网之民，有主动的如江湖游侠，或藏匿在寺庙中的隐者，甚至还有如东南亚高地的无政府主义者（斯科特，2016）；也有被动的如流民乞丐。他们都被隔断了平常的生活机会和社会联结，类似漂浮无着的幽灵。由此，默认或顺从分类体制，则受其奴役和管制；而逃脱或抵抗分类体制，则无处藏身。国家"巨灵"这种必要之恶的辩证法也由此开启。

（三）有偏分类权的误置和暴戾

在臣民时代，所有的分类逻辑及其设计意旨，都以蔑视和践踏人性以及生命的等级分类为依归。命如草芥，毫无夸张。世人都曾梦想穿越到中国王朝中的黄金时代如盛唐时代或孔圣人所推崇的周文王时代。果真如此，那请推断他可能占据的等级位置（柏杨，2014：410；周积明，宋德金，2000：226）。如果万幸，他成为天子，当然能享用无上权力和人间之奢华；但他同时也时刻处在焦虑中，忧心其至亲、外戚、宦官和权臣的忽悠和谋逆；而在王朝血腥更替时，他的所有皇族后裔都会被屠戮至尽。如果幸运，他成为可世袭的贵族，享受高高在上的尊荣。但他也得每天精心揣摩那个独夫寡人任性随意的喜恶，以免三族或九族被诛。而做天子或贵族的机会微乎其微。大概率事件的，是做个平民或贱民。若是平民，得终生为温饱劳作，并可能饱受石壕胥吏或当地恶霸的欺凌，却无处申冤。但若不幸地成为贱民，其处境则等同牲畜，而且子孙后代也永久为奴。

在这些等级分类格局中，人种线索还不明晰。但若作为汉人穿越到元代，其处境则更为悲惨。在人种分类等级中，他得处在蒙古王公和色目人（中亚人）之下成为贱民，而其娇妻的初夜权也被霸占。如果他还是个饱读诗书的儒生，那更是大不幸。在十等级的职业结构中，他得排在官、吏、僧、道、医、工、匠、娼之下，仅仅优于乞丐，坠为名副其实的"臭老九"（柏杨，2014：533）。

臣民时代，无人平安！即使是独夫寡人，也可能生前被废而绞，死后被盗墓、掘坟和鞭尸。多少生灵涂炭之后，这种血腥野蛮的等级体制终于灰飞烟灭，公民时代得以来临（亨特，2011）。但必要之恶的利维坦仍旧延续。其暴力的实施从随意的酷刑转变为律法正义，而其符号霸权的逻辑则从明目张胆的等级压迫转变为精细温情的分类罗网。但分类精髓，一脉相承。

以身份证为最简形式的社会分类权，在公民时代，被精心编织进民族国家的法律体系和政策体系中（伊辛，特纳，2007）。在规范意义上，所有法律体系和政策体系的基石，应该是社会正义原则：所有个体应该被平等对待，如若要差别对待，那得要优待最不利者（罗尔斯，2009；纳斯鲍姆，2016）。但冷酷的现实是跨国普遍的：血腥森严的等级体制，被替换成不同样态的有偏分类权。

首先来慎思法律体系和政策体系中的最简分类权。就年龄线索而言，政治制度（如公民资格的获得）、法律制度（如惩罚处置）、教育制度（如义务教育）和劳动用工制度（如退休安排）等，都以它为基本轴心。而国家人口中的年龄分布，也是国家人口政策的调控目标。性别线索同为人群区分的基本线索，意识形态化的社会期望附着其上。两性在公民权所有方面的不平等和男性霸权，都围绕性别展开（Frable, 1997：140-145）。

与种族和族群概念杂糅相嵌的民族身份，似乎晦暗难辨，但常识智慧将它转换为明晰可感的人体骨架和面容特征，尤其是肤色特征。长久以来，人们大多生活在同肤色的稳定社群中，对年龄和性别多有感悟，但少有机会遭遇异肤色的生灵。同时，人类物种的肤色种类极其单调而顽固。单调意指其色调差异显著，少而易辨；而顽固则意指其相伴生命始终，难有变异。肤色由此成为辨析人群差异最令人震撼的便利特征。可用简单的思想实验来进行展演。一个黄皮肤的个体，第一次遭遇一个白皮肤或黑皮肤的个体，他们相互之间所体验的，绝对惊心动魄：他是何物？与我何干？

肤色分类及其后果，臭名昭著，流毒至今。野蛮的黑奴贸易和奴隶制在美国终结之后，种族隔离政策还死而不僵，直至1954年。美国最高法院是年裁定"分离但平等"的种族隔离政策违宪。但美国白人对有色人种尤其是黑人的刻板印象、偏见和歧视，无论外显的还是内隐的，至今仍渗透在包括教育、医疗、司法、就业、住房和金融等重要场域中（戴克，2011；斯达纽斯，普拉图，2011；Sidanius & Pratto, 1999）。在南非，当白人种族压迫政府被推翻之后，白人今天戏剧性地成为被黑人轻慢的对象。

而专断分类体制则更为不堪。任何琐碎的、武断的、任意的线索、尺度和标准,都可用来标定人群差异,如宗教、政党或地缘特征。非预期后果的逻辑,在其中明晰彰显。一旦这些武断的线索被尊为分类标准,其权重和价值就被无限放大,并成为后续行动的合法前提和凭借。

每一宗教体系,都聚焦于神圣世界和心灵世界,并意欲垄断终极解释权和话语权。其源头可追溯至圣—俗两分的元分类图式。而这种元分类图式,在早期欧洲又体制化为神权—皇权的对峙。对异教徒和非信徒,必灭之而后快,是宗教狂热的极端例证。而在同一宗教内部,不同教派对正统—异端的觉知,也是宗教仇恨的动力源泉。但直至今日,信徒—非信徒的分类,依然是有偏分类权的基本缘由。

基于血缘关系的世袭政治,是臣民时代的本性;而政党政治则是公民时代的范型。全体人民让渡合法权利给热心公共事业的代表,敦促和监督他们组织政党,在定期竞争性的选举中捍卫所有公民的自由、福祉和尊严。这是现代政党政治的规范前提。但事实是执政党、参政党、在野党和普通民众等的分野,由此引发。政治身份如群众也成为有偏分类权的重要缘由。

人类新生命生于何家何地,本来是生命中最奇妙的不确定事件,其间成就与风险并存。但在臣民时代,家庭门第是社会等级之中枢。

概言之,无论是最简分类体制,还是专断分类体制,任意一种分类线索都能瓦解完备公民权。而这些瓦解完备公民权的分类线索,并不相互排斥,倒往往相互亲近纠缠,结成牢不可破的分类支配死结。

四、有偏分类权之恶果

有偏分类恶果触目惊心。在社会层面,它系统地禁锢和伤害共同体最珍贵的智慧资源,制造社会死寂;在社会心理层面,不利者遭受身心所有面向的制度创伤和社会痛楚。

(一) 社会死寂

统计意义上,人口中绝大多数生命都有正常智慧潜能,天才则是偶然乍现的珍稀物种,可遇不可求。但智慧潜能和其现实绩效之间,存在巨大鸿沟。智慧潜能总量,和人口总量当然密切关联。但和人口总量密切关联的智慧潜能,只有在智慧—亲和的制度语境中,其无限生机才能被激活,其非凡创造力才能自由绽放;而在智慧—敌意的制度语境中,它们只能悲惨地枯萎。

在整个中国臣民时代,至少从始皇帝起,为了延续"万岁"家族王朝,中国历代暴君是智慧的体制性天敌,以营造社会愚昧和社会呆痴。中华民族与勤劳勇敢相伴的智慧潜能被残害。

皇权更替时,"成王败寇"的血腥战争涂炭生灵,大多使人口锐减。民众流离失所,甚至饿殍遍野。因为受"君权天授"的长久灌输,民众往往高估在皇权争夺战中胜出的帝王智慧和德性。连绵战乱使集体智能堕落,那些开国帝王充其量只有平均智能水平,偶尔才有几位英武大帝,其子孙则是一代劣于一代。

专制皇权的愚昧制造体制,穿透整个王朝史,于"康乾盛世"时达到顶峰。它有几个要件:苛刻的身份等级制、钦命的教育和评价制度、科举制和文字狱。相对稳定的和平时期,本来是民众休养生息好奇探究的珍贵时光。但没有机会识文断字的大多数民众被沉重的赋税劳役所困,附加苛刻的等级压迫。最丰富的这部分智慧资源被废弃。"劳心者治人,劳力者治于人"的卑污教条,也禁锢了民众自由探索的意志和勇气。而不事劳作的贵族、士大夫和少数庶民,也同样被驱使,进入愚昧制造体制中。

中华文明在幼年时代生机蓬勃,光彩夺目,鲜明体现在战国时期诸子百家的卓绝智慧中。这或许是中国历史上第一次自由思想市场,但昙花一现。历经焚书坑儒的劫难,西汉初期罢黜百家独尊儒术之后,自由奔放、气象万千的想象力、洞察力和创造力,就被钳制在四书五经的僵固文本中。当西汉儒生董仲舒把基于暴力或血缘关系传递的皇权和天命勾连的时候,他成就了中国王朝史上影响最坏的阿谀文人的恶名。帝王权力从此被穿凿附会为"全知全能全善"的化身,同时也是智慧评价的无上标准。"帝王权力=智慧+德性"的等式,被合谋地捏造而成。而对皇权的任何不恭、质疑和警醒,都会以谋逆之罪招致杀身和灭门,甚至是诛灭三族九族,还有一例是加上弟子友朋的十族(朱棣残杀方孝孺)。暴戾帝王用尽杀伐手段,剿灭民众智慧。当王朝更替时,如此血腥,还彼之身,皇室后裔也被屠戮至尽。

"天下英雄,尽入吾彀中。"当李世民傲慢地声言天下英才都被他装在口袋中的时候,隋朝初创的科举制度,在唐王朝落地生根。科举制确实为寒门学子开启了跳龙门的窄门，为帝国征召治理后备力量，有效瓦解了森严凝固的门阀等级制度。但发展到后来也产生了严重弊端。金榜题名的极致诱惑，近乎垄断了怀抱安邦救民的学子的终生心力，范进中举即为例证。考试科目仅仅是读经解经，绩效评价只基于遣词造句的文字功夫。独立之思想，自由之精神，被视为毒瘤。对科学奥秘的探究，对技术创新的追求，被鄙视为雕虫小技。丰富多彩的智慧潜能在科举盛宴中日趋单调和片面，最终腐烂在八股文中。

作为士大夫群体头上的血刃，文字狱旨在围剿精英智慧。士大夫群体本来已经被驯育在皇权牢笼中。但暴戾帝王，还是因嫉妒、猜忌和胆寒，或者就是"莫须有"，网罗爪牙，织就匪夷所思的文字冤狱。灭门灭族的文字冤狱，在明清趋于至恶。士大夫群体如若为官，则鹦鹉学舌，极尽阿谀之能事；如若为学，则噤若寒蝉，龟缩在考据学的故纸堆中。民众悲苦、官吏暴虐和天下巨变，全被抛却。奄奄一息的智慧脉动，终于消停。天才偶尔的灵光乍现，如魏源的《海国图志》，也尽没在社会痴愚的荒漠中。专制皇权的愚昧制造体制在成功绞杀集体智慧的同时，也终于葬送自身。

而在公民时代，民众权利意识的累积觉醒，呼唤心智全面自由拓展的可能空间。但任何有偏袒的社会分类体制，都会损害不利者的智慧资源，实质上也同时损害全社会的智慧资源。国国竞争，就其源头，可还原为智慧亲和—智慧敌意的制度竞争，而不必诉之于空洞的意识形态教条或文明冲突。

要量度不同国家社会体制的智慧亲和度，可能有一种便捷思路：是否善待每个国民，其底线是否羞辱某些群体。当今全世界不同国家和地区的权贵生活已经同质化，同时伴随底层同质化的困苦挣扎。唯一可鉴的只是底层生命的困苦程度，或最不利者的生存挣扎程度。如若最不利者也能衣食无虞，那可确切推断其国民的智慧潜能有相对的创造空间；如若国民还在为遮体果腹而含辛茹苦，那其国民智慧资源就被蔑视遗弃。前者智慧亲和，后者智慧敌意。

（二）制度创伤

有偏分类权，通过社会排斥、社会拒绝（social rejection）或社会放逐

（social ostracism）机制，使不利者的身心置于制度创伤的境况中。制度创伤涵括认知上的匮乏效应（scarcity effect）、自我意象上的污名丛结和情感体验上的社会痛楚（social pain）。

有偏分类权首先伤害不利者的社会认知，摧残其判断和决策能力，瓦解其合理抗争与改善自身处境的智慧资源。决策研究已经确证只有通用的判断和决策能力，而没有特殊的判断和决策能力如管理能力或治国能力。所有判断和决策，无论是平常的饮食或消费决策，还是商业或国务决策，都服从社会认知的双加工模型。而匮乏或稀缺（scarcity），通过耗费有限珍贵的心理资源，干扰明辨的判断和决策过程（吕小康等，2014）。对不利者而言，匮乏主要涉及生存资源如缺衣少食。这种匮乏会垄断匮乏者当前的全部注意力，耗竭自我控制资源以抵抗诱惑。其结果是，匮乏者的判断和决策受制于匮乏资源的显著性，短视、盲目而冲动（Mani et al.，2013；Shah et al.，2012；Vohs，2013）。而对优势者而言，其匮乏的是时间资源即忙碌（穆来纳森，沙菲尔，2014）。囿于急迫的时间压力，时间匮乏者没有余暇来慎思明辨以对所有重要信息进行系统加工，其决策结果也是冲动而粗糙的。

在社会认知之外，有偏分类权还固化社会不平等格局，贬损不利者的自我意象，使他们背负污名丛结。在西文词源学上，污名意指脸上被烙的羞耻印记，以示卑劣与低贱。这些被烙印记的，主要是奴隶、战俘和罪犯。污名研究的奠基者戈夫曼勾画了污名的三种类别。第一种是个人品格的污点，如行为失德或失范；第二种是令人不快的身体，如身体破损或异常；第三种是可传递的部族性的污名，如受贬的种族、族群、宗教或政治身份（Goffman，1963：4）。

脸上刺字的野蛮行径，今已根除，但被替换成符号形式，仍顽固地留存在有偏分类体制中，一如戈夫曼的部族性污名。有偏分类权所内隐的污名化过程或污名标定，内隐复杂的逻辑链条：首先是辨析并标定差异，然后把差异和消极特质相关联，并区分"他们"和"我们"，最后是作为结果的地位缺失和歧视（Link & Phelan，2001）

何为人性有两种基本的运思路径：比之于活物或死物。比之于活物如非人的动物，以彰显人类物种的唯一性特质（human uniqueness）如语言体系、理性或高级情感；而比之于死物，则凸显心理本质论的人类本性（human nature with psychological essentialism）如温暖、情感或个体性（Haslam，2006；Haslam & Loughnan，2014）。如若受污者被贬为活物如猴子、蟑螂或老鼠，即为低人化（Leyens et al.，2007）；若比为死物如人渣，则为非人化或物化（objectification）。低人化和非人化可同时烙于受污者。如娇美女性，被视为性感小猫或母老虎，则为低人化；若当成性感尤物或肉弹，则为非人化或物化。污名化、低人化与非人化或物化，往往还充当免责借口，替蔑视和暴力行为开脱。

有偏分类权的形塑，很少基于单一维度的分类，往往基于多重维度的复合叠加。由此，在社会分类体制中的不利者所背负的很少是单一维度的污名，而是叠加多重维度的污名丛结（Pescosolido & Matin，2015）。

污名丛结的运作过程，不仅使不利者丧失了作为共同体有机成员正当的权益、福利和生活机会（Abrams et al.，2005），也会对其自我意象产生致命的伤害。另有一组家族相似构念关涉这种社会心理伤害，如自我认同上的认同威胁（Major & O'Brien，2005），甚至是自我低人化（Haslam & Loughnan，2014）；自我绩效上的刻板印象威胁（stereotype threat）（Steele & Aronson，1995）与自我控制上的自我耗竭（Inzlicht et al.，2006）；以及自我体验上的习得性无助（learned helplessness）（Abramson, et al.，1978），甚至是斯德哥尔摩综合征（高明华，2008）。

这些源于不同理智传统的学究气概念丛，都在明证基于有偏分类权的污名丛结，危及不利者动态完整生命的建构，使之处在本体论意义上的创伤体验中（方文，2008：144；方文，2016：第8~9章）。而基于功能性磁共振成像技术，近期的社会认知神经科学的研究还发现，与污名相伴的社会痛楚和生理伤害类似，有其大脑的神经标志物（Eisenberger et al.，2003）。进一步，在疼痛体验和加工中，药理学证据（pharmacological evidence）、神经心理学证据（neuropsychological evidence）与神经成像证据（neuroimaging evidence），都证实基于共享的神经化学机制和神经基板（neural substrates）存在生理痛—社会痛重叠效应（the physical-social pain overlap）（Eisenberger，2015：602-607）。

结语：为本真分类而斗争

社会分类无法逃脱，有偏分类也难以忍受。有偏分类体制应该被纠正，也可能被纠正。所有民众遍享本真分类的纠偏方案雏形，已显露在当代不同理论家的睿智中。基于"为承认而斗争"以及"为本真承认而斗争"，当下呼唤"为本真分类而斗争"！

先看霍耐特—泰勒的承认政治学方案。依霍耐特所言，自我的圆满依靠的是主体之间的相互承认。或者说，成功的自我圆满预设了一系列相互承认的形式；如果主体体验到蔑视而意识到没有被承认或被错误承认，就会致力于"为承认而斗争"（霍耐特，2005：72-74）。而泰勒发现，在以性别、族群、宗教甚至出生地来对人群进行划界的过程中，底层群体被优势群体污名标定，其特异性要么被忽视，要么被贬低而排斥。这是有意的错误承认或不承认的过程（Taylor，1994）。而承认政治学就是在建构本真性基础上的认同努力。本真性，在微观层面上，它首先指每个个体坦诚地面对真实的自我，倾听内心真实的呼唤；作为有平等尊严的独特个体，他以自身的方式而不是模仿的方式成长为人。而在宏观层面上，它意味着在平等尊严和平等尊重基础上的公民德行，即热爱和照顾政治共同体中的所有其他同胞。概言之，霍耐特—泰勒方案的要旨是，所有民众必须在本真性基础上被正确分类和正确承认。

但难题依旧存在：不平等格局中的不利者怎样通过不停息的认同努力和甘地的非暴力的公民不服从，让优势者在政治规程中无法漠视民众意愿？尽管国家建立的路径、历史遗产和在世界体系中的相对位置存在差别，但"公意"即所有人民的一致同意，是也应该是政治体建立的规范基础和合法化来源，它以宪法作为共同而超然的政治语法。由此，在多元群体资格和多元社会认同结构中，其政治共同体的群体资格和公民认同及国家认同应该占据优先地位，以超越地域、族群、宗教和语言的分歧和差异。

还有疑难：公意会被伪造，蜕变为"众意"或"私意"。由此引发赫希曼的退出或呼吁方案（赫希曼，2015）。所谓退出，即用脚投票；所谓呼吁，即仗义执言。但退出方案有双重约束：退出成本和退出资源。

熔铸上述方案精华，秉承文化自觉的警醒和反思（费孝通，1999），弘扬社会心理学的想象力和洞察力,可解蔽被遮蔽的社会分类权,以戳穿强权—资本场的狰狞—温情面纱。

在社会认知意义上,若基于任何线索、尺度或标准对自身和他人进行区分,分类者总倾向非公正地差别对待和处置自身内群与外群成员;与此同时,人类物种中最超然上位的分类范畴——人类成员资格,总是被忽视或漠视;而所有生命的终极平等——尽管向死而生但终究归于尘土的事实总被遮掩。而在认知—政治学的意义上,强权—资本场对社会分类常识的体制化总在建构有偏分类权,进而催生不平等的生产和再生产。或者说,社会认知上的分类总在政治上勾连错误承认和不承认、蔑视和羞辱、污名和怨恨。

而本真分类意指在承认所有人类生命同等禀赋珍贵价值和尊严基础上的分类智慧、分类实践和分类体制建构。第一,本真分类预设所有人类生命不受玷污的本真性,类似罗尔斯正义论的第一原则。第二,如果任何分类线索、尺度和标准可能会非公正地区别人群,那必得优待分类后果中的不利者,类似罗尔斯正义论的第二原则(罗尔斯,2009)。第三,限制任一分类线索的适用范围,使之保有领域—特异性而不是跨域性,以免单一面向的不利处境被扩散至其他面向,进而毒害个体生命的整全性。基于如此的规范基石,呼吁与追求本真分类的认同斗争,也许是切实可行的行动策略。仰仗这些策略,在分类技术上更新最简分类权:只有年龄基准的至简分类。因为在所有可能的具体分类实践中,年龄分类相对公平。

尽管年龄分类依然存在成人对儿童的欺凌风险,也可能存在青壮年与长者之间相互的消极评价,但与既定的有偏分类权中的所有可能的其他分类线索相对照,它的伤害最少。并且,有偏分类体制中,其他分类线索之间可能存在叠加和增强效应,而构建污名丛结。诸害相权,独一的年龄分类乃是最不坏的分类。当然,理想境况是消除所有可能分类,这样你我只同为人类成员,而其他所有可能的分类线索都没有价值;即使有些许价值,它也绝不会危害整全生命。而这就是康德意义上全球公民社会的愿景。

参考文献

博格. 康德、罗尔斯与全球正义. 刘莘,徐向东,等译. 上海:上海译文出版社，2010.

柏杨. 中国人史纲：下卷. 北京：人民文学出版社，2014.

布尔迪厄，华康德. 反思社会学导引. 李猛，李康，译. 北京：商务印书馆，2015.

大宪章. 陈国华，译. 北京：商务印书馆，2016.

道格拉斯. 洁净与危险. 黄剑波，卢忱，柳博赟，译. 北京：民族出版社，1966/2008.

戴克. 精英话语与种族歧视. 齐月娜，陈强，译. 北京：中国人民大学出版社，2011.

方文. 挣扎：转型社会的行动逻辑. 北京：中国人民大学出版社，2016.

方文. 转型心理学. 北京：社会科学文献出版社，2014.

方文. 转型心理学：以群体资格为中心. 中国社会科学，2008（4）：137-147.

方文. 群体符号边界如何形成？：以北京基督新教群体为例. 社会学研究，2005（1）：25-59.

费孝通. 费孝通文集：第14-15卷. 北京：群言出版社，1999.

福柯. 规训与惩罚：监狱的诞生. 刘北成，杨远婴，译. 北京：三联书店，1999.

高明华. 斯德哥尔摩综合征：表现、成因和应对. 中国社会科学（内刊），2008（2）：121-136.

赫尔茨. 死亡与右手. 吴凤玲，译. 上海：上海人民出版社，2011.

霍耐特. 为承认而斗争. 胡继华，译. 上海：上海人民出版社，2005.

赫希曼. 退出、呼吁与忠诚：对企业、组织和国家衰退的回应. 卢昌崇，译. 上海：格致出版社，2015.

亨特. 人权的发明：一部历史. 沈占春，译. 北京：商务印书馆，2011.

康德. 历史理性批判文集. 何兆武，译. 北京：商务印书馆，1990.

罗尔斯. 正义论. 何怀宏，何包钢，廖申白，译. 北京：中国社会科学出版社，2009.

吕小康，汪新建，付晓婷. 为什么贫困会削弱决策能力？：三种心理学解释. 心理科学进展，2014（11）：1823-1828.

马戎. 中国社会的另一类"二元结构". 北京大学学报（哲学社会科学版），2010（3）：93-103.

穆来纳森，沙菲尔. 稀缺：我们是如何陷入贫穷与忙碌的. 魏薇，龙志勇，译. 杭州：浙江人民出版社，2014.

纳斯鲍姆. 正义的前沿. 陈文娟，谢惠媛，朱慧玲译. 北京：中国人民大学出版社，2016.

斯达纽斯，普拉图. 社会支配论. 刘爽，罗涛，译. 北京：中国人民大学出版社，2011.

斯科特. 逃避统治的艺术：东南亚高地的无政府主义历史. 王晓毅，译. 北京：三联书店，2016.

斯科特. 国家的视角：那些试图改善人类状况的项目是如何失败的（修订版）. 王晓毅，译. 北京：社会科学文献出版社，2012.

涂尔干. 宗教生活的基本形式. 渠东，汲喆，译. 上海：上海人民出版社，1912/1999.

涂尔干，莫斯. 原始分类. 汲喆，译. 北京：商务印书馆，1903/2015.

伊辛，特纳. 公民权研究手册. 王小章，译. 杭州：浙江人民出版社，2007.

周积明，宋德金. 中国社会史论：上卷. 武汉：湖北教育出版社，2000.

Abrams, D., Hogg, M. A., & Marques, J. M. （2005）. *The Social Psychology of Inclusion and Exclusion*. New York：Psychology Press.

Abramson, L. Y., Seligman, M. E. P., & Teasdale, J. （1978）. Learned Helplessness in Humans：Critique and Reformulation. *Journal of Abnormal Psychology*, 87, 49-74.

Beyer, P. （1998）. TheModern Emergency of Religions and A Global Social System for Religion. *International Sociology*, 13（2）, 151-172.

Bourdieu, P. （1991）. *Language and Symbolic Power*. Harvard University Press.

Chaiken, S., & Trope, Y. （Eds.）. （1999）. *Dual-Process Theories in Social Psychology*. New York：Guilford.

Chen, Xinyin（陈欣银），& Li, Dan（李丹）（2012）. Parental Encouragement of Initiative-Taking and Adjustment in Chines Children from Rural,

Urban and Urbanized Families. *Journal of Family Psychology*, 26 (6), 927-936.

Collins, P. H. (2015). Intersectionality's Definitional Dilemmas. *Annual Review of Sociology*, 41, 1-20.

Durkin, K. (1995). *Developmental Social Psychology: From Infancy to Old Age*. Oxford: Blackwell.

Eisenberger, N. I. (2015). Social Pain and the Brain: Controversies, Questions and Where to Go from Here. *Annual Review of Psychology*, 66, 601-629.

Eisenberger, N. I., Lieberman, M. D., & Williams, K. D. (2003). Does Rejection Hurt: An fMRI Study of Social Exclusion. *Science*, 302, 290-292.

Fiske, S. T., & Taylor, S. E. (2012). *Social Cognition: From Brains to Culture*. New York: McGraw-Hill Higher Education.

Frable, D. E. S. (1997). Gender, Racial, Ethnic, Sexual, and Class Identities. *Annual Review of Psychology*, 48, 139-163.

Goffman, E. (1963). *Stigma: Notes on the Management of Spoiled Identity*. N. J.: Prentice-Hall.

Habermas, J. (1994). Struggles for Recognition in the Democratic Constitutional State. In C. Taylor. *Multiculturalism: Examing the Politics of Recognition* (pp. 107-148). Princeton University Press.

Hamilton, D. L., & Gifford, R. K. (1976). Illusory Correlation in Interpersonal Perception: A Cognitive Bsis of Stereotypic Judgments. *Journal of Experimental Social Psychology*, 12, 392-407.

Haslam, N. (2006). Dehumanization: A Integrative Review. *Personality and Social Psychology Review*, 10, 252-264.

Haslam, N., & Loughnan, S. (2014). Dehumanization and Infrahumanization. *Annual Review of Psychology*, 65, 399-423.

Homans, G. C. (1984). *Coming to My Senses: The Autobiography of A Sociologist*. London: Transaction.

Hoorens, V. (2014). What's Really in A Name-letter Effect? Name-

Letter Preferences as Indirect Measures of Self-Esteem. *European Review of Social Psychology*, 25 (1), 228-262.

Inzlicht, M. et al. (2006). Stigma as Ego Depletion: How Being the Target of Prejudice Affects Self-Control. *Psychological Science*, 17 (3), 262-269.

Lamont, M., & Fournier, M. (Eds.) (1992). *Cultivating Differences: Symbolic Boundaries and the Making of Inequality*. The University of Chicago Press.

Lamont, M., & Molnar, V. (2002). The Study of Boundaries in the Social Sciences. *Annual Review of Sociology*, 28, 167-195.

Leyens, J. et al. (2007). Infra-Humanization: The Wall of Group Differences. *Social Issues and Policy Review*, 1 (1), 139-172.

Link, B. G., & Phelan, J. C. (2001). Conceptualizing Stigma. *Annual Review of Sociology*, 27, 363-385.

Lukes, S. (2004). *Power: A Radical View* (2nd Rev. ed.). London: Macmillan.

Major, B., & O'Brien, L. T. (2005). The Social Psychology of Stigma. *Annual Review of Psychology*, 56, 393-421.

Mani, A., Mullainathan, S., Shafir, E., & Zhao, J.-y. (2013). Poverty Impedes Cognitive Functions. *Science*, 341, 976-980.

Ng, Sik Hung (伍锡洪) (1980). *The Social Psychology of Power*. Academic Press.

Nuttin, J. M. Jr. (1985). Narcissism Beyond Gestalt and Awareness: The Name-Letter Effect. *European Journal of Social psychology*, 15, 353-361.

Nuttin, J. M. Jr. (1987). Affective Consequences of Mere Ownership: The Name-Letter Effect in Twelve European Languages. *European Journal of Social Psychology*, 17 (4): 381-402.

Pescosolido, B. A., & Matin, J. K. (2015). The Stigma Complex. *Annual Review of Sociology*, 41, 87-116.

Schubert, T. W. (2005). Your Highness: Vertical Positions as Perceptual Symbols of Power. *Journal of Personality and Social Psychology*, 89

(1), 1-21.

Shah, A. K., Mullainathan, S., & Shafir, E. (2012). Some Consequences of Having Too Little. *Science*, 338, 682-685.

Sidanius, J., & Pratto, F. (1999). *Social Dominance: An Intergroup Theory of Social Hierarchy and Oppression*. Cambridge University Press.

Steele, C. M., & Aronson, J. (1995). Stereotype Threat and the Intellectual Test Performance of African Americans. *Journal of Personality and Social Psychology*, 69 (5), 797-811.

Tajfel, H. (1970). Experiments in Intergroup Discrimination. *Scientific American*, 223, 96-102.

Tajfel, H., & Turner, J. C. (1986). The Social Identity Theory of Intergroup Behavior. In S. Worchel et al. (Eds.). *Psychology of Intergroup Relations*. Chicago: Nelson-Hall.

Taylor, C. (1994). *Multiculturalism: Examing the Politics of Recognition*. Princeton University Press.

Taylor, S. E. (1998). The Social Being in Social Psychology. In D. T. Gilbert et al. (Eds.). *Handbook of Social Psychology* (4th ed., Vol. 1). New York: McGraw-Hill.

Trivers, R. (2002). *Natural Selection and Social Theory: Selected Papers of Robert Trivers*. Oxford University Press.

Van den Berghe (1978). *Man in Society: A Biosocial View*. New York: Elsevier.

Van den Berghe (1973). *Age and Sex in Human Societies: A Biosocial Perspective*. Belmont, California: Wadsworth Publishing Company.

Vohs, K. (2013). The Poor's Poor Mental Power. *Science*, 341, 969-970.

Walton, G. M., Cohen, G. L., Cwir, D., & Spencer, S. J. (2012). Mere Belonging: The Power of Social Connections. *Journal of Personality and Social psychology*, 102 (3), 513-532.

Zajonc, R. B. (1968). Attitudinal Effect of Mere Exposure. *Journal of Personality and Social psychology*, 9 (2, Pt. 2), 1-27.

图书在版编目（CIP）数据

文化自觉之心 / 方文著. -- 北京：中国人民大学出版社，2022.7
ISBN 978-7-300-30703-9

Ⅰ. ①文… Ⅱ. ①方… Ⅲ. ①社会心理学-研究-中国 Ⅳ. ①C912.6-0

中国版本图书馆 CIP 数据核字（2022）第 092063 号

文化自觉之心
方文　著
Wenhua Zijue zhi Xin

出版发行	中国人民大学出版社				
社　　址	北京中关村大街 31 号		邮政编码	100080	
电　　话	010-62511242（总编室）		010-62511770（质管部）		
	010-82501766（邮购部）		010-62514148（门市部）		
	010-62515195（发行公司）		010-62515275（盗版举报）		
网　　址	http://www.crup.com.cn				
经　　销	新华书店				
印　　刷	唐山玺诚印务有限公司				
规　　格	170 mm×240 mm　16 开本		版　次	2022 年 7 月第 1 版	
印　　张	18.5 插页 2		印　次	2022 年 7 月第 1 次印刷	
字　　数	282 000		定　价	69.00 元	

版权所有　侵权必究　印装差错　负责调换